공단기 gong.conects.com

공무원 헌법 | 2024 개정판

May the force be with you

윤우혁 헌법
한정판

[한 권으로 정리하는 판례분석집]

헌법 전범위
핵심만 담은 미니노트 제공

시험 전 반드시 대비해야 할
빈출·최신 판례 정리

판례와 함께 확인하는
기출·예상 OX 수록

흔들림 없는
공무원 헌법을
완성하다!

이해와 압축 솔루션 윤우혁

고려대학교 사회학과 졸업
제47회 사법시험 합격
법무법인 율목 행정소송 전문 변호사
前 충남대, 경북대 로스쿨 헌법/행정법 특강
前 베리타스M 헌법/행정법 대표 강사
現 공단기 헌법/행정법 대표 강사

주요 저서

헌법 기본서
미니헌법
헌법 기출문제집
헌법 OX 문제집
헌법 진도별 모의고사 300제 (구 헌법 객관식 300)
헌법 한 권으로 정리하는 판례분석집
헌법 전범위 모의고사 200제

윤우혁 헌법
한정판
[한 권으로 정리하는 판례분석집]

한 권으로 정리하는 판례분석집
2024 윤우혁 헌법 한정판

CONTENTS

DAY 01	헌법과 헌법학	004
DAY 02	대한민국헌법 총설	015
DAY 03	기본권총론	026
DAY 04	인간의 존엄과 가치·행복추구권·평등권	040
DAY 05	자유권적 기본권	058
DAY 06	경제적 기본권	095
DAY 07	정치적 기본권	106
DAY 08	청구권적 기본권	121
DAY 09	사회적 기본권	131
DAY 10	국회	139
DAY 11	대통령과 행정부	156
DAY 12	사법부(법원)	161
DAY 13	헌법재판소와 헌법소송	165

DAY 01 헌법과 헌법학

미니노트

역사적 발전에 따른 헌법의 개념

			시민혁명	
통치구조	기본권	고유한 의미의 헌법		성문법, 불문법 불문 • 국민(주권의 보유자) • 제한선거제 • 형식적 국민주권
통치구조	기본권	근대 입헌주의 헌법 (개인의 자유, 재산권 보장)		
통치구조	기본권	현대 사회국가 헌법 (국가의 복지정책 실시)		• 국민(주권의 행사자) • 보통선거제 • 실질적 국민주권

헌법의 분류

(국가창설적 기능)

실질적 의미의 헌법	형식적 의미의 헌법	연성헌법	경성헌법	불문헌법	성문헌법
• 모든 국가에 존재 <u>불문헌법 국가에도 존재</u> • 법률의 형태로 존재하면 법률과 동위의 효력 • 명령의 형태로 존재하면 명령과 동위의 효력	• 헌법전의 형태로만 존재함. • 성문헌법과 동일한 개념 • 법률보다 상위의 효력	• 일반법률과 동일한 절차·방법으로 헌법개정 • 불문헌법은 개념필수적으로 연성헌법에 해당함. • 헌법상 우선적 효력 × ➡ 위헌심사권 인정 ×	• 법률보다 까다롭게 헌법개정 • 성문헌법은 경성헌법인 경우가 다수 • 위헌심사권이 인정되는 것이 일반적	특별한 헌법개정절차가 존재하지 않음.	헌법이 성문 형태로 존재함.

관습헌법

관습헌법도 국민의 헌법적 결단의 의사표현이므로 성문헌법과 대등한 효력이 있음.
관습헌법의 개정절차가 성문헌법과 동일하다는 의미이고, 관습헌법이 성문헌법을 개폐할 수 있는 효력이 있는 것은 아님.

합헌적 법률해석

01 적용
주로 규범통제를 전제로 함. ➡ 반드시 그런 것은 아니며,
= 위헌법률심판 　　　　일반재판에도 적용

02 규범통제와의 관계
표리관계 ➡ 규범통제의 한계 O, 확립 X

03 근거
① 헌법의 최고규범성과 법질서의 통일성, 법적 안정성 유지
② 권력분립 존중, 국가 간 긴장 회피 및 **신뢰보호**
　　조약은 다소 위헌적 요소가 있더라도 합헌적으로 해석할 수밖에 없음.

구분	합헌적 법률해석	규범통제
목적	법률의 효력 지속	헌법의 최고규범성 유지
이론적 근거	헌법의 최고규범성	헌법의 최고규범성
헌법적 근거	헌법의 최고규범성에만 근거하여 인정 가능. 별도의 근거가 필요 없음.	헌법의 최고규범성 외에 별도의 명시적인 제도적 근거가 필요함(위헌법률심판제도).
헌법의 기능	해석기준으로 작용(해석규칙)	심사기준으로 작용(저촉규칙)

> **문의적 한계 관련 판례**
> · 공무원 동의 ➡ 전출 가능
> · 무죄판결 ⊃ 공소기각
> · 양벌규정 과실 추가

헌법관

구분	법실증주의 (옐리네크, 켈젠)	결단주의 (슈미트)	통합주의 (스멘트)
연구대상	헌법 = 주어진 헌법조문 ➡ "악법도 법이다." · **자연법: 인식대상 X** · 실정법: 연구대상 O · 정태적 헌법관(헌법제정과정 무시)	헌법 = 제정권자의 결단 (기본권)(통치구조) **이원적 단절관계** · 국가**로부터**의 자유 강조 · 침해만 막을 뿐 요구 X	헌법 = 추구해야 할 근본가치 요구 기본권 ⇌ 통치구조 보호의무 **일원적 교차**
기본권	주관적 공권성 부정 법률 속의 권리(법에서 권리를 강조하면 권리로 인정)	주관적 공권성 인정(**천부인권 강조**)	· 주관적 공권성 인정 · 객관적 가치질서 ┬ 기본권의 대사인효 　　　　　　　　└ 국가의 기본권 보호의무
한계	· 헌법제정의 한계: 부정 · 헌법개정무한계설	· 헌법제정의 한계: 부정 · 헌법개정의 한계: 인정	· 헌법제정의 한계: 인정 · 헌법개정의 한계: 인정

헌법의 제정

구분		시이예스	슈미트
헌법제정의 주체		국민	국민, 신, 소수자, 군주 등
헌법제정권력	한계 여부	한계 부정	한계 부정
	헌법개정권력과의 구별	학설 대립	구별
		판례 헌법제정권력과 헌법개정권력 구별 불가	

헌법개정절차 ☆☆☆

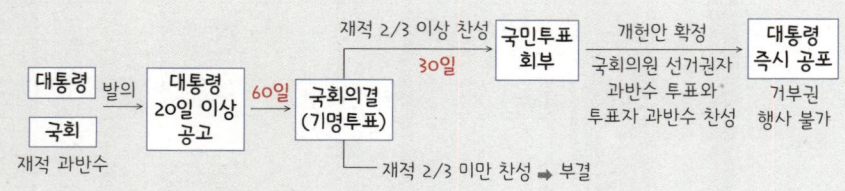

헌법 제128조	제1항	헌법개정은 국회 재적의원 과반수 또는 대통령의 발의로 제안된다.	대통령의 발안은 국무회의의 심의를 거쳐야 함.
	제2항	대통령의 임기 연장 또는 중임 변경을 위한 헌법개정은 그 헌법개정 제안 당시의 대통령에 대하여는 효력이 없다.	헌법개정 한계조항이 아니라 인적 적용의 한계를 나타냄.
제129조		제안된 헌법개정안은 대통령이 20일 이상의 기간 이를 공고하여야 한다.	• 공고기간은 20일 이상으로서 생략할 수 없음. • 공고는 토론과 비판을 통한 국민적 합의를 도출하기 위함임. 따라서 헌법개정안은 수정의결할 수 없음.
제130조	제1항	국회는 헌법개정안이 공고된 날로부터 60일 이내에 의결하여야 하며, 국회의 의결은 재적의원 3분의 2 이상의 찬성을 얻어야 한다.	헌법개정에 관한 국회의결은 기명투표로 함.
	제2항	헌법개정안은 국회가 의결한 후 30일 이내에 국민투표에 붙여 국회의원 선거권자 과반수의 투표와 투표자 과반수의 찬성을 얻어야 한다.	국민투표의 효력에 관하여 이의가 있는 투표인은 10만 인 이상의 찬성을 얻어 중앙선거관리위원회 위원장을 피고로 하여 투표일로부터 20일 이내에 대법원에 제소할 수 있다. (국민투표법 제92조)
	제3항	헌법개정안이 제2항의 찬성을 얻은 때에는 헌법개정안은 확정되며, 대통령은 즉시 이를 공포하여야 한다. → 대통령의 공포로 확정되는 것이 아님!	헌법개정안에 대해서는 대통령이 거부권을 행사할 수 없음.

제1차·제2차 개정헌법의 특징
• 공고절차를 위한 개정: 제1차 개정헌법(발췌개헌)
• 정족수를 위한 개정: 제2차 개정헌법(사사오입개헌)

국민발안제도
제2차 개정헌법에서 국민도 헌법개정안을 발안할 수 있는 국민발안제가 도입되었으나, 제7차 개정헌법(1972년)에서 삭제됨.
제2차 개정헌법부터 제6차 개정헌법까지 존속

역대 헌법 제·개정절차의 특장점

건국헌법	국민투표 없이 제헌의회에서 확정
제3공화국	대통령에게 헌법개정제안권이 없었던 유일한 시기
제4공화국 (헌법개정 이원화)	• 대통령이 제안 ➡ 국민투표로 바로 확정 • 국회 재적 과반수 제안 ➡ 국회 재적 2/3 찬성 ➡ 통일주체국민회의에서 확정

헌법변천

01 해당 조문은 그대로이면서 의미만 실질적 변화 ≠ 헌법개정
02 헌법규범과 현실 사이의 괴리를 좁힘. ➡ 헌법의 규범력 제고
03 헌법변천은 불문헌법 국가에서도 일어남(영국).

헌법변천의 예
- 미국: 연방대법원의 위헌법률심사권
- 일본: 자위대를 통한 전력 보유
- 한국: 단원제 운영, 관치행정 운용

국가긴급권 ☆☆☆

→ 경비계엄 X

구분	긴급재정·경제처분권·경제명령권	긴급명령권	계엄선포권
상황	내우·외환, 천재·지변 기타, 중대한 재정·경제상의 위기	중대한 교전상태	전시·사변(병력동원)
효력	· 긴급재정·경제처분은 법률보다 하위의 효력 · 긴급재정·경제명령은 법률의 효력	법률의 효력 기본권 제한 가능, 기존 법률 개정·폐지 가능	비상계엄시 영장제도, 언론·출판·집회·결사의 자유, 정부나 법원의 권한에 대한 특별조치 가능
국회	국회의 집회를 기다릴 여유가 없을 것	국회의 집회가 불가능할 것	국회의 집회 여부와 관계없음.
통제	· 국회에 지체 없이 보고하고 승인을 얻어야 하며, 승인을 얻지 못하면 그때부터 효력을 상실함. 　이때 승인에 대한 정족수 규정이 없음. · 승인을 얻지 못한 때에는 그 처분 또는 명령은 그때부터 효력을 상실. 이 경우 그 명령에 의하여 개정 또는 폐지되었던 법률은 그 명령이 승인을 얻지 못한 때부터 당연히 효력을 회복.		지체 없이 국회에 통고해야 함. 국회는 재적 과반수로 해제를 요구할 수 있고 대통령은 해제하여야 함. → 국회의 승인 X
국무회의	국무회의의 심의를 거쳐야 함.		
목적	국가긴급권은 국가안전보장이나 질서유지와 같은 소극적 목적을 위해서는 가능하지만, 공공복리와 같은 적극적 목적을 위해서는 행사할 수 없음.		
계엄법	계엄법에는 비상계엄시 거주·이전의 자유와 단체행동에 대해서도 특별한 조치를 할 수 있음을 규정함. 기본권에 대한 특별한 조치는 비상계엄하에서만 가능하고 경비계엄하에서는 할 수 없음.		

동의와 승인
- 사전동의
- 사후승인

📘 **관련조문**

계엄법 제4조(계엄선포 등의 통고)
① 대통령이 계엄을 선포하였을 때에는 지체 없이 국회에 통고하여야 한다.
② 제1항의 경우에 국회가 폐회 중일 때에는 대통령은 지체 없이 국회에 집회를 요구하여야 한다.

긴급명령시 국회가 폐회 중이면 대통령은 지체 없이 국회에 집회를 요구하여야 함. (X)
➡ 계엄선포시 국회가 폐회 중이면 대통령은 지체 없이 국회에 집회를 요구하여야 함. (O)

저항권

구분	저항권 (대법원·헌법재판소: 인정 X)	시민불복종	혁명권
목적	민주적·법치국가적 질서 수호	개별 정책, 법령 개선	기존질서 파괴, 새로운 질서 수립
보충성	보충성 필요	보충성 불필요	
방법	폭력적 방법도 허용	비폭력적 방법만 가능	폭력적 방법

헌법소송

01 헌가 사건(위헌법률심판) / 헌바 사건(위헌심사형 헌법소원)

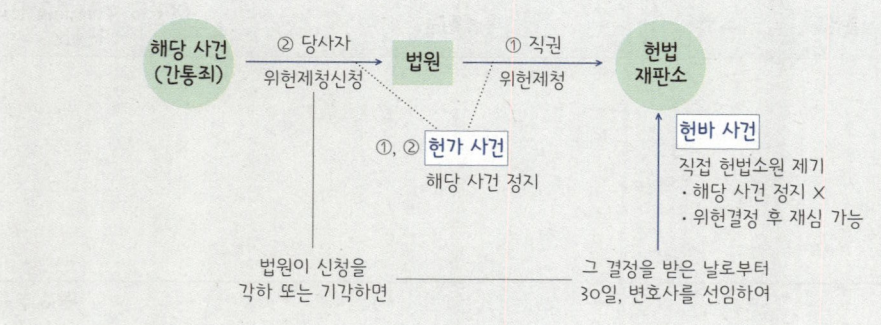

- 헌법재판소에 위헌제청할 때에는 대법원을 경유해야 함.
- 당사자의 위헌제청신청은 해당 사건의 전심급을 통해서 한 번만 할 수 있음.

법원이 신청을 각하 또는 기각하면 → 그 결정을 받은 날로부터 30일, 변호사를 선임하여

02 헌가, 헌바 사건의 공통점

대상	재판의 전제성
· 법률 O, 헌법조문 X, 법규명령 X · 법률과 동일한 효력을 가진 　― 대통령의 긴급명령, 긴급재정·경제명령 　― 국회의 동의를 받은 조약 　― 관습법	· 해당 사건이 적법하게 계속 중일 것 · 해당 조문이 해당 사건에 직접 적용될 것 　단, 밀접한 관련시, 간접 적용 조문도 가능 · 위헌결정시 다른 내용의 재판을 하게 되는 경우일 것 　· 판결의 주문이 달라지는 경우 　· 판결의 의미나 이유를 달리하는 경우

03 헌마(권리구제형 헌법소원)

① 청구인능력: 재판할 수 있는 일반적 능력
- ㉠ 자연인 ― 대한민국 국민: 모두 인정
　　　　　― 태아: 생명권의 주체성 제한적 인정(임신 22주)
　　　　　― 배아: 기본권의 주체성 부정
- ㉡ 외국인: 기본권에 따라 다름. ― 자유권: 대체로 인정
　　　　　　　　　　　　　　　― 정치적 기본권: 부정
　　　　　　　　　　　　　　　― 사회적 기본권: 경우에 따라 다름.
- ㉢ 법인 ― 사법인: 원칙적 인정
　　　　― 권리능력 없는 사단: 인정
　　　　― 공법인 ― 원칙적 부정 ➡ 공법인은 기본권의 수범자이지 향유자 X
　　　　　　　　― 예외적 인정: 서울대학교, 한국방송공사

헌법소송의 구조

```
적법단계
각하 ➡ 재판 X
   ↓
본안단계
승소(인용) = 위헌
패소(기각) = 합헌
   ↓
효력
```

헌법소송의 종류

- 헌가: 위헌법률심판
- 헌나: 탄핵심판
- 헌다: 위헌정당심판
- 헌라: 권한쟁의심판
- 헌마: 권리구제형 헌법소원
- 헌바: 위헌심사형 헌법소원

② **공권력**의 행사 또는 불행사
  ㉠ 법률, 법규명령: 집행행위의 매개 없이 직접 기본권을 침해하면 헌법소원의 대상
  ㉡ 행정규칙: 원칙적으로 헌법소원의 대상 ✕
  ㉢ 재량준칙, 법령보충적 행정규칙: 집행행위의 매개 없이 직접 기본권을 침해하면 헌법소원의 대상
  ㉣ 진정입법부작위: 헌법소원의 대상
  ㉤ 부진정입법부작위 ─┬─ 부작위를 대상으로 한 헌법소원 불가
                    └─ 법률의 내용을 대상으로 한 헌법소원 가능
  ㉥ 행정입법부작위: 헌법소원의 대상
③ 헌법상 보장된 기본권의 침해가능성: 가능성만 있으면 되고, 침해 여부는 본안의 문제임.
④ 당사자적격
  ㉠ 자기관련성: 침해되었다고 주장하는 기본권이 청구인 자신의 것이어야 함.
  ㉡ 직접성: 주로 법령을 대상으로 하는 헌법소원에서 집행행위를 매개하지 않고 침해하는 경우이어야 함.
  ㉢ 현재성: 기본권 침해가 현재 계속되고 있어야 함. 예외 있음.
⑤ 권리보호이익
  ㉠ 원칙: 재판의 결과 신청인의 법적 지위가 향상될 가능성이 있어야 함. = 소의 이익
  ㉡ 예외: 헌법소송 특성상 주관적 권리보호이익이 없어도 기본권 침해의 반복가능성과 헌법적 해명의 필요성이 있으면 객관적 권리보호이익 인정
⑥ 보충성원칙: 헌법소원 제기 전, 다른 법률이 정한 구제절차를 모두 거쳐야 함. 이때, 다른 법률의 구제절차는 해당 공권력을 직접 대상으로 하는 것이어야 함.
  ➡ 손해배상 등은 거치지 않아도 됨.
⑦ 변호사강제주의: 헌법소원의 경우는 국선변호 가능
⑧ 청구기간의 준수: 해당 공권력의 행사가 있음을 안 날로부터 90일, 있은 날로부터 1년 이내 제기

공권력
· 입법·사법·행정 모든 공권력을 의미함.
· 법원의 재판은 헌법재판소법에 의한 헌법소원의 대상이 아님.
· 법원의 재판이 헌법소원의 대상이 되는 유일한 예외는 헌법재판소가 위헌으로 결정한 법령을 적용하여 기본권을 침해한 재판임.

판례분석

001 신행정수도 건설을 위한 특별조치법 위헌확인 (헌재 2004.10.21. 2004헌마554 등 【위헌】)

[1] 헌법기관들 중에서 국민의 대표기관으로서 국민의 정치적 의사를 결정하는 국회와 행정을 통할하며 국가를 대표하는 대통령의 소재지가 어디인가 하는 것은 수도를 결정하는 데 있어서 특히 결정적인 요소가 된다.

Point 수도를 결정하는 요소
- 대통령과 국회의 소재지
- 사법권이 행사되는 장소 ✗
- 국무총리의 소재지 ✗

[2] 우리나라는 성문헌법을 가진 나라로서 기본적으로 우리 '헌법전'이 헌법의 법원(法源)이 된다. 그러나 성문헌법이라고 하여도 그 속에 모든 헌법사항을 빠짐없이 완전히 규율하는 것은 불가능하고, 또한 헌법은 국가의 기본법으로서 간결성과 함축성을 추구하기 때문에 형식적 '헌법전'에는 기재되지 아니한 사항이라도 이를 불문헌법 내지 관습헌법으로 인정할 소지가 있다. 01

→ 관습헌법

[3] 서울이 수도라는 점은 우리의 제정헌법이 있기 전부터 전통적으로 존재하여 온 헌법적 관습이며 우리 헌법조항에서 명문으로 밝힌 것은 아니지만 자명하고 헌법에 전제된 규범으로서, 관습헌법으로 성립된 불문헌법에 해당한다.

[4] 우리나라의 수도가 서울이라는 점에 대한 관습헌법을 폐지하기 위해서는 헌법이 정한 절차에 따른 헌법개정이 이루어져야 한다. 02 이 경우 성문의 조항과 다른 것은 성문의 수도조항이 존재한다면 이를 삭제하는 내용의 개정이 필요하겠지만 관습헌법은 이에 반하는 내용의 새로운 수도설정조항을 헌법에 넣는 것만으로 그 폐지가 이루어지는 점에 있다.

Point 관습헌법의 폐지는 헌법이 정한 절차에 따른 헌법개정에 의함.

[5] 형식적인 헌법개정 외에도, 관습헌법은 국민적 합의성을 상실함에 의하여 법적 효력을 상실할 수 있다. 03 관습헌법은 국민에 의하여 유효한 헌법규범으로 인정되는 동안에만 존속하는 것이며, 존속요건의 하나인 국민적 합의성이 소멸되면 법적 효력도 상실하게 된다.

Point 관습헌법의 요건은 그 성립요건일 뿐만 아니라 효력 유지의 요건임.

---

01 우리나라는 성문헌법국가이지만 성문헌법에 모든 헌법사항을 빠짐없이 완전히 규율하는 것은 불가능하다는 점에 비추어 볼 때 불문헌법 내지 관습헌법을 인정할 소지가 있다. 15 지방7급 (O / X)

02 관습헌법을 폐지하기 위해서는 헌법이 정한 절차에 따른 헌법개정이 이루어져야 한다. 10 지방7급 (O / X)

03 관습헌법은 그것을 지탱하고 있는 국민적 합의성을 상실하더라도 법적 효력을 상실하는 것은 아니다. 10 지방7급 (O / X)

04 헌법재판소의 결정에 따르면 관습헌법도 성문헌법과 마찬가지로 주권자인 헌법적 결단의 의사의 표현이며 성문헌법과 동등한 효력을 가진다. 13 서울7급, 08 국회8급 (O / X)

05 성문헌법국가에서도 경우에 따라서는 관습헌법이 성문헌법에 대하여 개폐적 효력을 갖는다. 07 국가7급 (O / X)

정답 01 O 02 O 03 X 04 O 05 X

002 신행정수도 후속대책을 위한 연기·공주지역 행정중심복합도시 건설을 위한 특별법 위헌확인 (헌재 2005.11.24. 2005헌마579 등 [각하])

[1] 이 사건 법률에 의하여 건설되는 행정중심복합도시는 수도로서의 지위를 획득하는 것으로 평가할 수는 없고, 이 사건 법률에 의하여 수도가 행정중심복합도시로 이전한다거나 수도가 서울과 행정중심복합도시로 분할되는 것으로 볼 수 없다.

Point 수도 분할이 아님.

[2] 청구인들은 대통령과 국무총리가 서울이라는 하나의 도시에 소재하고 있어야 한다는 관습헌법의 존재를 주장하나, 이러한 관습헌법의 존재를 인정할 수 없다. 따라서 이 사건 법률에 의하여 관습헌법 개정의 문제는 발생하지 아니하며, 그 결과 국민들에게는 헌법개정에 관여할 국민투표권 자체가 발생할 여지가 없으므로 헌법 제130조 제2항이 규정한 청구인들의 국민투표권의 침해가능성은 인정되지 않는다.

Point 헌법 제130조의 국민투표권 침해가능성은 없음.

[3] 특정의 국가정책에 대하여 다수의 국민들이 국민투표를 원하고 있음에도 불구하고 대통령이 이러한 희망과는 달리 국민투표에 회부하지 아니한다고 하여도 이를 헌법에 위반된다고 할 수 없고 국민에게 특정의 국가정책에 관하여 국민투표에 회부할 것을 요구할 권리가 인정된다고 할 수도 없다. 01 02 03 04

Point 헌법 제72조의 국민투표권 침해가능성은 없음.
Point 제2차 개정헌법 당시의 국민투표는 국회 의결 후 국민투표(현행헌법 제72조의 국민투표는 국회 의결 없이 국민투표)

[4] 국회입법에 대하여는 원칙적으로 일반 국민의 지위에서 적법절차에서 파생되는 청문권은 인정되지 아니하므로 청구인들의 경우 이 사건 법률에 의하여 그러한 기본권을 침해받을 가능성은 없다.

Point 청문권의 침해가능성은 없음.

[5] 재정 지출에 대한 국민의 직접적 감시권을 기본권으로 인정하게 되면 재정 지출을 수반하는 정부의 모든 행위를 개별 국민이 헌법소원으로 다툴 수 있게 되는 문제가 발생할 수 있다. 따라서 청구인이 주장하는 재정 사용의 합법성과 타당성을 감시하는 납세자의 권리를 헌법에 열거되지 않은 기본권으로 볼 수 없으므로 그에 대한 침해의 가능성 역시 인정될 수 없다.

Point 납세자의 감시권은 헌법상의 기본권이 아님.

---

01 헌법 제72조의 국민투표권은 대통령이 어떠한 정책을 국민투표에 부의한 경우에 비로소 행사가 가능한 기본권이라 할 수 있다. 18 법원직 (O / X)

02 「신행정수도 후속대책을 위한 연기·공주지역 행정중심복합도시 건설을 위한 특별법」이 수도를 분할하는 국가정책을 집행하는 내용을 가지고 있고 대통령이 이를 추진하고 집행하기 이전에 그에 관한 국민투표를 실시하지 아니하였다면 국민투표권이 행사될 수 있는 계기인 대통령의 중요정책 국민투표 부의가 행해지지 않았다고 하더라도 청구인들의 국민투표권이 행사될 수 있을 정도로 구체화되었다고 할 수 있으므로 그 침해의 가능성이 인정된다. 16 법원직 (O / X)

03 특정의 국가정책에 대하여 다수의 국민들이 국민투표를 원하고 있음에도 불구하고 대통령이 이러한 희망과는 달리 국민투표에 회부하지 아니한다고 하여도 이를 헌법에 위반된다고 할 수 없고, 국민에게 특정의 국가정책에 관하여 국민투표에 회부할 것을 요구할 권리가 인정된다고 할 수도 없다. 16 지방7급, 15 법원직 (O / X)

04 헌법은 대의민주주의를 기본으로 하고 있어, 중요정책에 관한 사항이라 하더라도 반드시 국민의 직접적인 의사를 확인하여 결정해야 하는 것은 아니다. 15 법원직 (O / X)

정답 01 O 02 X 03 O 04 O

003 통합진보당 해산결정 (헌재 2014.12.19. 2013헌다1【해산, 의원직 상실】)

[1] 대통령의 해외순방 중 국무총리가 주재한 국무회의에서 이루어진 정당해산심판청구서 제출안에 대한 의결이 위법한지 여부

대통령은 국무회의의 의장으로서 회의를 소집하고 이를 주재하지만 대통령이 사고로 직무를 수행할 수 없는 경우에는 국무총리가 그 직무를 대행할 수 있고, 대통령이 해외순방 중인 경우는 '사고'에 해당되므로, 대통령의 직무상 해외순방 중 국무총리가 주재한 국무회의에서 이루어진 정당해산심판청구서 제출안에 대한 의결은 위법하지 아니하다. 01

> **Point** 대통령의 해외순방 ➡ 일시적으로 직무를 수행할 수 없는 경우로서 '사고'에 해당함.

[2] 정당해산의 사유

정당의 목적이나 활동 중 어느 하나라도 민주적 기본질서에 위배되어야 함.

가. '민주적 기본질서'의 의미

민주적 기본질서의 외연이 확장될수록 정당해산결정의 가능성은 확대되고, 이와 동시에 정당활동의 자유는 축소될 것이다. 민주사회에서 정당의 자유가 지니는 중대한 함의나 정당해산심판제도의 남용가능성 등을 감안한다면, 헌법 제8조 제4항의 민주적 기본질서는 최대한 엄격하고 협소한 의미로 이해해야 한다. … 민주적 기본질서를 부정하지 않는 한 정당은 다양한 스펙트럼의 이념적 지향을 자유롭게 추구할 수 있다. 02 따라서 민주적 기본질서를 현행헌법이 채택한 민주주의의 구체적 모습과 동일하게 보아서는 안 된다.

나. 정당의 목적이나 활동이 민주적 기본질서에 '위배될 때'의 의미

헌법 제8조 제4항의 '민주적 기본질서의 위배'란, 민주적 기본질서에 대한 단순한 위반이나 저촉을 의미하는 것이 아니라, 민주사회의 불가결한 요소인 정당의 존립을 제약해야 할 만큼 그 정당의 목적이나 활동이 우리 사회의 민주적 기본질서에 대하여 실질적인 해악을 끼칠 수 있는 구체적 위험성을 초래하는 경우를 가리킨다. 03

> **Point** 민주적 기본질서 위배(넓은 의미) ─ 단순한 위반이나 저촉 X
> ─ 실질적 해악을 끼칠 수 있는 구체적 위험성 초래

다. 정당해산의 헌법적 정당화 사유로서 '비례원칙'의 준수

강제적 정당해산은 우리 헌법상 핵심적인 정치적 기본권인 정당활동의 자유에 대한 근본적 제한이므로 헌법재판소는 이에 관한 결정을 할 때 헌법 제37조 제2항이 규정하고 있는 비례원칙을 준수해야만 하는 것이다. 따라서 헌법 제8조 제4항의 명문규정상 요건이 구비된 경우에도 해당 정당의 위헌적 문제성을 해결할 수 있는 다른 대안적 수단이 없고, 정당해산결정을 통하여 얻을 수 있는 사회적 이익이 정당해산결정으로 인해 초래되는 정당의 정당활동의 자유 제한으로 인한 불이익과 민주주의 사회에 대한 중대한 제약이라는 사회적 불이익을 초과할 수 있을 정도로 큰 경우에 한하여 정당해산결정이 헌법적으로 정당화될 수 있다. 04

[3] 정당해산결정이 선고되는 경우 그 정당 소속 국회의원이 의원직을 상실하는지 여부

가.
정당해산심판제도의 본질은 그 목적이나 활동이 민주적 기본질서에 위배되는 정당을 국민의 정치적 의사형성과정에서 미리 배제함으로써 국민을 보호하고 헌법을 수호하기 위한 것이다. 어떠한 정당을 엄격한 요건 아래 위헌정당으로 판단하여 해산을 명하는 것은 헌법을 수호한다는 방어적 민주주의 관점에서 비롯되는 것이고, 이러한 비상상황에서는 국회의원의 국민대표성은 부득이 희생될 수밖에 없다. 05

나.
헌법재판소의 해산결정으로 해산되는 정당 소속 국회의원의 의원직 상실은 정당해산심판제도의 본질로부터 인정되는 기본적 효력으로 봄이 상당하므로, 이에 관하여 명문규정이 있는지 여부는 고려의 대상이 되지 않고, 그 국회의원이 지역구에서 당선되었는지, 비례대표로 당선되었는지에 따라 아무런 차이가 없이, 정당해산결정으로 인하여 신분유지의 헌법적인 정당성을 잃으므로 그 의원직은 상실되어야 한다. 06

> **Point** 당선방식을 불문하고 정당이 해산되면 모두 의원직 상실(지방의회의원직에 대해서는 판단하지 않음)

---

01 대통령이 사고로 직무를 수행할 수 없는 경우에는 국무총리가 그 직무를 대행할 수 있고, 대통령이 해외순방 중인 경우는 '사고'에 해당되므로, 대통령의 직무상 해외순방 중 국무총리가 주재한 국무회의에서 이루어진 정당해산심판청구서 제출안에 대한 의결은 위법하지 아니하다. 17 국가7급, 15 법원직 (O / X)

02 민주적 기본질서를 부정하지 않는 한 정당은 다양한 스펙트럼의 이념적 지향을 자유롭게 추구할 수 있다. 15 서울7급 (O / X)

03 헌법 제8조 제4항이 규정하는 정당의 목적이나 활동이 민주적 기본질서에 '위배'될 때란, 민주적 기본질서에 대한 단순한 위반이나 저촉을 의미하는 것이 아니라, 민주사회의 불가결한 요소인 정당의 존립을 제약해야 할 만큼 정당의 목적이나 활동이 우리 사회의 민주적 기본질서에 대하여 실질적인 해악을 끼칠 수 있는 구체적 위험성을 초래하는 경우를 가리킨다. 17 국가7급, 16 변호사, 15 서울7급 (O / X)

04 정당의 목적이나 활동이 '민주적 기본질서에 위배될 때'라는 헌법 제8조 제4항의 정당해산요건이 충족되면, 헌법재판소는 해당 정당의 위헌적 문제성을 해결할 수 있는 다른 대안적 수단이 있는 경우라 하더라도 강제적 정당해산결정을 할 수 있다. 16 변호사 (O / X)

05 위헌정당의 해산을 명하는 비상상황에서는 국회의원의 국민대표성은 부득이 희생될 수밖에 없으므로 해산결정된 정당 소속 국회의원의 의원직 상실은 위헌정당해산심판제도의 본질로부터 인정되는 효력이다. 15 서울7급 (O / X)

06 헌법재판소의 정당해산결정이 있는 경우 그 정당 소속 국회의원의 의원직은 당선방식을 불문하고 모두 상실된다. 17 지방7급 (O / X)

정답 01 O 02 O 03 O 04 X 05 O 06 O

004 저항권 (헌재 2014.12.19. 2013헌다1)

[1] 저항권은 공권력의 행사자가 민주적 기본질서를 침해하거나 파괴하려는 경우 이를 회복하기 위하여 국민이 공권력에 대하여 폭력·비폭력, 적극적·소극적으로 저항할 수 있다는 국민의 권리이자 헌법수호제도를 의미한다. 하지만 저항권은 공권력의 행사에 대한 '실력적' 저항이어서 본질상 질서교란의 위험이 수반되므로, 저항권의 행사에는 개별 헌법조항에 대한 단순한 위반이 아닌 민주적 기본질서라는 전체적 질서에 대한 중대한 침해가 있거나 이를 파괴하려는 시도가 있어야 하고, 이미 유효한 구제수단이 남아 있지 않아야 하는 보충성의 요건이 적용된다. 01 02 03 또한 그 행사는 민주적 기본질서의 유지·회복이라는 소극적인 목적에 그쳐야 하고 정치적·사회적·경제적 체제를 개혁하기 위한 수단으로 이용될 수 없다.

[Point] 저항권 행사의 요건
- 민주적 기본질서를 전면 부인
- 공권력 행사의 불법성이 객관적으로 명백
- 최후수단성(보충성)

[2] 이러한 요건에 따라 피청구인 주도세력의 주장을 살펴보면, 우선적으로 그들은 저항권에 '의한' 집권을 주장하고 있다. 그러나 앞서 본 바와 같이 저항권은 민주적 기본질서의 유지, 회복에 있는 것이지 집권이라는 적극적인 목적을 위해서는 사용될 수 없으므로, 이 부분은 저항권 행사가 폭력수단에 의한 집권을 의미하는 것은 아닌지 의심된다. 물론 이러한 주장을 헌법상 인정될 수 있는 이른바 저항권적 상황에서 저항권의 행사에 의하여 기존의 위헌적인 정권을 물러나게 함으로써 민주적 기본질서를 회복하고 그 이후에 민주적인 방법에 의한 집권을 하겠다는 취지로 해석할 여지가 없지는 않다. 04 그러나 저항권에 의한 집권을 선거에 의한 집권과 함께 지속적으로 주장하는 것은 민주적 기본질서에 대한 전반적인 침해 내지 파괴에 이르지 못하는 경우에도 저항권의 행사를 염두에 둔 것으로 보인다.

[Point] 저항권은 기존의 위헌적인 정권을 물러나게 하기 위한 목적으로 행사될 수 있음.

---

01 저항권의 행사는 헌법질서의 수호·유지 또는 회복을 위해 남겨진 최후의 수단이어야 한다. 17 서울7급 (O / X)

02 저항권은 공권력의 행사에 대한 실력적 저항이어서 그 본질상 질서교란의 위험이 수반되므로, 저항권의 행사에는 개별 헌법조항에 대한 단순한 위반이 아닌 민주적 기본질서라는 전체적 질서에 대한 중대한 침해가 있거나 이를 파괴하려는 시도가 있어야 하고, 이미 유효한 구제수단이 남아 있지 않아야 한다는 보충성의 요건이 적용된다. 17 법무사 (O / X)

03 저항권은 헌법이나 법률에 규정된 일체의 법적 구제수단이 이미 유효한 수단이 될 수 없는 경우에 행사될 수 있다. 11 지방7급 (O / X)

04 저항권은 민주적 기본질서의 유지·회복을 목적으로 저항할 수 있을 뿐, 기존의 위헌적인 정권을 물러나게 하기 위한 목적으로는 행사할 수 없다. 17 법무사 (O / X)

정답 01 O 02 O 03 O 04 X

005 헌법 제29조 제2항 등 위헌소원 (헌재 1996.6.13. 94헌바20 [각하])

헌법 제29조 제2항(이중배상금지규정)에 대한 위헌심사는 불가능하다.

[1] 헌법 제111조 제1항과 헌법재판소법 제41조 제1항 등은 위헌심사의 대상이 되는 규범을 '법률'로 명시하고 있으며, 여기서 '법률'이라고 함은 국회의 의결을 거쳐 제정된 이른바 형식적 의미의 법률을 의미하므로 헌법의 개별 규정 자체는 헌법소원에 의한 위헌심사의 대상이 아니다. 01 02

[Point] 헌법의 개별 규정은 위헌심사의 대상 X

[2] 헌법은 전문과 단순한 개별 조항의 상호관련성이 없는 집합에 지나지 않는 것이 아니고 하나의 통일된 가치체계를 이루고 있으며 헌법의 제 규정 가운데는 헌법의 근본가치를 보다 추상적으로 선언한 것도 있고 이를 보다 구체적으로 표현한 것도 있으므로 이념적·논리적으로 헌법규범 상호 간의 가치의 우열을 인정할 수 있을 것이다. 그러나 이때 인정되는 헌법규범 상호 간의 우열은 추상적 가치규범의 구체화에 따른 것으로서 헌법의 통일적 해석을 위하여 유용한 정도를 넘어 헌법의 어느 특정 규정이 다른 규정의 효력을 전면 부인할 수 있는 정도의 효력상의 차등을 의미하는 것이라고는 볼 수 없다. 03 04 05 06 더욱이 헌법개정의 한계에 관한 규정을 두지 아니하고 헌법의 개정을 법률의 개정과는 달리 국민투표에 의하여 이를 확정하도록 규정하고 있는 현행의 우리 헌법상으로는 과연 어떤 규정이 헌법핵 내지는 헌법제정규범으로서 상위 규범이고 어떤 규정이 단순한 헌법개정규범으로서 하위 규범인지를 구별하는 것이 가능하지 아니하며 달리 헌법의 각 개별 규정 사이에 그 효력상의 차이를 인정하여야 할 아무런 근거도 찾을 수 없다.

[Point] 헌법규정 상호 간의 우열문제 ─ 이념적·논리적 가치의 우열 인정
└ 효력상의 차등을 의미하지 않음.

[3] 헌법은 그 전체로서 주권자인 국민의 결단 내지 국민적 합의의 결과라고 보아야 할 것이므로 헌법의 개별 규정을 헌법재판소법 제68조 제1항 소정의 공권력 행사의 결과라고 볼 수도 없다.

[Point] 헌법의 개별 규정은 헌법재판소법 제68조 제1항의 헌법소원대상 X

---

01 헌법 제29조 제2항과 같이 헌법규정이라고 하더라도 예외적으로 위헌제청의 대상이 될 수 있다. 09 법원직
(O / X)

02 헌법의 개정에 한계가 있는지 여부에 관하여 학설상 대립이 있지만 현실적으로 그 한계를 무시한 개헌이 이루어지는 경우, 헌법재판소 판례에 따르면 위헌법률심판이나 헌법소원 어느 절차에 의하여도 그 헌법규정에 대한 위헌심사가 가능하지 않다. 12 변호사
(O / X)

03 헌법의 제 규정 가운데는 헌법의 근본가치를 보다 추상적으로 선언한 것도 있고, 이를 보다 구체적으로 표현한 것도 있으므로 이념적·논리적으로 규범 상호 간의 우열을 인정할 수 있는 것이 사실이다. 17 입시
(O / X)

04 이념적·논리적으로는 헌법규범 상호 간의 우열을 인정할 수 있다 하더라도 그러한 규범 상호 간의 우열이 헌법의 어느 특정 규정이 다른 규정의 효력을 전면적으로 부인할 수 있을 정도의 개별적 헌법규정 상호 간에 효력상의 차등을 의미하는 것이라고 볼 수 없으므로, 헌법의 개별 규정에 대한 위헌심사는 허용될 수 없다. 17 국가급
(O / X)

05 헌법규범 상호 간에는 이념적·논리적으로뿐만 아니라 효력상으로도 특정 규정이 다른 규정의 효력을 부인할 수 있는 정도의 가치의 우열을 인정할 수 있다. 13 서울7급, 08 국회8급
(O / X)

06 헌법의 각 개별 조항 간에는 이념적·논리적으로 규범 상호 간의 우열을 인정할 수 있으므로 특정한 헌법조항은 다른 헌법조항이 개정될 경우 그 위헌 여부를 심사할 수 있는 기준이 될 수 있다. 11 법원직
(O / X)

정답 01 X   02 O   03 O   04 O   05 X   06 X

DAY 02 대한민국헌법 총설

미니노트

대한민국 헌정사 나올 때마다 그때 그때 봐두도록 하자!

구분	헌법	기본권	통치구조
제1공화국	건국헌법(1948)	· 국민투표를 거치지 않고 국회에서 의결 · 통제경제(근로자 이익분배균점권) · 사회적 기본권 보장 · 바이마르헌법의 영향	· 대통령제 + 의원내각제 · 부통령과 국무총리 둘 다 존재 · 국회에서 대통령 간선 · 국무원은 의결기구 · 헌법위원회
	제1차 개정헌법(1952)	· 발췌개헌(공고절차 위반) · 대통령 직선제 · 민의원의 국무원 불신임권 인정	양원제를 규정했으나 실시하지 못함(헌법변천).
	제2차 개정헌법(1954)	· 사사오입개헌(의결정족수 위반) · 초대 대통령 3선 제한 철폐 · 자유시장경제로 전환	· 국무총리가 없던 유일한 시기 · 헌법개정금지에 대한 명문규정 · 국민투표 최초 규정
제2공화국 (3·15부정선거와 4·19혁명으로 성립)	제3차 개정헌법(1960)	· 본질적 내용 침해금지 · 직업공무원제도 · 위헌정당해산제도 · 중앙선거관리위원회	· 의원내각제 · 국무원은 의결기구 · 양원제 실시 · 대법원장과 대법관 선거제 · 헌법재판소 규정(실시하지 못함)
	제4차 개정헌법	소급입법에 의한 처벌근거 마련	
제3공화국 (5·16으로 성립)	제5차 개정헌법(1962)	· 국민투표에 의한 최초 개정헌법 · 인간의 존엄과 가치, 직업의 자유, 인간다운 생활권, 영화·연예에 대한 검열 규정 · 헌법개정에 대한 국민투표 최초 규정	· 대통령 직선 · 국무회의는 심의기구(이후 지금까지) · 감사원 설치 · 극단적 정당국가 · 위헌법률심판권은 대법원이 행사 · 각급 선거관리위원회 규정
	제6차 개정헌법	대통령 3선 개헌	

제4공화국
(10월 유신)
	제7차 개정헌법(1972)	· 영도적 대통령제
		· 본질적 내용 침해금지 삭제
		· 평화통일조항(전문)
		· 모든 법관을 대통령이 임명
			· 통일주체국민회의에서 대통령 간선
			· 헌법개정의 이원화
			  ┌ 대통령이 제안: 국회 의결 없이 국민투표
			  └ 국회가 제안: 국회 의결 후 통일주체국민회의에서 결정

구분	헌법	기본권	통치구조
제5공화국	제8차 개정헌법(1980)	· 본질적 내용 침해금지 부활 · 행복추구권 · 사생활의 비밀과 자유 · 적정임금 · 평생교육 · 환경권	· 대통령 선거인단에서 대통령 간선 · 헌법에 국정조사 최초 규정(제7차 개정헌법에서는 국정조사가 국회법에 규정) · 정당운영자금의 국고보조 신설
제6공화국	제9차 개정헌법(1987)	· 적법절차 · 미란다원칙 · 최저임금 · 쾌적한 주거생활권 · 자유민주적 기본질서에 입각한 평화통일	· 대통령 직선 · 헌법재판소

국적 취득

01 선천적 취득

① 출생
  ㉠ 속인: 부모양계혈통주의, 출생 전 부 사망 ➡ 사망 당시 기준으로 판단 (→ 법률혼을 전제로 함.)
  ㉡ 속지 ─ 부모가 모두 분명하지 아니한 경우나 국적이 없는 경우 대한민국에서 출생한 자
         └ 대한민국 내에서 발견된 기아

② 사실혼
  ㉠ 부(외국인) + 모(한국인): 출생과 동시에 취득
  ㉡ 부(한국인) + 모(외국인): 생부의 인지 또는 본인의 귀화

02 후천적 취득

① 인지
  ㉠ 대상: 대한민국 국민인 부 또는 모에 의해 인지된 외국인
  ㉡ 요건: 민법상 **미성년** + 출생 당시 부 또는 모가 대한민국 국민
  ㉢ 절차: 법무부장관에게 신고 ➡ **신고**한 때 국적 취득

② 귀화: 대한민국 국적 취득사실이 없는 자를 대상으로 함.

→ · 결혼: 간이귀화의 요건 O
  · 결혼만으로는 국적 획득 X

→ · 주소: 필요
  · 거주기간: 불필요

일반귀화	간이귀화	특별귀화
· **5년** 이상 계속 주소 · 민법상 **성년** · 생계유지능력	· **3년** 이상 계속 주소 · 부 또는 모가 국민이었던 사람 · 배우자가 대한민국 국민	· 특별한 공로 · 부 또는 모가 국민인 사람 · 우수한 능력 보유

관련조문

국적법 제5조(일반귀화요건)
외국인이 귀화허가를 받기 위해서는 제6조나 제7조에 해당하는 경우 외에는 다음 각 호의 요건을 갖추어야 한다.
1. 5년 이상 계속하여 대한민국에 주소가 있을 것
1의2. 대한민국에서 영주할 수 있는 체류자격을 가지고 있을 것
2. 대한민국의 민법상 성년일 것
3. 법령을 준수하는 등 법무부령으로 정하는 품행 단정의 요건을 갖출 것
4. 자신의 자산이나 기능에 의하거나 생계를 같이하는 가족에 의존하여 생계를 유지할 능력이 있을 것
5. 국어능력과 대한민국의 풍습에 대한 이해 등 대한민국 국민으로서의 기본 소양을 갖추고 있을 것
6. 귀화를 허가하는 것이 국가안전보장·질서유지 또는 공공복리를 해치지 아니한다고 법무부장관이 인정할 것

제6조(간이귀화요건)
① 다음 각 호의 어느 하나에 해당하는 외국인으로서 대한민국에 3년 이상 계속하여 주소가 있는 사람은 제5조 제1호 및 제1호의2의 요건을 갖추지 아니하여도 귀화허가를 받을 수 있다.
1. 부 또는 모가 대한민국의 국민이었던 사람
2. 대한민국에서 출생한 사람으로서 부 또는 모가 대한민국에서 출생한 사람
3. 대한민국 국민의 양자로서 입양 당시 대한민국의 민법상 성년이었던 사람
② 배우자가 대한민국의 국민인 외국인으로서 다음 각 호의 어느 하나에 해당하는 사람은 제5조 제1호 및 제1호의2의 요건을 갖추지 아니하여도 귀화허가를 받을 수 있다.
1. 그 배우자와 혼인한 상태로 대한민국에 2년 이상 계속하여 주소가 있는 사람
2. 그 배우자와 혼인한 후 3년이 지나고 혼인한 상태로 대한민국에 1년 이상 계속하여 주소가 있는 사람
3. 제1호나 제2호의 기간을 채우지 못하였으나, 그 배우자와 혼인한 상태로 대한민국에 주소를 두고 있던 중 그 배우자의 사망이나 실종 또는 그 밖에 자신에게 책임이 없는 사유로 정상적인 혼인 생활을 할 수 없었던 사람으로서 제1호나 제2호의 잔여기간을 채웠고 법무부장관이 상당하다고 인정하는 사람
4. 제1호나 제2호의 요건을 충족하지 못하였으나, 그 배우자와의 혼인에 따라 출생한 미성년의 자(子)를 양육하고 있거나 양육하여야 할 사람으로서 제1호나 제2호의 기간을 채웠고 법무부장관이 상당하다고 인정하는 사람

제7조(특별귀화요건)
① 다음 각 호의 어느 하나에 해당하는 외국인으로서 대한민국에 주소가 있는 사람은 제5조 제1호·제1호의2·제2호 또는 제4호의 요건을 갖추지 아니하여도 귀화허가를 받을 수 있다.
1. 부 또는 모가 대한민국의 국민인 사람. 다만, 양자로서 대한민국의 민법상 성년이 된 후에 입양된 사람은 제외한다.
2. 대한민국에 특별한 공로가 있는 사람
3. 과학·경제·문화·체육 등 특정 분야에서 매우 우수한 능력을 보유한 사람으로서 대한민국의 국익에 기여할 것으로 인정되는 사람

제8조(수반 취득)
① 외국인의 자(子)로서 대한민국의 민법상 미성년인 사람은 부 또는 모가 귀화허가를 신청할 때 함께 국적 취득을 신청할 수 있다.
② 제1항에 따라 국적 취득을 신청한 사람은 부 또는 모가 대한민국 국적을 취득한 때에 함께 대한민국 국적을 취득한다.

복수국적 금지

01 외국 국적 포기
대한민국 국적을 취득한 날부터 1년 이내 외국 국적 포기

02 국적 선택의무
만 20세가 되기 전에 복수국적자가 된 자는 만 22세가 되기 전까지, 만 20세가 된 후에 복수국적자가 된 자는 그 때부터 2년 이내에 국적법 제13조, 제14조에 따라 하나의 국적을 선택하여야 함. 단, 같은 법 제10조 제2항에 따라 법무부장관에게 대한민국에서 외국 국적을 행사하지 아니하겠다는 뜻을 서약한 복수국적자는 제외

국적 상실

01 국적 이탈
외국에 주소가 있는 경우 ➡ 재외공관의 장 ➡ 법무부장관 ➡ 이탈신고

02 선택명령
서약한 자가 그 뜻에 현저히 반하는 행위 ➡ 6개월 이내 국적 선택명령

03 자진취득
자진하여 외국 국적 취득 ➡ 외국 국적 취득한 때에 국적 상실

재외국민의 선거권

국민의 지위만으로 인정되는 선거권	대통령 선거	부정하면 보통선거원칙, 평등권, 선거권 침해 ➡ 지금은 인정
	국민투표	인정
	국회의원 선거	• 지역구국회의원 선거는 국민의 지위와 주민의 지위(주민등록)가 필요 • 비례대표국회의원 선거는 재외국민등록신청을 하면 주민등록이 없어도 인정
국민 + 주민의 지위로 인정되는 선거권 주민 아닌 재외국민에게는 인정되지 않음	지역구국회의원 선거	• 임기만료에 의한 선거는 주민등록이나 국내거소신고를 하면 인정 • 재·보궐선거는 불인정
	지방의회의원 선거	부정하면 보통선거원칙, 평등권, 선거권 침해 ➡ 지금은 인정
	지방자치단체장 선거	인정(과거 헌법상 기본권으로 인정하지 않았지만 지금은 헌법상 기본권으로 인정됨)
	주민투표·주민소환	헌법상 기본권은 아니지만 평등권 침해로 재외국민에게 인정

대한민국헌법전문 ☆☆☆

헌법전문	주요 내용
① 유구한 역사와 전통에 빛나는	문화국가원리
② 우리 대한국민은	헌법개정권자가 국민임을 명시
③ 3·1운동으로 건립된	• 3·1운동: 건국헌법에서부터 규정 • 3·1운동에서 기본권 도출은 불가
④ 대한민국 임시정부의 법통과	임시정부: 현행헌법에서 규정, 독립유공자와 그 유가족에 대한 예우를 하여야 할 헌법적 의무 도출(헌법재판소)
⑤ 불의에 항거한 4·19민주이념을 계승하고,	• 4·19: 제5차 개정헌법에서 도입, 1980년 삭제, 현행헌법에서 부활 • 저항권의 헌법적 근거로 보는 학설이 있지만, 판례는 저항권을 부정 • 4·19와 5·16을 처음 규정한 것은 제5차 개정헌법이지만, 불의에 항거한 4·19민주이념 계승을 규정한 것은 현행헌법
⑥ 조국의 민주개혁과	민주주의원리
⑦ 평화적 통일의 사명에 입각하여 정의·인도와 동포애로써	• 유신헌법에서 도입 • 자유민주적 기본질서에서 입각한 평화적 통일(헌법 제4조)은 현행헌법에서 도입
⑧ 민족의 단결을 공고히 하고, 모든 사회적 폐습과 불의를 타파하며, 자율과 조화를 바탕으로	민족에 대한 전문규정이 있음.
⑨ 자유민주적 기본질서를 더욱 확고히 하여	자유민주주의원리
⑩ 정치·경제·사회·문화의 모든 영역에 있어서	문화국가원리
⑪ 각인의 기회를 균등히 하고, 능력을 최고도로 발휘하게 하며,	평등원리
⑫ 자유와 권리에 따르는 책임과 의무를 완수하게 하여,	권리만 규정한 것이 아니라 책임과 의무에 대해서도 명시
⑬ 안으로는 국민생활의 균등한 향상을 기하고	사회국가원리
⑭ 밖으로는 항구적인 세계평화와 인류공영에 이바지함으로써	국제평화주의
⑮ 우리들과 우리들의 자손의 안전과 자유와 행복을 영원히 확보할 것을 다짐하면서 1948년 7월 12일에 제정되고 8차에 걸쳐 개정된 헌법을 이제 국회의 의결을 거쳐	안전과 자유 행복에 대해 명시
⑯ 국민투표에 의하여 개정한다.	헌법개정의 주체가 국민이며, 국민투표를 통한 개정임을 명시

대한민국헌법의 기본원리
- 국민주권원리 (헌법 제1조 제2항)
- 자유민주주의원리
- 사회국가원리
- 문화국가원리 (헌법전문, 제9조, 제69조)
- 법치국가원리(규정 ✕)
  소급입법금지, 신뢰보호원칙, 포괄위임입법금지, 법률유보
- 평화국가원리

헌법전문
- 최고규범성·재판규범성 인정, 법령해석기준
- 헌법전문을 이유로 헌법소원청구 불가
- 성문헌법의 필수적 구성요소 ✕

주의
- 헌법전문에 없는 것: 민족문화의 창달, 개인과 기업의 경제상 자유와 창의의 존중, 경제민주화, 권력분립, 자유민주적 기본질서에 입각한 평화통일
- 전문 최초 개정: 제5차 개정헌법(4·19와 5·16을 처음으로 규정)

국민주권주의 출제가능성 ↓

구분	nation주권 ≒ 형식적 주권	peuple주권 ≒ 실질적 주권
주권의 주체	• 국민 ─┬ 주권의 보유자 　　　 └ 주권의 행사자 X ➡ 제한선거 ➡ 대의제 ➡ 자유위임 ➡ 필수적 권력분립 　　　　　　　　　**무기속위임** • 주권의 보유자는 이념적·관념적·추상적 존재인 nation(국민) • 가분적 주권	국민 ─┬ 주권의 보유자 　　　 └ 주권의 행사자 ➡ 보통선거 ➡ 직접민주주의 ➡ 기속위임 ➡ 임의적 권력분립
대표적 주장자	시예스, 로크, 몽테스키외	루소

영토조항(영역의 범위)

01 영토
① 헌법 제3조는 "대한민국의 영토는 한반도와 그 부속도서로 한다."라고 하여 영토에 대하여 규정하고 있음.
　　영토조항은 건국헌법에서부터 규정하고 있음.
② 헌법에 영토조항을 직접 규정하지 않는 것이 일반적인 입법례임.

02 영해 출제가능성 ↑
① 영해
　㉠ 우리나라는 영해 및 접속수역법에 따라 한반도와 그 부속도서의 육지에 접한 12해리까지를 영해로 함.
　　　　　　　　　　　　　　　　　　　　　　　　　대한해협은 3해리
　㉡ 영해는 주권이 미치는 범위임.
② 접속수역
　㉠ 영해기선으로부터 24해리 이내에서 영해를 제외한 수역을 접속수역으로 함.
　㉡ 접속수역에서는 관세, 출입국관리, 위생에 관한 법규 위반행위를 단속함.
③ 경제적 배타수역
　㉠ 영해기선으로부터 외측 200해리까지에 이르는 수역 중 영해를 제외한 수역을 경제적 배타수역이라고 함.
　㉡ 천연자원의 탐사, 인공섬의 설치 등 가능

03 영공
영토와 영해의 수직상공을 말함.

소급입법금지

구분	진정소급입법	부진정소급입법
개념	과거에 이미 완성된 사실이나 법률관계를 대상으로 하는 입법	과거에 시작되었으나 현재 진행 중인 사실관계 또는 법률관계에 적용하게 하는 입법
허용 여부	원칙적 금지 **예외적 허용** • 국민이 소급입법을 예상할 수 있는 경우 • 법적 상태가 불확실하고 혼란스러워 보호할 만한 신뢰이익이 적은 경우 • 소급입법에 의한 당사자의 손실이 없거나 아주 경미한 경우 • 신뢰보호의 요청에 우선하는 심히 중대한 공익상 사유가 소급입법을 정당화하는 경우	원칙적 허용 **예외적 금지** 소급효를 요구하는 공익상 사유와 신뢰보호의 요청 사이의 교량과정에서 신뢰보호의 관점이 입법자의 형성권에 제한을 가하게 됨.

경제적 기본질서 ☆☆☆

헌법 제119조	제1항	대한민국의 경제질서는 개인과 기업의 경제상의 자유와 창의를 존중함을 기본으로 한다.	• 시장경제적 질서에 관한 원칙 규정 • 적정한 소득의 분배로부터 누진세를 도입해야 할 헌법적 의무는 도출되지 않음. • 사회적 시장경제질서, 사회국가원리의 도입 • 제2차 개정헌법에서 자유시장경제로 전환
	제2항	국가는 균형 있는 국민경제의 성장 및 안정과 적정한 소득의 분배를 유지하고, 시장의 지배와 경제력의 남용을 방지하며, 경제주체 간의 조화를 통한 경제의 민주화를 위하여 경제에 관한 규제와 조정을 할 수 있다.	
제120조	제1항	광물 기타 중요한 지하자원·수산자원·수력과 경제상 이용할 수 있는 자연력은 법률이 정하는 바에 의하여 일정한 기간 그 채취·개발 또는 이용을 특허할 수 있다.	• 건국헌법은 사회화의 경향이 농후함. • 건국헌법의 근로자 이익분배균점권은 제5차 개정헌법에서 삭제
	제2항	국토와 자원은 국가의 보호를 받으며, 국가는 그 균형 있는 개발과 이용을 위하여 필요한 계획을 수립한다.	
제121조	제1항	국가는 농지에 관하여 경자유전의 원칙이 달성될 수 있도록 노력하여야 하며, 농지의 소작제도는 금지된다.	• 자경농지에 대해서만 양도소득세 면제 【합헌】 • 농지소유자로 하여금 원칙적으로 농지의 위탁경영을 할 수 없도록 한 농지법 제9조는 헌법에 위반되지 않는다. (헌재 2020.5.27. 2018헌마362【기각】) 출제가능성 ↑
	제2항	농업생산성의 제고와 농지의 합리적인 이용을 위하거나 불가피한 사정으로 발생하는 농지의 임대차와 위탁경영은 법률이 정하는 바에 의하여 인정된다.	
제122조		국가는 국민 모두의 생산 및 생활의 기반이 되는 국토의 효율적이고 균형 있는 이용·개발과 보전을 위하여 법률이 정하는 바에 의하여 그에 관한 필요한 제한과 의무를 과할 수 있다.	토지에 대한 제한은 광범위한 입법형성권이 있음.

조	항	내용	비고
제123조	제1항	국가는 농업 및 어업을 보호·육성하기 위하여 농·어촌 종합개발과 그 지원 등 필요한 계획을 수립·시행하여야 한다.	· 입법자가 지역경제를 주장하기 위해서는 지역 간의 심한 경제적 불균형과 같은 구체적이고 합리적인 사유가 있어야 함. · 중소기업의 보호: 원칙적으로 경쟁질서의 범주 내에서 자조조직이 제대로 기능하지 못하는 때 국가는 적극적으로 이를 육성하고 발전시켜야 할 의무가 있음.
	제2항	국가는 지역 간의 균형 있는 발전을 위하여 지역경제를 육성할 의무를 진다.	
	제3항	국가는 중소기업을 보호·육성하여야 한다.	
	제4항	국가는 농수산물의 수급 균형과 유통구조의 개선에 노력하여 가격안정을 도모함으로써 농·어민의 이익을 보호한다.	
	제5항	국가는 농·어민과 중소기업의 자조조직을 육성하여야 하며, 그 자율적 활동과 발전을 보장한다.	
제124조		국가는 건전한 소비행위를 계도하고 생산품의 품질 향상을 촉구하기 위한 소비자보호운동을 법률이 정하는 바에 의하여 보장한다.	· 제8차 개정헌법 · 소비자의 권리로 규정된 것이 아니라 소비자보호운동으로 규정
제125조		국가는 대외무역을 육성하며, 이를 규제·조정할 수 있다.	대외무역 육성과 규제·조정의 명문규정
제126조		국방상 또는 국민경제상 긴절한 필요로 인하여 법률이 정하는 경우를 제외하고는, 사영기업을 국유 또는 공유로 이전하거나 그 경영을 통제 또는 관리할 수 없다.	사기업의 예외적 국·공유화는 국방상 또는 국민경제상 긴절할 필요가 있어야 하고, 법률이 정하는 경우이어야 함.
제127조	제1항	국가는 과학기술의 혁신과 정보 및 인력의 개발을 통하여 국민경제의 발전에 노력하여야 한다.	· 정보 및 인력개발에 대한 명문규정 · 과학기술자문회의는 헌법기구 X
	제2항	국가는 국가표준제도를 확립한다.	
	제3항	대통령은 제1항의 목적을 달성하기 위하여 필요한 자문기구를 둘 수 있다.	

평화주의적 국제질서

01 조약과 일반적으로 승인된 국제법규

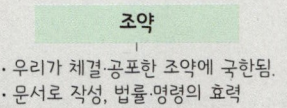

조약
- 우리가 체결·공포한 조약에 국한됨.
- 문서로 작성, 법률·명령의 효력

  - **국회의 동의 필요**
    - 주권 제약, 중대한 재정적 부담
    - 군대 파견, 군대 주둔(SOFA)
  - **불필요**
    - 무역조약
    - 어업조약

일반적으로 승인된 국제법규
- 우리가 체결·비준 X
- 헌법보다는 하위, 국내법적 효력

  - **인정**
    - 유엔헌장의 일부
    - 국제연합인권규약
  - **부정**
    - ILO조약
    - 세계인권선언

> **관련판례**
> 국제법적으로, 조약은 국제법 주체들이 일정한 법률효과를 발생시키기 위하여 체결한 국제법의 규율을 받는 국제적 합의를 말하며 서면에 의한 경우가 대부분이지만, 예외적으로 구두합의도 조약의 성격을 가질 수 있다. (헌재 2019.12.27. 2016헌마253)

02 조약체결절차

전권대사의 서명 → 국회의 동의 → 대통령 비준(국무회의 심의) → 대통령 공포 → 효력 발생

효력	헌법보다는 하위에 위치하고 법률과 동일한 효력을 가짐(통설).
인정	• 국제관습법: 포로의 살해금지와 인도적 처우에 관한 전쟁법의 일반원칙, 외교관 대우에 관한 국제법상 원칙, 국내문제 불간섭의 원칙, 민족자결의 원칙, 조약 준수의 원칙 등 • 일반적으로 승인된 조약: 유엔헌장(1945)의 일부, 포로에 관한 제네바협정(1949), 집단학살금지협정(1948), 부전조약(1928) 등
부정	• 강제노동의 폐지에 관한 국제노동기구(ILO) (헌재 1998.7.16. 97헌바23【합헌】) • 교원의 지위에 관한 권고, 국제연합인권선언, 포츠담선언

조약에 대한 사법심사

구분	대법원 심사	위헌법률심판	헌바	헌마
국회의 동의를 받은 조약	불가	가능	가능	가능
국회의 동의를 받지 않은 조약	가능	불가	불가	가능
위헌결정된 조약의 효력	국내법적으로는 무효, 국제법적으로는 유효			

판례분석

006 병역준비역에 편입된 복수국적자 국적 이탈 제한 사건 (헌재 2020.9.24. 2016헌마889【헌법불합치, 기각】)
= 구 제1국민역

복수국적자가 병역준비역에 편입된 때부터 3개월이 지난 경우 병역의무 해소 전에는 대한민국 국적에서 이탈할 수 없도록 제한하는 국적법 제12조 제2항 본문 및 제14조 제1항 단서 중 제12조 제2항 본문에 관한 부분은 헌법에 합치되지 아니하고, 01 02 이들 법률조항은 2022.9.30.을 시한으로 개정될 때까지 계속적용된다.【헌법불합치】
한편, 국적 이탈신고시 신고서에 '가족관계기록사항에 관한 증명서'를 첨부하도록 하는 국적법 시행규칙 제12조 제2항 제1호에 대한 심판청구는 기각한다.【기각】

복수국적자의 주된 생활근거지나 대한민국에서의 체류 또는 거주 경험 등 구체적 사정에 따라서는 사회통념상 심판대상 법률조항이 정하는 기간 내에 국적 이탈신고를 할 것으로 기대하기 어려운 사유가 인정될 여지가 있다.

Point 과잉금지원칙에 위배되어 국적 이탈의 자유 침해

관련조문

국적법 제14조의2(대한민국 국적의 이탈에 관한 특례)
① 제12조 제2항 본문 및 제14조 제1항 단서에도 불구하고 다음 각 호의 요건을 모두 충족하는 복수국적자는 병역법 제8조에 따라 병역준비역에 편입된 때부터 3개월 이내에 대한민국 국적을 이탈한다는 뜻을 신고하지 못한 경우 법무부장관에게 대한민국 국적의 이탈허가를 신청할 수 있다.
  1. 다음 각 목의 어느 하나에 해당하는 사람일 것
    가. 외국에서 출생한 사람(직계존속이 외국에서 영주할 목적 없이 체류한 상태에서 출생한 사람은 제외한다)으로서 출생 이후 계속하여 외국에 주된 생활의 근거를 두고 있는 사람
    나. 6세 미만의 아동일 때 외국으로 이주한 이후 계속하여 외국에 주된 생활의 근거를 두고 있는 사람
  2. 제12조 제2항 본문 및 제14조 제1항 단서에 따라 병역준비역에 편입된 때부터 3개월 이내에 국적 이탈을 신고하지 못한 정당한 사유가 있을 것

01 '주된 생활의 근거를 외국에 두고 있는 복수국적자가 병역준비역에 편입된 때부터 대한민국 국적으로부터 이탈한다는 뜻을 신고하지 않고 3개월이 지난 경우 병역의무 해소 전에는 예외 없이 대한민국 국적에서 이탈할 수 없도록 제한하는「국적법」조항은 국적 이탈의 자유를 침해한다. 22 법원직 (O / X)

02 '복수국적자에 대하여 병역준비역에 편입된 날부터 3개월 이내에 대한민국 국적을 이탈하지 않으면 병역의무를 해소한 후에야 이를 가능하도록 한「국적법」조항은 국적 선택제도를 통하여 병역의무를 면탈하지 못하게 하려는 것으로 복수국적자의 국적 이탈의 자유를 침해한다고 볼 수 없다. 22 번호사 (O / X)

정답 01 O 02 X

007 전기요금약관의 인가에 관한 전기사업법 조항 사건 (헌재 2021.4.29. 2017헌가25【합헌】)

한국전력공사가 정한 전기료 누진제는 헌법에 위반되지 않는다.
[1] 전기요금의 결정에 관한 내용을 반드시 입법자가 스스로 규율해야 하는 부분이라고 보기 어려우므로, 심판대상조항은 의회유보원칙에 위반되지 아니한다. 01
[2] 하위 법령에서는 전기의 보편적 공급과 전기사용자의 보호, 물가의 안정이라는 공익을 고려하여 전기요금의 산정원칙이나 산정방법 등을 정할 것이라고 충분히 예측할 수 있다. 따라서 심판대상조항은 포괄위임금지원칙에 위반되지 아니한다.

Point · TV 수신료: 국회가 정해야 할 사항
· 전기료: 국회가 정해야 할 사항 X

01 전기요금의 결정에 관한 내용은 반드시 입법자가 스스로 규율해야 하는 부분이므로, 전기매사업자로 하여금 전기요금에 관한 약관을 작성하여 산업통상자원부장관의 인가를 받도록 한「전기사업법」조항 중 '전기요금'에 관한 부분은 의회유보원칙에 위반된다. 예상 (O / X)

정답 01 X

008 대한민국과 일본국 간의 어업에 관한 협정 비준 등 위헌확인 (헌재 2001.3.21. 99헌마139 등 [각하])

[1] 적법요건에 대한 판단

가. 어업에 관한 조약은 국내법과 같은 효력을 가지므로 그 체결행위는 공권력의 행사에 해당한다. 01

> [Point] 조약의 위헌 여부 심사 ➡ 권리구제형 헌법소원으로 가능 02
> [Point] · 한일어업협정의 합의의사록: 조약 X
> · 한일어업협정: 조약 O

나. 헌법전문의 3·1정신으로부터 기본권을 도출할 수 없다. 03 04

다. 재산권과 직업의 자유에 대한 침해 여부를 판단하는 이상 경제적 기본권 침해 여부는 별도로 판단할 필요가 없다.

라. 헌법재판소는 국민의 개별적 기본권이 아니라 할지라도 기본권 보장의 실질화를 위하여서는, 영토조항만을 근거로 하여 독자적으로는 헌법소원을 청구할 수 없다 할지라도, 모든 국가권능의 정당성의 근원인 국민의 기본권 침해에 대한 권리구제를 위하여 그 전제조건으로서 영토에 관한 권리를, 이를테면 영토권이라 구성하여 이를 헌법소원의 대상인 기본권의 하나로 간주하는 것은 가능한 것으로 판단된다. 05

> [Point] 영토조항을 근거로 '영토권'이라는 개별적 기본권을 도출할 수 있음.

마. 어업에 종사하지 아니하는 자는 자기관련성이 인정되지 아니한다.

[2] 본안에 대한 판단이 사건 조약으로 국민의 직업의 자유 등이 침해되었다고 볼 수 없다.

---

01 '대한민국과 일본국 간의 어업에 관한 협정'은 한일 간 행정협정에 불과하여 국내법과 같은 효력을 가지는 조약에 해당되지 않는다. 17 법무사, 08 국가7급 (O / X)

02 조약에 대한 위헌 여부의 심사는 「헌법재판소법」 제41조 제1항에 따른 위헌법률심판과 「헌법재판소법」 제68조 제2항에 따른 위헌심사형 헌법소원의 형태로는 가능하지만, 「헌법재판소법」 제68조 제1항에 따른 권리구제형 헌법소원의 형태로는 불가능하다. 10 국회8급 (O / X)

03 헌법전문에 기재된 3·1정신은 우리나라 헌법의 연혁적·이념적 기초로서 헌법이나 법률해석에서의 해석기준으로 작용할 뿐만 아니라 곧바로 국민의 개별적 기본권성을 도출해내어, 예컨대 '영토권'을 헌법상 보장된 기본권으로 인정할 수 있다. 17 국가7급 (O / X)

04 헌법전문에 기재된 3·1운동 정신은 헌법이나 법률해석에서의 해석기준으로 작용하기 때문에, 그에 기하여 곧바로 국민의 개별적 기본권성을 도출해낼 수 있다. 17 행정고시, 15 법원직, 10 지방7급 (O / X)

05 '영토'는 국가 구성요소에 해당하므로 영토조항만을 근거로 하여 국민의 개별적 기본권을 인정하는 것은 가능하다. 10 지방7급 (O / X)

06 독도 등을 중간수역으로 정한 '대한민국과 일본국 간의 어업에 관한 협정'은 배타적 경제수역을 직접 규정한 것이 아니고, 독도의 영유권 문제나 영해 문제와는 직접적인 관련을 가지지 아니하기 때문에 헌법상 영토조항에 위반되지 않는다. 14 국회8급 (O / X)

[정답] 01 X 02 X 03 X 04 X 05 O 06 O

DAY 03 기본권총론

미니노트

기본권 보장과 제도적 보장

본질적 내용은 헌법에 의해 결정, 구체적인 내용은 입법에 의해 결정, 배분의 원리 적용 X, 의원내각제·대통령제는 규율대상 X

구분	기본권 보장	제도적 보장
규율대상	자연권으로서의 천부인권	· 역사적으로 형성된 기존의 제도 · 헌법에 의해 비로소 형성된 제도 X
보장 정도	· 최대한의 보장원칙 · 헌법 제37조 제2항의 과잉금지원칙 적용	· 최소한의 보장원칙 · 헌법 제37조 제2항의 과잉금지원칙 적용 X
재판규범성	긍정	긍정
헌법소원가능성	긍정(헌법소원 가능)	부정(제도적 보장만으로 헌법소원 불가)

> **제도적 보장**
> 제도적 보장이란 역사적·전통적으로 형성된 일정한 기존의 객관적 제도(예 직업공무원제도, 지방자치제도, 사유재산제도) 그 자체에 착안하여 그 제도의 본질적이고 핵심적인 요소를 입법권의 침해로부터 객관적으로 보장하고 유지하기 위한 특정 제도의 헌법적 보장을 의미함. 다시 말해 국가존립의 기반이 되는 일정한 제도를 헌법의 수준에서 보장함으로써 해당 제도의 본질을 유지하려는 것을 말함.

기본권 주체

구분	자연인	법인
주체 인정	· 대한민국 국적의 모든 사람 · 태아(제한적 인정) · 외국인(불법체류자 포함)	· 사단법인·재단법인, 영리법인·비영리법인, 권리능력 없는 사단·재단 · 정당 · (국민의 일환으로서의) 대통령 · 한국영화인협회, 신문편집인협회(현 한국신문방송편집인협회)
주체 부정	초기배아(배아에 대한 국가의 적극적인 보호 필요)	· 교섭단체 · 공법인(원칙적 부정, 예외적 긍정) 　　　　　축협중앙회, 서울대학교, 방송문화진흥회 · (헌법기관으로서의) 대통령

> **대통령의 기본권 주체성**
> · 헌법기관으로서 기본권 주체성 부정
> · 개인의 지위에서 기본권 주체성 인정

기본권 보유능력과 행사능력

구분	기본권 보유능력	기본권 행사능력
범위	· 국민이라면 누구나 · 태아: 생명권 보유능력 인정	민법상 미성년자, 제한능력자 인정 X(공직선거법상 선거권 행사능력은 인정)
관계	· 기본권 보유능력을 가진 자라도 반드시 행사능력을 가지는 것은 아님. · 헌법소원청구는 기본권 주체만이 가능(법인이 소속원을 대신하여 헌법소원 불가)	

헌법관별 기본권 주체성

구분		법실증주의	결단주의	통합주의
국민		O	O	O
외국인		X (입법정책의 문제)	O (참정권·사회권 제외)	X (예외적 인정)
사법인	법인격 O	O (법인 = 자연인)	X	O
	법인격 X	X (사람이 아니니까)	X	O
공법인		X	X	O

결단주의: 주로 자연권을 주장하기에 인정 X
통합주의: 사회의 통합에 기여하면 가능

기본권의 갈등

기본권 경합(대국가효)
동일한 기본권 주체가 여러 개의 기본권을 주장
➡ 어느 기본권을 우선할지?

해결이론
- 특별법 우선의 원칙: 일반기본권 vs 특별기본권
  예) 직업선택 자유 vs 공무담임권 ➡ 공무담임권
      (일반)   (특별)
- 제한 정도가 다른 기본권 경합: 최강효력설
  제한가능성이 적은, 효력이 강한 기본권에 대한 침해 여부를 기준으로 판단
- 헌법재판소는 사안과 가장 밀접한 관계가 있고, 침해의 정도가 큰 기본권을 중심으로 판단함.

기본권 충돌(대사인효)
둘 이상의 기본권 주체가 주장하는 기본권이 충돌
➡ 누구의 기본권을 우선할지?

해결이론

이익형량의 원칙	규범조화적 해석
· 위계질서(서열) 인정 · 상위 기본권 우선 · 인격권 > 경제적 기본권 · 자유권 > 평등권 · 혐연권 > 흡연권	위계질서 없는 때

기본권 제한

일반적 헌법유보	• 헌법이 직접 기본권의 한계를 규정 • 독일·일본 O, 우리 헌법 X	일반적 법률유보	모든 자유·권리를 법률로 제한 (헌법 제37조 제2항)
개별적 헌법유보	헌법의 개별 규정에서 특정 기본권의 한계를 규정	개별적 법률유보	헌법 개별 조문에서 특정 기본권을 법률에 의해서 제한 (헌법 제38조)

과잉금지원칙의 내용

목적의 정당성	• 기본권 제한입법은 헌법과 법률에 의해 정당성이 인정되어야 함. • 정당성 부인의 예: 재외국민 선거권 제한, 동성동본금혼, 호주제, 피의자 촬영 허용, 혼인빙자간음죄
수단의 적합성	• 목적을 달성하는 데 유효한 수단인가의 문제 • 적합성 부인의 예: 전관예우를 막기 위한 변호사 개업지 제한
침해의 최소성	수단이 입법목적 달성에 효과가 있더라도 보다 완화된 수단을 선택
법익의 균형성	기본권 제한으로 인해 달성되는 공익 > 침해되는 사익

> **관련판례**
>
> 헌법 제21조 제4항은 "언론·출판은 타인의 명예나 권리 또는 공중도덕이나 사회윤리를 침해하여서는 아니 된다"라고 규정하고 있는바, 이는 언론·출판의 자유에 따르는 책임과 의무를 강조하는 동시에 <mark>언론·출판의 자유에 대한 제한의 요건</mark>을 명시한 규정으로 볼 것이고, 헌법상 표현의 자유의 <mark>보호영역 한계를 설정한 것이라고는 볼 수 없기 때문에</mark>, 음란표현도 헌법 제21조가 규정하는 언론·출판의 자유의 보호영역에는 해당하되, 다만 헌법 제37조 제2항에 따라 제한할 수 있는 것이다. (헌재 2009.5.28. 2006헌바109 등)

국가의 기본권 보호의무

국회와 행정부에 대해서는 **행위지침**, 헌법재판소에 대해서는 **통제규범**이 됨.

01 보호의무 수범자

```
        1차    →    2차
     국회: 입법     • 행정부: 집행
    (최적의 보호)   • 사법부: 재판
```

02 통제
① 기준: 과소보호금지원칙(헌법재판소), 적절하고 효율적인 최소한의 보호조치
② 한계
  ㉠ 진정입법부작위나 보호조치가 기본권 보호에 명백히 부적합·불충분한 경우 ➡ 위헌
  ㉡ 헌법재판소는 보호의무 위반 확인 ~~의무 부과~~

> **관련조문**
>
> **헌법 제10조**
> 모든 국민은 인간으로서의 존엄과 가치를 가지며, 행복을 추구할 권리를 가진다. <u>국가는 개인이 가지는 불가침의 기본적 인권을 확인하고 이를 보장할 의무를 진다.</u>
> 기본권 보호의무의 근거

입법부작위에 의한 기본권 침해와 구제

구분	단순입법부작위	진정입법부작위	부진정입법부작위
청원가능성	○	○	○
헌법소원가능성	X	입법부작위대상 헌법소원 ○	입법부작위대상 헌법소원 X, 법률 자체를 대상으로 헌법소원 ○
청구기간	-	제한 X	제한 ○

국가인권위원회에 의한 기본권 규제

01 국가인권위원회의 구성

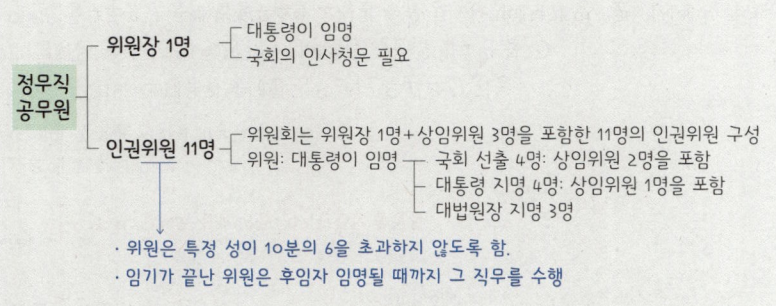

- 위원은 특정 성이 10분의 6을 초과하지 않도록 함.
- 임기가 끝난 위원은 후임자 임명될 때까지 그 직무를 수행

> **관련조문**
>
> **국가인권위원회법 제6조(위원장의 직무)**
> ③ 위원장은 국회에 출석하여 위원회의 소관 사무에 관하여 의견을 진술할 수 있으며, 국회에서 요구하면 출석하여 보고하거나 답변하여야 한다.
> ④ 위원장은 국무회의에 출석하여 발언할 수 있으며, 소관 사무에 관하여 국무총리에게 의안(이 법의 시행에 관한 대통령령안을 포함한다) 제출을 건의할 수 있다.

02 국가인권위원회의 성질
① 법률상 기관: ~~헌법상 기관~~ ➡ 권한쟁의심판의 당사자능력 X
② 독립된 국가기관: ~~대통령 소속 위원회~~ ➡ 대통령의 지휘·감독을 받지 않음.

인권

대한민국 헌법 및 법률에서 보장하거나 가입·비준한 국제인권조약 및 국제관습법에서 인정하는 인간으로서의 존엄과 가치 및 자유와 권리

평등권 침해의 차별행위
- 합리적인 이유 없이
- 성별, 종교, 장애, 나이, 사회적 신분, 출신지역·국가, 신체조건(용모), 혼인·임신·출산, 가족형태, 인종, 사상, 성적 지향, 형이 실효된 전과, 학력·병력 등을 이유로
- 고용, 재화·용역 등의 공급 및 이용, 교육·훈련, 성희롱을 하는 행위

인권위원회법의 적용범위

대한민국 국민 + 영역 내 외국인

03 국가인권위원회의 직무와 권한

정책과 관행의 개선 또는 시정권고	• 권고 또는 의견 표명 • 명령권 X ➡ 구속력 X cf. 개인정보 보호위원회는 명령권 O
법원 및 헌법재판소에 대한 의견제출	• 인권에 중대한 영향을 미치는 재판 계속 중 재판부에 법률사항에 관하여 의견제출 • 위원회가 조사·처리한 내용에 관한 재판 계속 중 재판부에 사실상·법률상에 관한 의견제출
고발 및 징계권고	• 진정 내용이 범죄행위 ➡ 검찰총장에게 고발 • 인권 침해 ➡ 소속 기관 등의 장에게 징계권고

04 국가인권위원회의 인권 침해조사와 인권구제 등

① 진정할 수 있는 자
  ㉠ 인권 침해, 차별행위를 당한 사람 ┐ 제3자, 단체도 진정 가능, 자기관련성 불필요
  ㉡ 그 사실을 알고 있는 사람, 단체 ┘

② 진정대상 인권: 헌법 제10조 ~ 제22조에 보장된 인권
   재산권, 선거권, 공무담임권, 청구권, 사회적 기본권 침해 ➡ 진정 X

③ 인권 침해, 차별행위가 있었다는 상당한 근거와 그 내용의 중대할 경우, 직권으로 조사 가능

④ 국가인권위원회의 진정에 대한 기각결정은 행정처분에 해당하여 항고소송 가능(헌법소원 불가)

⑤ 법률구조 요청: 피해자를 위하여 대한법률구조공단 등에 법률구조를 요청할 수 있음. 단, 피해자가 명시한 의사에 반하여는 할 수 없음.

> **관련조문**
>
> **국가인권위원회법 제29조(보고서 작성 등)**
> ① 위원회는 해마다 전년도의 활동 내용과 인권 상황 및 개선 대책에 관한 보고서를 작성하여 대통령과 국회에 보고하여야 한다. 이 경우 보고서에는 군 인권 관련 사항을 포함하여야 한다.

판례분석

009 과거사 민주화보상법 '재판상 화해 간주' 사건 (헌재 2018.8.30. 2014헌바180 등 [일부위헌])

구 민주화운동 관련자 명예회복 및 보상 등에 관한 법률(이하 '민주화보상법'이라 한다) 제18조 제2항의 '민주화운동과 관련하여 입은 피해' 중 불법행위로 인한 정신적 손해에 관한 규정이 없는 것은 헌법에 위반된다.

[1] 심판대상조항은 명확성원칙에 위반되지 아니한다.
[2] 심판대상조항은 관련자 및 유족의 재판청구권을 침해하지 아니한다. 01
[3] 민주화보상법상 보상금 등에는 정신적 손해에 대한 배상이 포함되어 있지 않음을 알 수 있다. 이처럼 정신적 손해에 대해 적절한 배상이 이루어지지 않은 상태에서 적극적·소극적 손해 내지 손실에 상응하는 배·보상이 이루어졌다는 사정만으로 정신적 손해에 관한 국가배상청구권마저 금지하는 것은, 해당 손해 내지 손실에 관한 적절한 배·보상이 이루어졌음을 전제로 하여 국가배상청구권 행사를 제한하려 한 민주화보상법의 입법목적에도 부합하지 않으며, ==국가의 기본권 보호의무를 규정한 헌법 제10조 제2문의 취지에도 반하는 것으로서, 지나치게 가혹한 제재에 해당한다.== 따라서 심판대상조항 중 정신적 손해에 관한 부분은 관련자와 유족의 국가배상청구권을 침해한다.

[Point] '민주화운동과 관련하여 입은 피해'에 대해 재판상 화해의 성립을 간주 ➡ 정신적 손해에 대한 국가배상청구권 침해

> 01 '민주화운동 관련자 명예회복 및 보상 심의위원회'의 보상금 등 지급결정에 동의한 때 재판상 화해의 성립을 간주함으로써 법관에 의하여 법률에 의한 재판을 받을 권리를 제한하는 법규정은 재판청구권을 침해하지 않는다.
> 19 서울7급 (O / X)
>
> 정답 01 O

010 공직선거 선거운동시 확성장치 사용에 따른 소음 규제기준 부재 사건 (헌재 2019.12.27. 2018헌마730 [헌법불합치]) 다수 출제

전국동시지방선거의 선거운동과정에서 후보자들이 확성장치를 사용할 수 있도록 허용하면서도 그로 인한 소음의 규제기준을 정하지 아니한 공직선거법 규정은 국가의 기본권 보호의무를 과소하게 이행한 것으로서, 청구인의 건강하고 쾌적한 환경에서 생활할 권리를 침해한다.

정온한 생활환경이 보장되어야 할 주거지역에서 출근 또는 등교 이전 및 퇴근 또는 하교 이후 시간대에 확성장치의 최고출력 내지 소음을 제한하는 등 사용시간과 사용지역에 따른 수인한도 내에서 확성장치의 최고출력 내지 소음 규제기준에 관한 규정을 두지 아니한 것은, 국민이 건강하고 쾌적하게 생활할 수 있는 양호한 주거환경을 위하여 노력하여야 할 국가의 의무를 부과한 헌법 제35조 제3항에 비추어 보면, 적절하고 효율적인 최소한의 보호조치를 취하지 아니하여 국가의 기본권 보호의무를 과소하게 이행한 것이다. 01 따라서 ==심판대상조항은 국가의 기본권 보호의무를 과소하게 이행한 것으로서, 청구인의 건강하고 쾌적한 환경에서 생활할 권리를 침해한다.== 02

> 01 주거지역에서 출근 또는 등교 이전 및 퇴근 또는 하교 이후 시간대에 확성장치의 최고출력 내지 소음을 제한하는 등 사용시간과 사용지역에 따른 수인한도 내에서 확성장치의 최고출력 내지 소음 규제기준에 관한 구체적인 규정을 두어야 함에도 이러한 규정을 두지 아니한 것은 적절하고 효율적인 최소한의 보호조치를 취하지 아니하여 국가의 기본권 보호의무를 과소하게 이행한 것이다.
> 22 국회8급 (O / X)
>
> 02 헌법재판소는 대통령 선거와 국회의원 선거에서 확성장치의 사용과 관련하여 확성장치의 수만 규정하고 있을 뿐 확성장치의 소음 규제기준을 마련하고 있지 아니한 「공직선거법」 조항은 과잉금지원칙에 위배되어 건강하고 쾌적한 환경에서 생활할 권리를 침해한다고 하였다. 21 변호사 (O / X)
>
> 정답 01 O 02 X

011 생명윤리 및 안전에 관한 법률 제13조 제1항 위헌확인 (헌재 2010.5.27. 2005헌마346 [기각, 각하])

[1] 초기배아는 수정이 된 배아라는 점에서 형성 중인 생명의 첫걸음을 떼었다고 볼 여지가 있기는 하나 아직 모체에 착상되거나 원시선이 나타나지 않은 이상 현재의 자연과학적 인식 수준에서 독립된 인간과 배아 간의 개체적 연속성을 확정하기 어렵다고 봄이 일반적이라는 점 … 등을 종합적으로 고려할 때, 기본권 주체성을 인정하기 어렵다. 01 02

Point 초기배아: 기본권 주체성 인정 X

[2] 배아생성자는 배아에 대해 자신의 유전자 정보가 담긴 신체의 일부를 제공하고, 또 배아가 모체에 성공적으로 착상하여 인간으로 출생할 경우 생물학적 부모로서의 지위를 갖게 되므로 배아의 관리 또는 처분에 대한 결정권을 가진다. 03 이러한 배아생성자의 배아에 대한 결정권은 헌법상 명문으로 규정되어 있지는 아니하지만, 헌법 제10조로부터 도출되는 일반적 인격권의 한 유형으로서의 헌법상 권리라 할 것이다.

Point 배아생성자의 배아에 대한 결정권의 헌법적 근거: 일반적 인격권

[3] 배아의 경우 형성 중에 있는 생명이라는 독특한 지위로 인해 국가에 의한 적극적인 보호가 요구된다는 점 … 배아의 법적 보호라는 헌법적 가치에 명백히 배치될 경우에는 그 제한의 필요성이 상대적으로 큰 기본권이라 할 수 있다. 04

Point 배아: 기본권 보호의무의 대상

[4] 잔여 배아를 5년간 보존하고 이후 폐기하도록 한 생명윤리 및 안전에 관한 법률 규정은 배아생성자의 배아에 대한 결정권을 침해하지 않는다.

[5] 법학자, 윤리학자, 철학자, 의사 등의 직업인으로 이루어진 청구인들의 청구는 청구인들이 이 사건 심판대상조항으로 인해 불편을 겪는다고 하더라도 사실적·간접적 불이익에 불과한 것이고, 청구인들에 대한 기본권 침해의 가능성 및 자기관련성을 인정하기 어렵다. 05 06

Point 산부인과 의사: 자기관련성 인정 X

---

01 초기배아는 수정이 된 배아라는 점에서 형성 중인 생명의 첫걸음을 떼었다고 볼 여지가 있기는 하나 아직 모체에 착상되거나 원시선이 나타나지 않은 이상 기본권 주체성 및 국가의 보호 필요성을 인정할 수 없다. 17 법무사, 17 법원직, 11 지방7급 (O / X)

02 태아도 원칙적으로 생명권의 주체이고 형성 중의 생명인 태아에게도 생명에 대한 권리가 인정되어야 하나, 자궁에 착상하기 전 혹은 원시선이 나타나기 전의 수정란 상태의 초기배아에게는 생명권의 주체성을 인정할 수 없다. 16 국회8급 (O / X)

03 배아생성자는 배아에 대해 자신의 유전자 정보가 담긴 신체의 일부를 제공하고, 또 배아가 모체에 성공적으로 착상하여 인간으로 출생할 경우 생물학적 부모로서의 지위를 갖게 되므로 배아의 관리 또는 처분에 대한 결정권을 가진다. 17 법무사 (O / X)

04 초기배아는 수정된 배아라는 점에서 형성 중인 생명의 첫걸음을 떼었다고 볼 여지가 있기는 하지만 인간과 배아간의 개체적 연속성을 확정하기 어렵다는 점에서 기본권 주체성은 부인되는 반면, 배아의 경우 형성 중에 있는 생명이라는 독특한 지위로 인해 국가에 의한 적극적인 보호가 요구된다. 16 지방7급, 11 국가7급 (O / X)

05 법학자, 윤리학자, 철학자, 의사 등의 직업인들이 보존기간이 경과한 잔여 배아를 각종 연구에 사용할 수 있도록 허용하고 있는 「생명윤리 및 안전에 관한 법률」 조항에 의해 불편을 겪는다고 하더라도, 이는 사실적·간접적 불이익에 불과하여 기본권 침해의 가능성 및 자기관련성을 인정할 수 없다. 17 법무사 (O / X)

06 배아를 임신목적뿐만 아니라 연구목적으로 이용할 수 있도록 허용하는 법률이 시행되자 산부인과 의사가 인간의 존엄과 가치 침해를 이유로 헌법소원심판을 청구한 경우 적법하다. 12 국회8급 (O / X)

정답 01 X 02 O 03 O 04 O 05 O 06 X

012 외국인 근로자의 기본권 주체성 (헌재 2007.8.30. 2004헌마670)

근로의 권리는 '일할 자리에 관한 권리'뿐만 아니라 '일할 환경에 관한 권리'도 함께 내포하고 있는바, 후자는 인간의 존엄성에 대한 침해를 방어하기 위한 **자유권적 기본권의 성격도 갖고 있어 건강한 작업환경, 일에 대한 정당한 보수, 합리적인 근로조건의 보장 등을 요구할 수 있는 권리 등을 포함한다고 할 것이므로 외국인 근로자라고 하여 이 부분에까지 기본권 주체성을 부인할 수는 없다.**[01][02] 즉, 근로의 권리의 구체적인 내용에 따라 국가에 대하여 고용 증진을 위한 사회적·경제적 정책을 요구할 수 있는 권리는 사회권적 기본권으로서 국민에 대하여만 인정해야 하지만, 자본주의 경제질서하에서 근로자가 기본적 생활수단을 확보하고 인간의 존엄성을 보장받기 위하여 최소한의 근로조건을 요구할 수 있는 권리는 자유권적 기본권의 성격도 아울러 가지므로 이러한 경우 외국인 근로자에게도 그 기본권 주체성을 인정함이 타당하다.[03]

[Point] 일할 '자리'에 관한 권리(사회권적 기본권)과 일할 '환경'에 관한 권리(자유권적 기본권)

구분	일할 '자리'에 관한 권리 (사회권적 기본권)	일할 '환경'에 관한 권리 (자유권적 기본권)
국민	인정	인정
외국인	부정	인정

[01] 헌법상 근로의 권리는 '일할 자리에 관한 권리'만이 아니라 '일할 환경에 관한 권리'도 의미하는데, '일할 환경에 관한 권리'는 인간의 존엄성에 대한 침해를 방어하기 위한 권리로서 외국인에게도 인정되며, 건강한 작업환경, 일에 대한 정당한 보수, 합리적인 근로조건의 보장 등을 요구할 수 있는 권리 등을 포함한다. 17 국가7급 (O / X)

[02] 헌법재판소는 외국인에게 헌법상의 근로의 권리를 전면적으로 인정하기는 어렵다고 하더라도 '일할 환경에 관한 권리'는 기본권으로 보장된다고 판시하였다. 19 서울7급, 17 법무사 (O / X)

[03] 국가에 대하여 고용 증진을 위한 사회적·경제적 정책을 요구할 수 있는 권리는 사회권적 기본권으로서 국민에 대하여만 인정해야 하지만, 근로자가 기본적 생활수단을 확보하고 인간의 존엄성을 보장받기 위하여 최소한의 근로조건을 요구할 수 있는 권리는 자유권적 기본권의 성격도 아울러 가지므로 이러한 경우 외국인 근로자에게도 기본권 주체성을 인정할 수 있다. 19 변호사, 11 법원직 (O / X)

정답 01 O 02 O 03 O

013 불법체류 외국인의 기본권 주체성 (헌재 2012.8.23. 2008헌마430【기각】)

[1] 청구인들이 불법체류 중인 외국인들이라 하더라도, 불법체류라는 것은 관련 법령에 의하여 체류자격이 인정되지 않는다는 것일 뿐이므로, **'인간의 권리'로서 외국인에게도 주체성이 인정되는 일정한 기본권에 관하여 불법체류 여부에 따라 그 인정 여부가 달라지는 것은 아니다.**[01]

[Point] 불법체류 외국인의 '인간의 권리'에 관한 기본권 주체성 인정

[2] 청구인들이 침해받았다고 주장하고 있는 신체의 자유, 주거의 자유, 변호인의 조력을 받을 권리, 재판청구권 등은 성질상 인간의 권리에 해당한다고 볼 수 있으므로, 위 기본권들에 관하여는 청구인들의 기본권 주체성이 인정된다. 그러나 **국가인권위원회의 공정한 조사를 받을 권리'는 헌법상 인정되는 기본권이라고 하기 어렵고**, 이 사건 보호 및 강제퇴거가 청구인들의 노동3권을 직접 제한하거나 침해한 바 없음이 명백하므로, 위 기본권들에 대하여는 본안판단에 나아가지 아니한다.

[Point] 국가인권위원회의 공정한 조사를 받을 권리: 헌법상 인정되는 기본권 X

[01] 인간의 권리로서 외국인에게도 주체성이 인정되는 일정한 기본권은 불법체류 여부에 따라 그 인정 여부가 달라지는 것은 아니다. 17 법원직 (O / X)

정답 01 O

014 정당의 기본권 주체성 (헌재 1993.7.29. 92헌마262 [기각])

정당의 법적 지위는 적어도 그 소유재산의 귀속관계에 있어서는 법인격 없는 사단으로 보아야 하고 … 정당의 지구당은 단순한 중앙당의 하부조직이 아니라 어느 정도 독자성을 가진 단체로서 역시 법인격 없는 사단에 해당한다고 보아야 할 것이다.

[Point] · 정당: 기본권 주체성 인정
· 교섭단체: 기본권 주체성 부정

01 정당은 구성원과 독립하여 그 자체로서 기본권의 주체가 될 수 있고, 그 조직 자체의 기본권이 직접 침해당한 경우 자신의 이름으로 헌법소원심판을 청구할 수 있다. 17 지방7급 (O/X)

02 정당의 기본권 주체성은 인정되지만 지방자치단체의 기본권 주체성은 인정되지 않는다. 13 국회8급 (O/X)

03 정당은 단순한 시민이나 국가기관이 아니고 국민의 정치적 의사를 형성하는 중개적 기관으로 국민의 권리인 재판청구권, 평등권, 재산권 등의 주체가 될 수 없다. 09 법원직 (O/X)

04 정당은 선거에 있어서 기회균등의 보장을 받을 수 있는 헌법적 권리의 주체가 될 수 있다. 09 지방7급 (O/X)

[정답] 01 O 02 O 03 X 04 O

015 대통령의 기본권 주체성 (헌재 2008.1.17. 2007헌마700 [기각])

대통령도 국민의 한 사람으로서 제한적으로나마 기본권의 주체가 될 수 있는바, 대통령은 소속 정당을 위하여 정당활동을 할 수 있는 사인으로서의 지위와 국민 모두에 대한 봉사자로서 공익실현의 의무가 있는 헌법기관으로서의 지위를 동시에 갖는데, 최소한 전자의 지위와 관련하여는 기본권 주체성을 갖는다고 할 수 있다. 01 02 03

[Point] 대통령의 기본권 주체성 ┬ 사인으로서의 지위: 인정
└ 헌법기관으로서의 지위: 부정

01 대통령은 소속 정당을 위하여 정당활동을 할 수 있는 사인으로서의 지위도 있지만 국민 모두에 대한 봉사자로서 공익실현의 의무가 있는 헌법기관으로서의 지위를 동시에 가지므로, 전자의 지위와 관련하여도 기본권 주체성을 갖는다고 볼 수 없다. 20 변호사, 16 지방7급 (O/X)

02 국가기관 또는 국가조직의 일부는 기본권의 수범자로서 국민의 기본권을 보호해야 할 책임과 의무를 지므로, 국민 모두의 봉사자로서 공익실현의 의무를 지는 대통령은 기본권의 주체가 될 수 없다. 13 변호사 (O/X)

03 대통령은 소속 정당을 위하여 정당활동을 할 수 있는 사인(私人)으로서의 법적 지위도 가지므로 제한적으로나마 기본권의 주체가 될 수 있다. 08 국가7급 (O/X)

[정답] 01 X 02 X 03 O

016 경찰청장 퇴직 후의 정당가입·설립의 제한 (헌재 1999.12.23. 99헌마135 【위헌】)

[1] 피선거권에 대한 제한은 이 사건 법률조항이 가져오는 간접적이고 부수적인 효과에 지나지 아니하므로 헌법 제25조의 공무담임권(피선거권)은 이 사건 법률조항에 의하여 제한되는 청구인들의 기본권이 아니다. 또한 청구인들은 직업의 자유도 침해되었다고 주장하나, 공무원직에 관한 한 공무담임권은 직업의 자유에 우선하여 적용되는 특별 법적 규정이고, 위에서 밝힌 바와 같이 공무담임권(피선거권)은 이 사건 법률조항에 의하여 제한되는 청구인들의 기본권이 아니므로, 직업의 자유 또한 이 사건 법률조항에 의하여 제한되는 기본권으로서 고려되지 아니한다. 01

Point
- 공무담임권(피선거권), 직업의 자유 제한 ✕
- 정당의 자유 제한 ○

[2] 민주적 의사형성과정의 개방성을 보장하기 위하여 정당설립의 자유를 최대한으로 보호하려는 헌법 제8조의 정신에 비추어, 정당의 설립 및 가입을 금지하는 법률조항은 이를 정당화하는 사유의 중대성에 있어서 적어도 '민주적 기본질서에 대한 위반'에 버금가는 것이어야 한다고 판단된다. 02 다시 말하면, 오늘날의 의회민주주의가 정당의 존재 없이는 기능할 수 없다는 점에서 심지어 '위헌적인 정당을 금지해야 할 공익'도 정당설립의 자유에 대한 입법적 제한을 정당화하지 못하도록 규정한 것이 헌법의 객관적인 의사라면, 입법자가 그 외의 공익적 고려에 의하여 정당설립금지조항을 도입하는 것은 원칙적으로 헌법에 위반된다. 03 … 청구인의 정당설립 및 가입의 자유를 침해한다. 04

Point
- 경찰청장의 정당가입금지: 정당의 자유 침해
- 검찰총장 퇴임 후 2년간 공직취임금지: 직업의 자유와 공무담임권 침해
- 국가 인권위원회 위원 퇴임 후 2년간 공직취임금지: 공무담임권 침해
- 금융위원회 위원 퇴임 후 2년간 사기업취업금지 【합헌】

---

01 경찰청장으로 하여금 퇴직 후 2년간 정당의 설립과 가입을 금지하는 것은 경찰청장의 정당설립의 자유와 피선거권 및 직업의 자유를 침해하는 것이다. 19 국가7급 (O / X)

02 헌법재판소에 따르면 정당의 설립 및 가입을 금지하는 법률조항은 이를 정당화하는 사유의 중대성에 있어서 적어도 '민주적 기본질서에 대한 위반'에 버금가는 것이어야 한다. 17 5급행시 (O / X)

03 '위헌적인 정당을 금지해야 할 공익'도 정당설립의 자유에 대한 입법적 제한을 정당화하지 못하도록 규정한 것이 헌법의 객관적인 의사라면, 입법자가 그 외의 공익적 고려에 의하여 정당설립금지조항을 도입하는 것은 원칙적으로 헌법에 위반된다. 15 국회8급 (O / X)

04 경찰청장의 퇴직 후 일정 기간 동안 정당에 가입할 수 없게 하는 것은 공무원의 정치적 중립성을 보장하기 위한 것이어서 정당의 자유를 침해하는 것은 아니다. 13 서울7급 (O / X)

정답 01 X 02 O 03 O 04 X

017 흡연권과 혐연권 – 금연구역 지정의 흡연권 침해 여부가 쟁점이 된 국민건강증진법 시행규칙 제7조 위헌확인

(헌재 2004.8.26. 2003헌마457 [기각])

[1] 흡연권은 인간의 존엄과 행복추구권을 규정한 헌법 제10조와 사생활의 자유를 규정한 헌법 제17조에 의하여 뒷받침된다. 01 02

[2] 혐연권은 흡연권과 마찬가지로 헌법 제10조, 제17조에서 그 헌법적 근거를 찾을 수 있다. 나아가 흡연이 흡연자는 물론 간접흡연에 노출되는 비흡연자들의 건강과 생명도 위협한다는 면에서 혐연권은 헌법이 보장하는 건강권과 생명권에 기하여서도 인정된다. 03 04

Point 헌법적 근거 ─ 흡연권: 헌법 제10조, 제17조
　　　　　　　　└ 혐연권: 헌법 제10조, 제17조, 건강권, 생명권

[3] 흡연권은 위와 같이 사생활의 자유를 실질적 핵으로 하는 것이고 혐연권은 사생활의 자유뿐만 아니라 생명권에까지 연결되는 것이므로 혐연권이 흡연권보다 상위 기본권이라 할 수 있다. 05 이처럼 상하의 위계질서가 있는 기본권끼리 충돌하는 경우에는 상위의 기본권 우선의 원칙에 따라 하위 기본권이 제한될 수 있으므로, 결국 흡연권은 혐연권을 침해하지 않는 한에서 인정되어야 한다. 06

Point 혐연권 > 흡연권: 혐연권이 흡연권보다 상위 기본권

---

01 흡연자들이 자유롭게 흡연할 권리를 흡연권이라 한다면, 이러한 흡연권은 인간의 존엄과 행복추구권을 규정한 헌법 제10조와 사생활의 자유를 규정한 헌법 제17조에 의하여 뒷받침된다. 20 국가7급, 13·11 법원직　(O/X)

02 자유롭게 흡연할 권리는 인간의 존엄과 행복추구권을 규정한 헌법 제10조에서 그 근거를 찾을 수 있으나, 흡연하는 행위는 사생활의 영역에서만 발생하지 않으므로 사생활의 비밀과 자유를 보장한 헌법 제17조는 그 헌법적 근거가 될 수 없다. 13 지방7급　(O/X)

03 혐연권은 흡연권과 마찬가지로 헌법 제10조, 제17조에서 그 헌법적 근거를 찾을 수 있다. 14 법원직　(O/X)

04 자유로운 흡연에의 결정 및 흡연행위를 포함하는 흡연권은 물론, 흡연하지 아니할 권리 내지 흡연으로부터 자유로울 권리도 헌법 제10조의 행복추구권의 보호영역에 속한다. 10 지방7급　(O/X)

05 혐연권이 흡연권보다 상위의 기본권이라고 할 수는 없으나 혐연권은 사생활의 자유뿐만 아니라 생명권에까지 연결되는 것이므로 사생활의 자유를 실질적 핵으로 하는 흡연권보다 우선되어야 한다. 17 국회8급·법무사　(O/X)

06 흡연권과 혐연권의 관계처럼 상하의 위계질서가 있는 기본권끼리 충돌하는 경우 상위 기본권 우선의 원칙에 따라 하위 기본권이 제한될 수 있으므로, 흡연권은 혐연권을 침해하지 않는 한에서 인정되어야 한다. 22 법원직, 14 국가7급　(O/X)

정답 01 O　02 X　03 O　04 O　05 X　06 O

018 반론보도청구권에 대한 언론기관과 피해자의 기본권 충돌 (헌재 1991.9.16. 89헌마165 【합헌】)

[1] 반론권 의의
반론권은 보도기관이 사실에 대한 보도과정에서 타인의 인격권 및 사생활의 비밀과 자유에 대한 중대한 침해가 될 직접적 위험을 초래하게 되는 경우 이러한 법익을 보호하기 위한 적극적 요청에 의하여 마련된 제도이다.

[2] 기본권 충돌
반론권은 언론의 자유를 제한하기 위한 소극적 필요에서 마련된 것은 아니기 때문에 이에 따른 보도기관이 누리는 언론의 자유에 대한 제약의 문제는 결국 피해자의 반론권과 서로 충돌하는 관계에 있는 것으로 보아야 할 것이다.

[3] 해결방법
두 기본권이 서로 충돌하는 경우에는 ==헌법의 통일성을 유지하기 위하여 상충하는 기본권 모두가 최대한으로 그 기능과 효력을 나타낼 수 있도록 하는 조화로운 방법이 모색되어야 할 것이고,==[01] 결국은 … 과잉금지의 원칙에 따라 … 적정한 비례를 유지하는 것인가의 여부가 문제된다 할 것이다. 현행 정정보도청구권제도는 언론의 자유와는 비록 서로 충돌되는 면이 없지 아니하나 전체적으로 상충되는 기본권 사이에 합리적 조화를 이루고 있으므로 정기간행물의 등록 등에 관한 법률 제16조 제3항, 제19조 제3항은 결코 평등의 원칙에 반하지 아니하고, 언론의 자유의 본질적 내용을 침해하거나 언론기관의 재판청구권을 부당히 침해하는 것으로 볼 수 없어 헌법에 위반되지 아니한다.

[Point] 규범조화적 해석에 의함.

🔍 비교판례

정정보도청구를 가처분절차에 의하게 한 것은 위헌이다. (헌재 2006.6.29. 2005헌마165)
➡ 본안절차로 진행(가처분은 증명이 아닌 소명으로 입증하는 것이므로 언론사의 재판청구권과 평등권을 침해)
- 정정보도청구를 가처분 【위헌】
- 반론보도청구를 가처분 【합헌】

---

[01] 반론권과 보도기관의 언론의 자유가 충돌하는 경우에는 헌법의 통일성을 유지하기 위하여 기본권 모두가 최대한으로 그 기능과 효력을 발휘할 수 있도록 하는 조화로운 방법이 모색되어야 한다. 15 국회8급 (O / X)

정답 01 O

019 **취업규칙에서 소속 직원들이 수염 기르는 것을 전면 금지하는 것이 항공기 기장의 일반적 행동자유권을 침해하는지 문제된 사건**
(대판 2018.9.13. 2017두38560)

헌법상 기본권은 제1차적으로 개인의 자유로운 영역을 공권력의 침해로부터 보호하기 위한 방어적 권리이지만 다른 한편으로 헌법의 기본적인 결단인 객관적인 가치질서를 구체화한 것으로서, 사법을 포함한 모든 법 영역에 그 영향을 미치는 것이므로 사인 간의 사적인 법률관계도 헌법상의 기본권 규정에 적합하게 규율되어야 한다. 다만, 기본권 규정은 성질상 사법관계에 직접 적용될 수 있는 예외적인 것을 제외하고는 관련 법규범 또는 사법상의 일반원칙을 규정한 민법 제2조, 제103조 등의 내용을 형성하고 그 해석기준이 되어 간접적으로 사법관계에 효력을 미치게 된다.

국내외 항공운송업을 영위하는 甲 주식회사가 턱수염을 기르고 근무하던 소속 기장 乙에게 '수염을 길러서는 안 된다'고 정한 취업규칙인 '임직원 근무복장 및 용모규정' 제5조 제1항 제2호를 위반하였다는 이유로 비행업무를 일시 정지시킨 데 대하여, … 甲 회사 소속 직원들이 수염을 기른다고 하여 반드시 고객에게 부정적인 인식과 영향을 끼친다고 단정하기 어려운 점, 더욱이 기장의 업무범위에 항공기에 탑승하는 고객들과 직접적으로 대면하여 서비스를 제공하는 것이 당연히 포함되어 있다고 볼 수 없으며, 乙이 자신의 일반적 행동자유권을 지키기 위해서 선택할 수 있는 대안으로는 甲 회사에서 퇴사하는 것 외에는 다른 선택이 존재하지 않는데도 수염을 일률적·전면적으로 기르지 못하도록 강제하는 것은 합리적이라고 볼 수 없는 점 등에 비추어 보면, 甲 회사가 헌법상 영업의 자유 등에 근거하여 제정한 위 취업규칙 조항은 乙의 헌법상 일반적 행동자유권을 침해하므로 근로기준법 제96조 제1항, 민법 제103조 등에 따라서 무효이다. 01

01 항공운송업을 영위하는 甲 주식회사가 턱수염을 기르고 근무하던 소속 기장 乙에게 '수염을 길러서는 안 된다'고 정한 취업규칙은 헌법상 일반적 행동자유권을 침해하지 않는다. 예상 (O / X)

정답 01 X

---

020 **혼인빙자간음죄** (헌재 2009.11.26. 2008헌바58 등 【위헌】)

이 사건 법률조항이 보호하고자 하는 여성의 성적 자기결정권은 여성의 존엄과 가치에 역행하는 것이라 하지 않을 수 없다. 이러한 점에서 중앙행정기관 중 여성정책의 기획·종합, 여성의 권익증진 등 지위 향상에 관한 사무를 관장하는 여성부장관이 이 사건 법률조항에 대하여 여성을 성적 의사결정의 자유도 제대로 행사할 수 없는 존재로 비하하고 있다는 등의 이유로 남녀평등의 원칙에 위배된다고 하여 위헌의견을 개진한 것은 시사하는 바가 매우 크다 할 것이다. … 따라서 **이 사건 법률조항의 경우 형벌규정을 통하여 추구하고자 하는 목적 자체가 헌법에 의하여 허용되지 않는 것으로서 그 정당성이 인정되지 않는다고 할 것이다.** 01 02 03

[Point] 남성의 성적 자기결정권 및 사생활의 비밀의 자유를 과잉제한 ➡ 과잉금지원칙 위반
[Point] 목적의 정당성 부정

01 「형법」 제304조 중 '혼인을 빙자하여 음행의 상습 없는 부녀를 기망하여 간음한 자' 부분은 형벌규정을 통하여 추구하고자 하는 목적 자체가 헌법에 의하여 허용되지 않는 것으로서 그 정당성이 인정되지 않는다. 22 경찰차 (O / X)

02 혼인을 빙자하여 부녀를 간음한 남자를 처벌하는 「형법」 조항은 사생활의 비밀과 자유를 제한하는 것이라고 할 수 있지만, 혼인을 빙자하여 부녀를 간음한 남자의 성적 자기결정권을 제한하는 것은 아니다. 19 국가급 (O / X)

03 헌법재판소는 구 「형법」상 혼인빙자간음죄에 대해 목적의 정당성은 물론, 수단의 적절성과 피해의 최소성요건도 갖추지 못해 위헌이라고 보았다. 16 법원직 (O / X)

04 「형법」상의 혼인빙자간음죄는 과잉금지원칙을 위반하여 남성의 성적 자기결정권을 침해한다. 13 국회8급 (O / X)

정답 01 O 02 X 03 O 04 O

021 사형제도 (헌재 2010.2.25. 2008헌가23 [합헌])

헌법은 절대적 기본권을 명문으로 인정하고 있지 아니하며, 헌법 제37조 제2항에서는 국민의 모든 자유와 권리는 국가안전보장·질서유지 또는 공공복리를 위하여 필요한 경우에 한하여 법률로써 제한할 수 있도록 규정하고 있어, 비록 생명이 이념적으로 절대적 가치를 지닌 것이라 하더라도 생명에 대한 법적 평가가 예외적으로 허용될 수 있다고 할 것이므로, 생명권 역시 헌법 제37조 제2항에 의한 일반적 법률유보의 대상이 될 수밖에 없다. [01] [02] 나아가 생명권의 경우, 다른 일반적인 기본권 제한의 구조와는 달리 생명의 일부 박탈이라는 것을 상정할 수 없기 때문에 생명권에 대한 제한은 필연적으로 생명권의 완전한 박탈을 의미하게 되는바, 위와 같이 생명권의 제한이 정당화될 수 있는 예외적인 경우에는 생명권의 박탈이 초래된다 하더라도 곧바로 기본권의 본질적인 내용을 침해하는 것이라 볼 수는 없다.

[Point] · 사형제도의 위헌 여부 ➡ 헌법재판소의 심사대상
· 사형제도의 존폐 여부 ➡ 입법부 결정사항(헌법재판소의 심사대상이 아님)

[Point] 군형법상 상관살해죄에 대하여 사형을 유일한 법정형으로 규정한 것 [위헌]

---

[01] 생명권은 헌법에 명문으로 규정하고 있지는 않지만 다른 어느 기본권보다 우월한 가치를 가지는 절대적 권리로서 헌법 제37조 제2항에 의한 일반적 법률유보의 대상이 될 수 없다. 14 지방7급, 12 법원직   (O / X)

[02] 생명권의 제한은 어떠한 상황에서든 곧바로 개인의 생명권의 본질적인 내용을 침해하는 것으로서 기본권 제한의 한계를 넘는 것으로 본다면, 이는 생명권을 제한이 불가능한 절대적 기본권으로 인정하는 것과 동일한 결과를 가져오게 된다. 18 법원직   (O / X)

정답 01 X 02 O

---

022 교통사고처리 특례법 제4조 제1항 위헌확인 (헌재 2009.2.26. 2005헌마764 등 [위헌])

교통사고처리 특례법에 의해 업무상 과실 또는 중대한 과실로 인한 교통사고로 말미암아 피해자로 하여금 상해에 이르게 한 경우 10대 중과실이 아니면 종합보험 가입자에 대해 공소를 제기할 수 없도록 한 부분은 중상해의 경우에는 교통사고 피해자의 재판절차진술권과 평등권을 침해한다.

[1] 형벌은 국가가 취할 수 있는 유효적절한 수많은 수단 중의 하나일 뿐이지, 결코 형벌까지 동원해야만 보호법익을 유효적절하게 보호할 수 있다는 최종적인 유일한 수단이 될 수는 없다 할 것이다. 따라서 이 사건 법률조항은 국가의 기본권 보호의무의 위반 여부에 관한 심사기준인 과소보호금지의 원칙에 위반한 것이라고 볼 수 없다.

[Point] 국가의 기본권 보호의무를 위반한 것은 아님.

[2] 교통사고 피해자가 업무상 과실 또는 중대한 과실로 인하여 '중상해'를 입은 경우 공소를 제기하지 못하는 것은 헌법에 위반된다. [위헌]

가. 이 사건 법률조항은 과잉금지원칙에 위반하여 업무상 과실 또는 중대한 과실에 의한 교통사고로 중상해를 입은 피해자의 재판절차진술권을 침해한 것이라 할 것이다.

나. 이 사건 법률조항으로 인하여 단서조항에 해당하지 아니하는 교통사고로 중상해를 입은 피해자를 단서조항에 해당하는 교통사고의 중상해 피해자 및 사망사고의 피해자와 재판절차진술권의 행사에 있어서 달리 취급한 것은 단서조항에 해당하지 아니하는 교통사고로 중상해를 입은 피해자들의 평등권을 침해하는 것이라 할 것이다.

[3] 교통사고 피해자가 업무상 과실 또는 중대한 과실로 인하여 '중상해가 아닌 상해'를 입은 경우 공소를 제기하지 못하더라도 합헌이다. [합헌]

단서조항에 해당하지 않는 교통사고의 경우에는 대부분 가해 운전자의 주의의무 태만에 대한 비난가능성이 높지 아니하고, 경미한 교통사고 피의자에 대하여는 비형벌화하려는 세계적인 추세 등에 비추어도 위와 같은 목적의 정당성, 방법의 적절성, 피해의 최소성, 이익의 균형성을 갖추었으므로 과잉금지의 원칙에 반하지 않는다. [01]

[Point] 형벌에 관한 조항이 위헌결정되면 소급효가 인정되지만, 불처벌의 경우에는 위헌결정이 나도 소급효가 인정되지 않음.

---

[01] 「교통사고처리 특례법」 중 업무상 과실 또는 중대한 과실로 인한 교통사고로 말미암아 피해자로 하여금 상해를 입게 한 경우 공소를 제기할 수 없도록 한 부분은 과소보호금지원칙에 위반한 것이다. 13 서울7급   (O / X)

정답 01 X

DAY 04 인간의 존엄과 가치·행복추구권·평등권

인간의 존엄과 가치(제5차 개정헌법에서 도입)

01 기본권성 문제
① 주관적 공권성
  ㉠ 객관적 헌법원리성 + 주관적 권리성 모두 인정
  ㉡ 인간의 존엄성 침해 ➡ 헌법소원 가능
② 최고규범성
  ㉠ 최고의 객관적 규범인 동시에 최고의 헌법적 구성원리
  ㉡ 헌법개정절차에 의하여도 폐지 X

02 주체
① 자연인: 국민 + 외국인 모두 인정(정신이상자, 기형아, 태아 불문)
② 법인: 자연인만을 전제로 하는 내용은 인정 X(단, 인격권은 인정)
③ 사자(死者): 주체 X(단, 장례, 사체 해부, 유족 관련에서는 제한적 인정)

행복추구권(제8차 개정헌법에서 도입)

01 본질과 성격
① 자유권적 성격만 인정(헌법재판소)
② 주관적 공권(다수설, 판례) ➡ 행복추구권 침해를 이유로 헌법소원 가능
③ ~~자연법적 권리~~ 실정법적 권리 ~~소극적 권리~~ 적극적 권리
④ 포괄적 권리 ➡ 헌법에 열거되지 않은 권리들을 인간의 존엄성과 행복추구권을 근거로 도출할 수 있음.

02 주체
① 자연인(외국인 포함)
② 법인
  ㉠ 일반적 행동자유권
  ㉡ 개성의 자유로운 발현권
  ㉢ 순수한 의미의 행복추구권 X

헌법에 열거되지 아니한 기본권 인정요건
- 그 필요성이 특히 인정
- 그 권리 내용(보호영역)을 규범 상대방에게 요구할 힘이 있음.
- 실현 방해시 재판으로 실현을 보장받을 수 있는 구체적 권리로서의 실질에 부합

행복추구권의 내용

일반적 행동자유권	자기결정권	인격권
모든 행위를 할·하지 않을 자유, 개인의 생활방식, 취미 보호	사적 영역에서 외부의 간섭 없이 스스로 결정할 자유	• 인격적 이익 • 주체: 자연인, 법인
• 위험한 스포츠를 즐길 권리 • 좌석안전띠를 매지 않을 자유 • 일시 오락 정도의 도박행위 • 계약의 자유 • 기부금품의 모집행위 • 결혼식 하객에게 주류와 음식을 접대할 자유 • 미결수용자의 변호인 아닌 자와의 접견교통권	• 성적 자기결정권: 성생활, 결혼, 임신 및 그 지속 여부 • Reproduction의 자기결정권 • 장기이식, 무의미한 의료 거부 • 자도소주 구입명령: 소비자의 자기결정권 침해【위헌】 • 탁주공급구역 제한: 자기결정권 침해 X【합헌】	• 명예권·생명권·초상권 • 인격의 자유로운 발현권 • 퍼블리시티권 • 사자의 사회적 명예훼손(후손의 인격권 제한): 침해 • 수용자 신체검사: 침해 X • 유치인 화장실 강제: 침해 • 구치소 밖 수의 착용: 침해 • 엄격한 개명 제한: 침해

평등권

01 성질
국가에 의하여 불평등한 취급 X, 평등한 처우 요구 ➡ 주관적 공권

02 주체
국민, 외국인, 법인(단, 외국인은 선거권에서 평등 인정 X)

차별금지

01 차별금지사유
① 성별(남녀평등): 합리적 차별 ➡ 생리적·사실적 차이에 기한 차별(예 병역의무, 생리휴가)
② 종교: 토요일, 일요일 사법시험 시행 ➡ 기독교인 차별
③ 사회적 신분: **후천적** 신분설, 전과자도 사회적 신분에 해당 ➡ 누범의 가중처벌【합헌】

02 차별금지영역
① 국회의원 선거: 최대선거구와 최소선거구 간 인구편차가 2 : 1을 넘는 경우【위헌】
② 지방선거: 평균인구 수 기준 상하 50% 편차를 기준(3 : 1)으로 판단
③ 무소속 후보자와 달리 정당 후보자에게만 정당연설회를 허용, 2종의 소형인쇄물 더 배부할 수 있도록 규정한 것【한정위헌】

평등원칙 심사기준 (우리 헌법재판소의 입장) ✗✗✗

01 자의금지원칙(원칙)
① 합리적 차별 허용 [판례] 헌법상의 '평등'은 **상대적** 평등 ➡ 합리적인 근거가 있는 차별 내지 불평등 허용
② 입법형성권 광범위
③ 심사요건
　㉠ 비교집단의 존재: 상호배타적 비교집단
　㉡ 비교집단 판단기준: 헌법규정과 해당 법규정의 의미와 목적
　㉢ 합리적 이유의 부재

02 엄격한 비례심사(예외)
① **헌법이 특별히 평등을 요구**하거나 **기본권의 중대한 제한이 발생**하는 경우
② 입법형성권 축소
③ 심사 내용: 차별취급의 정당성·적합성, 차별취급으로 인한 침해최소성·법익균형성

자의금지원칙·비례원칙의 사례

자의금지원칙을 적용한 사례		비례원칙을 적용한 사례
· 누범가중처벌 · 지방자치단체장 임기 3회 제한 · 공무원의 정치적 중립의무 · 제1종 운전면허를 받은 자가 정기 적성검사기간 내 적성검사를 받지 않은 때에 행정형벌을 과하는 것	· 준법서약서 · 중혼취소청구권자에서 직계비속 제외 · 남성에게만 병역의무 부과	· 제대군인 가산점 · 국가유공자 가산점 · 7급 공무원시험에서 기능사 자격증소유자에게 가산점을 부여하지 않는 규정의 위헌 여부 · 국적법의 부계혈통주의 · 부부 자산소득 합산과세

> **제대군인 가산점과 국가유공자 가산점**
> · 제대군인 가산점: 엄격한 심사
> 　**기본권에 중대한 제한 초래**
> · 국가유공자 가산점
> 　┌ 국가유공자 본인: 완화된 심사
> 　└ 국가유공자 가족: 엄격한 심사
> 　　**헌법이 특별히 평등 요구**

잠정적 우대조치

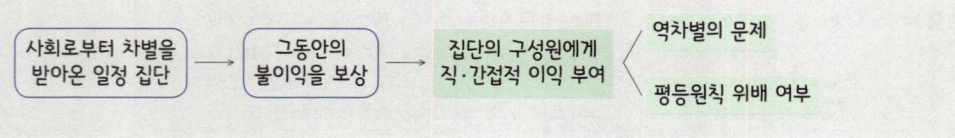

잠정적 우대조치의 특징
① 집단의 권리: 개인이 아닌 집단의 일원으로 혜택 부여
② 결과의 평등: 기회의 평등보다는 결과의 평등을 추구
③ 잠정적 조치: 구제목적이 실현되면 종료하는 임시조치

> **위헌 여부**
> 실질적 평등실현 관점에서 대체적으로 인정(예 할당제, 목표제)

판례분석

023 '혼인 중 여자와 남편 아닌 남자 사이에서 출생한 자녀'에 대한 출생신고 사건 (헌재 2023.3.23. 2021헌마975 【헌법불합치(잠정적용)】)

'혼인 중 여자와 남편 아닌 남자 사이에서 출생한 자녀에 대한 생부의 출생신고'를 허용하는 규정을 두지 아니한 '가족관계의 등록 등에 관한 법률' 제46조 제2항, '가족관계의 등록 등에 관한 법률' 제57조 제1항·제2항은 모두 헌법에 합치되지 아니한다.

[1] 태어난 즉시 '출생등록될 권리'는 기본권이다.
　　태어난 즉시 '출생등록될 권리'는 앞서 언급한 기본권 등의 어느 하나에 완전히 포섭되지 않으며, 이들을 이념적 기초로 하는 헌법에 명시되지 아니한 독자적 기본권으로서, 자유로운 인격실현을 보장하는 자유권적 성격과 아동의 건강한 성장과 발달을 보장하는 사회적 기본권의 성격을 함께 지닌다.

[2] 혼인 외 출생자인 청구인들의 태어난 즉시 '출생등록될 권리'를 침해한다.
　　심판대상조항들은 입법형성권의 한계를 넘어서 실효적으로 출생등록될 권리를 보장하고 있다고 볼 수 없으므로, 혼인 중 여자와 남편 아닌 남자 사이에서 출생한 자녀에 해당하는 혼인 외 출생자인 청구인들의 태어난 즉시 '출생등록될 권리'를 침해한다.

[3] 심판대상조항들이 생부인 청구인들의 평등권을 침해하는 것은 아니다.
　　심판대상조항들이 혼인 외 출생자의 신고의무를 모에게만 부과하고, 남편 아닌 남자인 생부에게 자신의 혼인 외 자녀에 대해서 출생신고를 할 수 있도록 규정하지 아니한 것은 합리적인 이유가 있다.

024 육군 장교의 민간법원 약식명령 확정사실 자진신고의무 사건 (헌재 2021.8.31. 2020헌마12 등 【기각】)

육군 장교가 민간법원에서 약식명령을 받아 확정되면 자진신고할 의무를 규정한 '2020년도 장교 진급 지시' 조항 및 '2021년도 장교 진급 지시' 조항은 일반적 행동의 자유를 침해하지 않는다. 01

[1] 육군 장교로 하여금 민간법원에서 약식명령을 받아 확정된 경우 자진신고하도록 강제하고 있으므로, 일반적 행동의 자유가 제한된다.
[2] 범죄사실의 진위 여부를 밝힐 것을 요구하는 것이 아니고, 신분적 재판권 위반을 이유로 비상상고절차가 개시될 수 있다고 하더라도 원판결이 피고인에게 불이익한 때에만 다시 판결을 하게 되므로 형사상 불이익한 진술이 강요된다고 볼 수 없어, 진술거부권은 제한되지 않는다.
[3] 내심의 가치적·윤리적 판단이 개입될 여지가 없는 단순한 사실관계를 자진신고 하도록 하는 것에 불과하므로, 양심의 자유도 제한되지 않는다.

(Point) · 일반적 행동의 자유 제한 O ➡ 침해 X
　　　 · 진술거부권, 양심의 자유 제한 X

01 육군 장교가 민간법원에서 약식명령을 받아 확정되면 자진신고할 의무를 규정한, '2020년도 장교 진급 지시'의 해당 부분 중 '민간법원에서 약식명령을 받아 확정된 사실이 있는 자'에 관한 부분은 청구인인 육군 장교의 일반적 행동의 자유를 침해한다. 22 경찰차　(O / X)

정답 01 X

025 누구든지 금융회사 등에 종사하는 자에게 거래정보 등의 제공을 요구하는 것을 금지하고, 위반시 형사처벌하는 금융실명거래 및 비밀보장에 관한 법률 조항에 관한 위헌제청 사건 (헌재 2022.2.24. 2020헌가5 【위헌】)

금융회사 등에 종사하는 자에게 거래정보 등의 제공을 요구하는 것을 금지하고 위반시 형사처벌하는 구 금융실명거래 및 비밀보장에 관한 법률 제4조 제1항 본문 중 '누구든지 금융회사 등에 종사하는 자에게 거래정보 등의 제공을 요구하여서는 아니 된다' 부분 및 제6조 제1항 중 위 해당 부분, 금융실명거래 및 비밀보장에 관한 법률 제4조 제1항 본문 중 '누구든지 금융회사 등에 종사하는 자에게 거래정보 등의 제공을 요구하여서는 아니 된다'는 부분 및 제6조 제1항 중 위 해당 부분은 과잉금지원칙에 반하여 일반적 행동자유권을 침해하므로 헌법에 위반된다.

[1] 심판대상조항은 금융거래정보 유출을 막음으로써 금융거래의 비밀을 보장하기 위하여 명의인의 동의 없이 금융기관에게 금융거래정보를 요구하는 것을 금지하고 그 위반행위에 대하여 형사처벌을 가하는 것으로, 입법목적의 정당성과 수단의 적합성이 인정된다.

[2] 심판대상조항은 정보제공요구의 사유나 경위, 행위 태양, 요구한 거래정보의 내용 등을 전혀 고려하지 아니하고 일률적으로 금지하고, 그 위반시 형사처벌을 하도록 하고 있다. 이는 입법목적을 달성하기 위하여 필요한 범위를 넘어선 것으로 <mark>최소침해성의 원칙에 위반된다</mark>.

026 표준어 규정 (헌재 2009.5.28. 2006헌마618 【기각, 각하】)

[1] 이 사건 <mark>표준어</mark> 규정은 "표준어는 교양 있는 사람들이 두루 쓰는 현대 서울말로 정함을 원칙으로 한다."라는 내용인바, 이는 표준어의 개념을 정의하는 조항으로서 그 자체만으로는 아무런 법적 효과를 갖고 있지 아니하여 청구인들의 자유나 권리를 금지·제한하거나 의무를 부과하는 등 <mark>청구인들의 법적 지위에 영향을 미치지 아니하므로 이로 인한 기본권 침해의 가능성이나 위험성을 인정하기 어렵다.</mark> 【각하】

[2] 모든 언어는 지역, 세대, 계층에 따라 각기 상이한 방언을 가지고 있는바, 이들 방언은 이를 공유하는 사람들의 의사소통에 중요한 역할을 담당하며, 방언 가운데 특히 지역방언은 각 지방의 고유한 역사와 문화 등 정서적 요소를 그 배경으로 하기 때문에 같은 지역주민들 간의 원활한 의사소통 및 정서교류의 기초가 되므로, 이와 같은 <mark>지역방언을 자신의 언어로 선택하여 공적 또는 사적인 의사소통과 교육의 수단으로 사용하는 것은 행복추구권에서 파생되는 일반적 행동의 자유 내지 개성의 자유로운 발현의 한 내용이 된다 할 것이다.</mark> 01 … 서울말을 표준어의 원칙으로 삼는 것이 기본권을 침해하는 것이라 하기 어렵고, 또한 서울말에도 다양한 형태가 존재하므로 '교양 있는 사람들이 사용하는 말'을 기준으로 삼는 것은 합리적인 기준이라 할 수 있다. 결국, 이 사건 심판대상인 이 사건 법률조항들이 과잉금지원칙에 위배하여 행복추구권을 침해하는 것으로 보기 어렵다. 02 【기각】

Point 지역방언을 자신의 언어로 선택하여 의사소통과 교육의 수단으로 사용하는 것이 일반적 행동의 자유 내지 개성의 자유로운 발현의 한 내용이 됨.

---

01 지역방언을 자신의 언어로 선택하여 공적 또는 사적인 의사소통과 교육의 수단으로 사용하는 것은 행복추구권에서 파생되는 일반적 행동의 자유 내지 개성의 자유로운 발현의 한 내용이 된다. 16. 국회8급, 14. 국가7급 (O / X)

02 공문서의 한글전용을 규정한 「국어기본법」 및 「국어기본법 시행령」의 해당 조항은 '공공기관 등이 작성하는 공문서'에 대하여만 적용되고, 일반 국민이 공공기관 등에 접수·제출하기 위하여 작성하는 문서나 일상생활에서 사적 의사소통을 위해 작성되는 문서에는 적용되지 않으므로 청구인들의 행복추구권을 침해하지 않는다. 21. 국가7급 (O / X)

정답 01 O 02 O

027 무의미한 연명치료장치 제거 등 (대판 2009.5.21. 2009다17417 전원합의체)

무의미한 생명연장장치를 제거하는 것은 환자의 자기결정권의 행사로 볼 수 있다. 01

[1] 이미 의식의 회복가능성을 상실하여 더 이상 인격체로서의 활동을 기대할 수 없고 자연적으로는 이미 죽음의 과정이 시작되었다고 볼 수 있는 회복 불가능한 사망의 단계에 이른 후에는 의학적으로 무의미한 신체 침해행위에 해당하는 연명치료를 환자에게 강요하는 것이 오히려 인간의 존엄과 가치를 해하게 되므로, 02 이와 같은 예외적인 상황에서 죽음을 맞이하려는 환자의 의사결정을 존중하여 환자의 인간으로서의 존엄과 가치 및 행복추구권을 보호하는 것이 사회상규에 부합되고 헌법정신에도 어긋나지 아니한다.

Point 연명치료를 강요하는 것이 오히려 인간의 존엄성을 해침.

[2] 환자가 회복 불가능한 사망의 단계에 이르렀을 경우에 대비하여 미리 의료인에게 자신의 연명치료 거부 내지 중단에 관한 의사를 밝힌 경우(이하 '사전의료지시'라 한다)에는, 비록 진료중단시점에서 자기결정권을 행사한 것은 아니지만 사전의료지시를 한 후 환자의 의사가 바뀌었다고 볼 만한 특별한 사정이 없는 한 사전의료지시에 의하여 자기결정권을 행사한 것으로 인정할 수 있다. 03

Point 자기결정권 행사 인정

[3] 환자의 사전의료지시가 없는 상태에서 회복 불가능한 사망의 단계에 진입한 경우에는 환자에게 의식의 회복가능성이 없으므로 더 이상 환자 자신이 자기결정권을 행사하여 진료행위의 내용 변경이나 중단을 요구하는 의사를 표시할 것을 기대할 수 없다. 따라서 환자의 의사를 확인할 수 있는 객관적인 자료가 있는 경우에는 반드시 이를 참고하여야 하고, 환자의 종교, 평소의 생활태도 … 등 객관적인 사정과 종합하여 환자가 현재의 신체상태에서 의학적으로 충분한 정보를 제공받는 경우 연명치료 중단을 선택하였을 것이라고 인정되는 경우라야 그 의사를 추정할 수 있다. 04

Point 객관적으로 환자의 의사를 추정

[4] 환자측이 직접 법원에 소를 제기한 경우가 아니라면, 환자가 회복 불가능한 사망의 단계에 이르렀는지 여부에 관하여는 전문의사 등으로 구성된 위원회 등의 판단을 거치는 것이 바람직하다. 05

Point 전문의사 등으로 구성된 위원회 등의 판단

---

01 환자가 장차 죽음에 임박한 상태에 이를 경우에 대비하여 미리 의료인 등에게 연명치료 거부 또는 중단에 관한 의사를 밝히는 등의 방법으로 죽음에 임박한 상태에서 인간으로서의 존엄과 가치를 지키기 위하여 연명치료의 거부 또는 중단을 결정할 수 있다 할 것이고, 이 결정은 헌법상 기본권인 자기결정권의 한 내용으로서 보장된다. 12 국가7급, 10 국회8급
(O / X)

02 의식의 회복가능성을 상실하여 더 이상 인격체로서의 활동을 기대할 수 없고 회복 불가능한 사망의 단계에 이른 후에는, 의학적으로 무의미한 연명치료를 환자에게 강요하는 것이 오히려 인간의 존엄과 가치를 해한다. 12 국회8급
(O / X)

03 환자가 회복 불가능한 사망의 단계에 이르렀을 경우에 대비하여 '사전의료지시'를 한 후에는, 특별한 사정이 없는 한 사전의료지시에 의하여 자기결정권을 행사한 것으로 인정할 수 있다. 12 국회8급
(O / X)

04 연명치료 중단에 관한 환자의 의사 추정은 주관적으로 이루어져야 한다. 따라서 환자가 평소 일상생활을 통하여 가족, 친구 등에 대하여 한 의사표현, 타인에 대한 치료를 보고 환자가 보인 반응, 환자의 종교, 평소의 생활태도 등을 통해 그 의사를 추정할 수 있다. 12 국회8급
(O / X)

05 환자측이 직접 법원에 소를 제기한 경우가 아니라면, 환자가 회복 불가능한 사망의 단계에 이르렀는지 여부에 관하여는 전문의사 등으로 구성된 위원회 등의 판단을 거치는 것이 바람직하다. 12 국회8급
(O / X)

정답 01 O 02 O 03 O 04 X 05 O

028 연명치료 중단에 대한 입법부작위 위헌확인 (헌재 2009.11.26. 2008헌마385 【각하】)

[1] 이 사건 심판대상인 '공권력의 불행사'라는 것은 '연명치료 중단 등에 관한 법률의 입법부작위'인바, 위 입법부작위의 직접적인 상대방은 연명치료 중단으로 사망에 이르는 환자이고, 그 자녀들은 위 입법부작위로 말미암아 '환자가 무의미한 연명치료로 자연스런 죽음을 뒤로한 채 병상에 누워 있는 모습'을 지켜보아야 하는 정신적 고통을 감수하고, 환자의 부양의무자로서 연명치료에 소요되는 의료비 등 경제적 부담을 안을 수 있다는 점에 이해관계를 갖지만, 이와 같은 정신적 고통이나 경제적 부담은 간접적·사실적 이해관계에 그친다고 보는 것이 타당하므로, 연명치료 중인 환자의 자녀들이 제기한 이 사건 입법부작위에 관한 헌법소원은 자신 고유의 기본권의 침해에 관련되지 아니하여 부적법하다. 01

Point · 환자의 자녀: 자기관련성 ✕
· 환자 본인: 자기관련성 ○

[2] 환자가 장차 죽음에 임박한 상태에 이를 경우에 대비하여 미리 의료인 등에게 연명치료 거부 또는 중단에 관한 의사를 밝히는 등의 방법으로 죽음에 임박한 상태에서 인간으로서의 존엄과 가치를 지키기 위하여 연명치료의 거부 또는 중단을 결정할 수 있다 할 것이고, 위 결정은 헌법상 기본권인 자기결정권의 한 내용으로서 보장된다고 할 것이다.

Point 죽음에 임박한 환자에게 '연명치료 중단에 관한 자기결정권'은 헌법상 보장된 기본권

[3] '연명치료 중단에 관한 자기결정권'을 보장하는 방법으로서 '법원의 재판을 통한 규범의 제시'와 '입법' 중 어느 것이 바람직한가는 입법정책의 문제로서 국회의 재량에 속한다 할 것이다. 그렇다면 헌법해석상 연명치료 중단 등에 관한 법률을 제정할 국가의 입법의무가 명백하다고 볼 수 없다. 02 … 결국 환자 본인이 제기한 연명치료 중단 등에 관한 법률의 입법부작위의 위헌확인에 관한 헌법소원심판청구는 국가의 입법의무가 없는 사항을 대상으로 한 것으로서 헌법재판소법 제68조 제1항 소정의 '공권력의 불행사'에 대한 것이 아니므로 부적법하다.

Point 연명치료 중단 등에 관한 법률을 제정할 입법의무 ✕

01 죽음에 임박한 환자로서 무의미한 연명치료에서 벗어나 자연스럽게 죽음을 맞이할 연명치료의 중단 등에 관한 법률을 제정하지 아니한 국회의 입법부작위의 위헌성을 다투는 헌법소원에서, 환자의 자녀들은 정신적 고통을 감수하고 경제적 부담을 진다는 점에서 이해관계를 가지고 있으나, 이러한 이해관계는 간접적·사실적 이해관계에 불과하여 위 입법부작위를 다툴 자기관련성이 인정되지 아니한다. 14 변호사 (O / X)

02 죽음에 임박한 환자에게 '연명치료 중단에 관한 자기결정권'은 헌법상 보장된 기본권이므로, 헌법해석상 '연명치료 중단 등에 관한 법률'을 제정할 국가의 입법의무가 명백하다고 볼 수 있다. 20 법원직, 20 입시 (O / X)

정답 01 O 02 X

029 4·16세월호 참사 피해구제 및 지원 등을 위한 특별법 사건 (헌재 2017.6.29. 2015헌마654 【위헌】)

배상금 등을 지급받으려는 신청인으로 하여금 "세월호 참사에 관하여 일체의 이의를 제기하지 않을 것을 서약한다."라는 취지가 기재된 동의서를 제출하도록 규정하고 있는 4·16세월호 참사 피해구제 및 지원 등을 위한 특별법 시행령 제15조 중 별지 제15호 서식 가운데, 일체의 이의제기를 금지한 부분은 법률유보원칙에 위반하여 청구인들의 일반적 행동의 자유를 침해한다. 01

헌법재판소가 이 사건에서 이의제기금지조항에 대하여 위헌결정을 선고함에 따라, 이의제기금지조항에 근거하여 동의서를 제출하였다고 하더라도 그 효과는 '세월호 참사와 관련하여 입은 손해나 손실 등 피해'에 한정되는 것이지, 이로 인하여 세월호 참사의 진상규명이나 책임자 처벌요구 등의 의사를 표현하는 것이나 관련 형사소송에서 피해자로서 참여하는 것 등을 포함하여 일체의 문제제기가 금지되는 것이 아님을 명백히 하였다.

Point 세월호 관련 이의제기금지조항 ─ 재판청구권의 문제 ✕ 02
                                  └ 일반적 행동자유권의 문제

비교판례

정부 예산안을 편성하면서 '4·16세월호 참사 특별조사위원회'의 활동기간을 2016.6.30.까지라고 보아 그에 대한 예산만을 편성하고, 그 이후에 대한 예산을 편성하지 않은 부작위는 헌법소원의 대상이 아니다. (헌재 2017.5.25. 2016헌마383)

01 「4·16세월호 참사 피해구제 및 지원 등을 위한 특별법 시행령」에 따른 세월호 참사와 관련된 일체의 이의제기를 금지하는 서약은 세월호 승선 사망자들 부모의 일반적 행동의 자유를 침해한다. 18 국회8급, 18 입시 (O / X)

02 심의위원회의 배상금 등 지급결정에 신청인이 동의한 때에는 국가와 신청인 사이에 「민사소송법」에 따른 재판상 화해가 성립된 것으로 보는 「4·16세월호참사 피해구제 및 지원 등을 위한 특별법」 규정은 신청인의 재판청구권을 침해하지 않는다. 20 입시 (O / X)

정답 01 O 02 O

030 국군포로 등에 대하여 억류기간 중 행적이나 공헌에 상응하는 예우를 할 수 있도록 대통령령을 제정하지 않은 행정입법부작위에 대한 헌법소원 (헌재 2018.5.31. 2016헌마626 [인용(위헌확인), 각하]) 출제가능성 ↓

국군포로의 송환 및 대우 등에 관한 법률(이하 '국군포로법'이라 한다)에서 대한민국에 귀환하여 등록한 포로에 대한 보수 기타 대우 및 지원만을 규정하고, 대한민국으로 귀환하기 전에 사망한 국군포로에 대하여는 이에 관한 입법조치를 하지 않은 입법부작위에 대한 헌법소원심판청구는 부적법하다. 한편, 같은 법 제15조의5 제2항의 위임에 따른 대통령령을 제정하지 아니한 행정입법부작위는 청구인의 명예권을 침해하여 위헌이다.

[1] 청구인은 대한민국으로 귀환하기 전에 사망한 국군포로의 보수 기타 대우와 지원에 관하여는 아무런 입법조치가 이루어지고 있지 않다고 주장한다. 그런데 국군포로법은 제9조 제1항, 제11조 제1항, 제15조 제1항 등을 통하여 등록포로에 대해서는 보수와 위로지원금을 지급하고, 귀환하기 전에 사망한 국군포로에 관해서는 그 억류지출신 포로가족에게 지원금을 지급하도록 하고 있으므로, 청구인의 주장은 결국 등록포로에 대한 보수·지원에 관한 규정이나 억류지출신 포로가족에 대한 지원을 규정하고 있는 규정이 불완전, <mark>불충분한 입법이라는 부진정입법부작위를 다투는 것이다.</mark> 이처럼 부진정입법부작위를 다투기 위해서는 그 불완전한 법규 자체를 대상으로 한 헌법소원이 가능함은 별론으로 하고, 입법부작위로서 헌법소원의 대상으로 삼을 수는 없다.

[Point] 귀환 전에 사망한 국군포로에 대한 입법조치를 하지 않은 입법부작위: 심판청구 부적법

[2] 국군포로법 제15조의5 제2항은 같은 조 제1항에 따른 예우의 신청, 기준, 방법 등에 필요한 사항은 대통령령으로 정한다고 규정하고 있으므로, 피청구인은 예우의 신청, 기준, 방법 등에 필요한 사항을 대통령령으로 제정할 의무가 있다. 국군포로법 제15조의5 제1항이 국방부장관으로 하여금 예우 여부를 재량으로 정할 수 있도록 하고 있으나, 이것은 예우 여부를 재량으로 한다는 의미이지, 대통령령 제정 여부를 재량으로 한다는 의미는 아니다. 따라서 피청구인이 대통령령을 제정하지 아니한 행위는 <mark>청구인의 명예권을 침해한다.</mark> 01 다만, 이러한 행정입법부작위가 청구인의 재산권을 침해하는 것은 아니다.

[Point] · 명예권 침해
· 재산권 침해 ✕

---

01 「국군포로의 송환 및 대우 등에 관한 법률」 조항이 등록포로 등의 예우의 신청, 기준, 방법 등에 필요한 사항을 대통령령으로 정한다고 규정하고 있어 대통령령을 제정할 의무가 있음에도 그 의무가 상당기간 동안 불이행되고 있고 이를 정당화할 이유도 찾아보기 어려운 경우, 이러한 행정입법부작위는 헌법에 위반된다. 21 변호사
(O / X)

정답 01 O

031 독점규제 및 공정거래에 관한 법률 제27조 위헌소원 (헌재 2002.1.31. 2001헌바43 【위헌】)

공정거래위원회의 법 위반사실의 공표명령은 헌법에 위반된다.

[1] 사업단체의 독점규제 및 공정거래에 관한 법률 위반행위가 있을 때 공정거래위원회가 당해 사업단체에 대하여 '법 위반사실의 공표'를 명할 수 있도록 한 독점규제 및 공정거래에 관한 법률 제27조 부분은 양심의 자유를 침해하지 않는다. 01 02

[2] 위 조항 부분은 과잉금지원칙에 위반하여 당해 행위자의 일반적 행동의 자유 및 명예권을 침해하고, 무죄추정의 원칙에 반한다. 03 04

형사재판이 개시되기도 전에 공정거래위원회의 행정처분에 의하여 무조건적으로 법 위반을 단정, 그 피의사실을 널리 공표토록 한다면 이는 지나치게 광범위한 조치로서 앞서 본 입법목적에 반드시 부합하는 적합한 수단이라고 하기 어렵다. 나아가 '법 위반으로 인한 시정명령을 받은 사실의 공표'에 의할 경우, 입법목적을 달성하면서도 행위자에 대한 기본권 침해의 정도를 현저히 감소시키고 재판 후 발생가능한 무죄로 인한 혼란과 같은 부정적 효과를 최소화할 수 있는 것이므로, 법 위반사실을 인정케 하고 이를 공표시키는 이 사건과 같은 명령형태는 기본권을 과도하게 제한하는 것이 된다.

Point · 일반적 행동자유권, 명예권, 무죄추정의 원칙, 진술거부권 침해
· 양심의 자유 침해 X

Point · 법 위반사실의 공표명령 【위헌】
· 시정명령을 받은 사실의 공표명령 【합헌】

---

01 누구라도 자신이 비행을 저질렀다고 믿지 않는 자에게 본심에 반하여 사죄 내지 사과를 강요한다면 이는 윤리적·도의적 판단을 강요하는 것으로서 양심의 자유를 침해하는 행위에 해당하므로, 사업자단체의 「독점규제 및 공정거래에 관한 법률」위반행위가 있을 때 공정거래위원회가 당해 사업자단체에 대하여 '법 위반사실의 공표'를 명할 수 있도록 하는 법률조항은 양심의 자유를 침해한다. 22·11 법원직, 15 서울7급, 11 국가7급 (O / X)

02 단순한 사실관계의 확인과 같이 가치적·윤리적 판단이 개입될 여지가 없는 경우는 양심의 자유의 보호대상이 아니다. 11 법원직 (O / X)

03 형사재판이 개시되기도 전에 「독점규제 및 공정거래에 관한 법률」위반자에 대해서 공정거래위원회로 하여금 그 법 위반사실의 공표를 명할 수 있도록 하는 것은 일반적 행동의 자유에 대한 침해이다. 13 국회8급 (O / X)

04 사업자단체의 「독점규제 및 공정거래에 관한 법률」위반행위가 있을 때 공정거래위원회가 해당 사업자단체에 대하여 법 위반사실의 공표를 명할 수 있도록 한 것은 무죄추정의 원칙에 반한다. 14 법원직 (O / X)

정답 01 X 02 O 03 O 04 O

032 무연고 시신을 생전 본인 의사와 무관하게 해부용 시체로 제공될 수 있도록 한 법률규정의 위헌 여부 (헌재 2015.11.26. 2012헌마940 【위헌】)

인수자가 없는 시체를 생전의 본인의 의사와 무관하게 해부용 시체로 제공될 수 있도록 규정한 시체 해부 및 보존에 관한 법률 규정은 청구인의 시체의 처분에 대한 자기결정권을 침해한다. 01 02

[1] 만일 자신의 사후에 시체가 본인의 의사와는 무관하게 처리될 수 있다고 한다면 기본권 주체인 살아있는 자의 자기결정권이 보장되고 있다고 보기는 어렵다. 따라서 본인의 생전 의사에 관계없이 인수자가 없는 시체를 해부용으로 제공하도록 규정하고 있는 이 사건 법률조항은 청구인의 시체의 처분에 대한 자기결정권을 제한한다고 할 것이다.

Point 시체의 처분에 대한 자기결정권 제한

[2] 본인의 시체가 해부용으로 제공되는 것에 대해 반대하는 의사표시를 명시적으로 할 수 있는 절차를 마련하여 본인이 반대하면 그의 시체를 해부용으로 제공할 수 없도록 하든지, 또는 아예 인수자가 없는 시체를 해부용으로 제공하는 것을 금지하는 등, 이 사건 법률조항은 그 입법목적을 달성하기 위하여 청구인의 기본권을 침해하지 않는 다른 방안이 있음에도 인수자가 없는 시체를 생전의 본인의 의사와는 무관하게 해부용으로 제공할 수 있도록 규정하고 있는바, 이는 침해의 최소성원칙에 위반된다.

Point 침해의 최소성원칙 위반

01 인수자가 없는 시체를 생전의 본인의 의사와는 무관하게 해부용 시체로 제공될 수 있도록 규정한 「시체 해부 및 보존에 관한 법률」의 조항은 시체의 처분에 대한 자기결정권을 침해한다. 22 경찰승진, 21 입시, 19 국가7급, 17 법무사
(O / X)

02 본인이 해부용 시체로 제공되는 것에 대해 반대하는 의사표시를 명시적으로 표시할 수 있는 절차도 마련하지 않고 본인의 의사와는 무관하게 인수자가 없는 시체를 해부용으로 제공될 수 있도록 규정하고 있는 「시체 해부 및 보존에 관한 법률」 조항은 사실상 연고가 없는 청구인의 시체 처분에 대한 자기결정권을 침해한다. 22 5급행시, 18 입시
(O / X)

정답 01 O 02 O

033 소년법상 상소권자에 관한 사건 (헌재 2012.7.26. 2011헌마232 【기각】)

형사소송절차의 피해자와 소년심판절차에서의 피해자는 본질적으로 동일한 집단이다. 단기 소년원 송치에 대해 피해자의 아버지는 재항고권자에 해당하지 않는다는 규정은 헌법에 위반되지 아니한다.

형사소송절차에서는 일방당사자인 검사가 상소 여부를 결정할 수 있고, 피해자도 간접적으로 검사를 통하여 상소 여부에 관여할 수 있음에 반하여, 소년심판절차에서는 검사에게 상소권이 인정되지 아니하여 소년심판절차에서의 피해자도 상소 여부에 관하여 전혀 관여할 수 있는 방법이 없는데, 양 절차의 피해자는 범죄행위로 인하여 피해를 입었다는 점에서 본질적으로 동일한 집단이라고 할 것임에도 서로 다르게 취급되고 있다. … 소년심판절차의 특수성을 감안하면, 차별대우를 정당화하는 객관적이고 합리적인 이유가 존재한다고 할 것이어서 이 사건 법률조항은 청구인의 평등권을 침해하지 않는다. 01

Point 형사소송절차에서의 피해자 = 소년심판절차에서의 피해자

01 형사소송절차와 달리 소년심판절차에서 검사에게 상소권이 인정되지 않는 것은 소년심판절차의 특수성을 감안하면 합리적 이유가 있어 피해자의 평등권을 침해했다고 할 수 없다. 17 법무사, 15 지방7급
(O / X)

정답 01 O

034 외국거주 외국인유족의 퇴직공제금 수급 자격 불인정 사건 (헌재 2023.3.23. 2020헌바471 【위헌】)

외국거주 외국인유족의 퇴직공제금 수급 자격을 인정하지 아니하는 구 건설근로자의 고용개선 등에 관한 법률 제14조 제2항 중 구 산업재해보상보험법 제63조 제1항 가운데 '그 근로자가 사망할 당시 대한민국 국민이 아닌 자로서 외국에서 거주하고 있던 유족은 제외한다'를 준용하는 부분은 헌법에 위반된다.

퇴직공제금은 '일시금'으로 지급되는 것이어서 '건설근로자의 사망 당시 유족인지 여부'만 확인하면 되므로 퇴직공제금 수급 자격에 있어 '외국거주 외국인유족'이 '외국인'이라는 사정 또는 '외국에 거주'한다는 사정이 '대한민국 국민인 유족' 혹은 '국내거주 외국인유족'과 달리 취급받을 합리적인 이유가 될 수 없다. 이상의 점들을 종합하면, 심판대상조항은 합리적 이유 없이 '외국거주 외국인유족'을 '대한민국 국민인 유족' 및 '국내거주 외국인유족'과 차별하는 것이므로 평등원칙에 위반된다.

035 학교용지부담금 부과대상의 제외 기준 사건 (헌재 2013.7.25. 2011헌가32【헌법불합치】; 헌재 2014.4.24. 2013헌가28【헌법불합치】)

학교용지 확보 등에 관한 특례법 규정에 따른 '주택재건축사업'에 관한 부분이 매도나 현금청산의 대상이 되어 제3자에게 분양됨으로써 **기존에 비하여 가구 수가 증가하지 아니하는 개발사업분을 학교용지부담금 부과대상에서 제외하는 규정을 두지 아니한 것은 평등원칙에 위배된다.**

학교시설 확보의 필요성은 개발사업에 따른 인구 유입으로 인한 취학 수요의 증가로 초래되므로 주택재건축사업의 시행으로 공동주택을 건설하는 경우에는 신규로 주택이 공급되는 개발사업분만을 기준으로 학교용지부담금의 부과대상을 정하여야 한다. 이 사건 법률조항이 주택재건축사업의 경우 학교용지부담금 부과대상에서 '기존 거주자와 토지 및 건축물의 소유자에게 분양하는 경우'에 해당하는 개발사업분만 제외하고 매도나 현금청산의 대상이 되어 제3자에게 분양됨으로써 기존에 비하여 가구 수가 증가하지 아니하는 개발사업분을 제외하지 아니한 것은 주택재건축사업의 시행자들 사이에 학교시설 확보의 필요성을 유발하는 정도와 무관한 불합리한 기준으로 학교용지부담금의 납부액을 달리하는 차별을 초래하므로 이 사건 법률조항은 평등원칙에 위배된다. 01

[Point] 학교용지부담금 정리 ┬ 수분양자에게 학교용지부담금을 부과하는 것 【위헌】 02
                          └ 개발사업자에게 학교용지부담금을 부과하는 것 【합헌】

01 「학교용지 확보 등에 관한 특례법」 제5조 제1항 단서 제5호 중 「도시 및 주거환경정비법」 제2조 제2호 '다목'의 규정에 따른 '주택재건축사업'에 관한 부분이 매도나 현금청산 대상이 되어 제3자에게 분양됨으로써 기존에 비하여 가구 수가 증가하지 아니하는 개발사업분을 학교용지부담금 부과대상에서 제외하는 규정을 두지 아니한 것은 평등원칙에 위배된다. 14 국회8급 (O / X)

02 의무교육이 아닌 중등교육에 관한 교육재정과 관련하여 재정조달목적의 부담금을 징수할 수 있다고 하더라도, 수분양자들의 구체적 사정을 거의 고려하지 않은 채 수분양자 모두를 일괄적으로 동일한 의무집단에 포함시켜 동일한 학교용지부담금을 부과하는 것은 합리적 근거가 없는 차별에 해당한다. 16 국가7급 (O / X)

정답 01 O 02 O

036 혼인한 여성 등록의무자의 등록대상재산 사건 (헌재 2021.9.30. 2019헌가3【위헌】) ★★★

혼인한 등록의무자 모두 배우자가 아닌 본인의 직계존·비속의 재산을 등록하도록 공직자윤리법이 개정되었음에도 불구하고, 개정 전의 공직자윤리법 조항에 따라 이미 배우자의 직계존·비속의 재산을 등록한 혼인한 여성 등록의무자의 경우에만 종전과 동일하게 계속해서 배우자의 직계존·비속의 재산을 등록하도록 규정한 공직자윤리법 부칙 제2조는 평등원칙에 위배되는 것으로 헌법에 위반된다. 01 02

제11조 제1항은 성별에 의한 차별을 금지하고 있고, 헌법 제36조 제1항은 혼인과 가족생활에 있어서 특별히 양성의 평등대우를 명하고 있으므로, 이 사건 부칙조항이 평등원칙에 **위배되는지 여부를 판단함에 있어서는 엄격한 심사척도를 적용하여 비례성원칙에 따른 심사를 하여야 한다.**

01 혼인한 등록의무자 모두 배우자가 아닌 본인의 직계존·비속의 재산을 등록하도록 법조항이 개정되었음에도 불구하고, 개정 전 조항에 따라 이미 배우자의 직계존·비속의 재산을 등록한 혼인한 여성 등록의무자는 종전과 동일하게 계속해서 배우자의 직계존·비속의 재산을 등록하도록 규정한 것은 평등원칙에 위배된다. 22 국회8급 (O / X)

02 혼인한 등록의무자는 배우자가 아닌 본인의 직계존·비속의 재산을 등록하도록 법이 개정되었으나, 개정 전 이미 배우자의 직계존·비속의 재산을 등록한 혼인한 여성 등록의무자는 종전과 동일하게 계속해서 배우자의 직계존·비속의 재산을 등록하도록 한 부칙조항은 그 목적의 정당성을 발견할 수 없다. 22 법원직 (O / X)

정답 01 O 02 O

037 초과 구금에 대한 형사보상을 규정하지 않은 입법부작위 위헌확인 (헌재 2022.2.24. 2018헌마998 등【헌법불합치】) ★★★

법원판결의 근거가 된 가중처벌규정에 대하여 헌법재판소의 위헌결정이 있었음을 이유로 개시된 재심절차에서, 공소장 변경을 통해 위헌결정된 가중처벌규정보다 법정형이 가벼운 처벌규정으로 적용 법조가 변경되어 피고인이 무죄재판을 받지는 않았으나 원판결보다 가벼운 형으로 유죄판결이 확정된 경우, 재심판결에서 선고된 형을 초과하여 집행된 구금에 대하여 보상요건을 전혀 규정하지 아니한 '형사보상 및 명예회복에 관한 법률' 제26조 제1항은 평등원칙을 위반하여 청구인들의 평등권을 침해한다.

038 해고예고수당청구 사건 (헌재 2015.12.23. 2014헌바3 【위헌】)

월급근로자로서 6개월이 되지 못한 자를 해고예고제도의 적용예외사유로 규정하고 있는 구 근로기준법 제35조 제3호는 근무기간이 6개월 미만인 월급근로자의 근로의 권리를 침해하고 평등원칙에도 위배된다.

[1] 심판대상조항은 근로관계의 성질과 관계없이 '월급근로자로서 6개월이 되지 못한 자'를 해고예고제도의 적용대상에서 제외하고 있으므로, 근무기간이 6개월 미만인 월급근로자의 근로의 권리를 침해한다. 또한 심판대상조항은 합리적 이유 없이 근무기간이 6개월 미만인 월급근로자를 6개월 이상 근무한 월급근로자 및 다른 형태로 보수를 지급받는 근로자와 차별하고 있으므로 평등원칙에도 위배된다. 01

Point 해고예고에 관한 권리 ➡ 근로의 권리의 내용에 포함 02 03

Point · 근로의 권리 침해
· 평등의 원칙 위배

[2] 헌법재판소는 심판대상조항과 실질적으로 동일한 내용을 규정한 구 근로기준법 제35조 제3호에 대하여 2001.7.19. 헌법에 위반되지 않는다는 결정을 선고하였으나(99헌마663 결정), 이 사건에 있어서는 재판관 전원 일치의견으로 심판대상조항이 근무기간이 6개월 미만인 월급근로자의 근로의 권리를 침해하고 평등원칙에도 위배되어 헌법에 위반된다는 결정을 선고한다.

01 6개월 미만으로 근무한 월급근로자에 대하여 「근로기준법」상의 해고예고제도의 적용을 배제하는 것은 월급근로자의 근로의 권리를 침해하고 평등원칙에도 위배되어 헌법에 위반된다. 16 국회8급·지방7급 (O / X)

02 해고예고제도는 근로자의 인간 존엄성을 보장하기 위한 합리적 근로조건에 해당한다고 보기 힘들고, 해고예고에 관한 권리는 근로자가 향유하는 근로의 권리의 내용에 포함되지 않는다. 17 서울7급 (O / X)

03 근로관계 종료 전 사용자로 하여금 근로자에게 해고예고를 하도록 하는 것은 개별 근로자의 인간 존엄성을 보장하기 위한 최소한의 근로조건 가운데 하나에 해당하므로, 해고예고에 관한 권리는 근로의 권리의 내용에 포함된다. 17 지방7급 (O / X)

정답 01 O 02 X 03 O

039 근속기간 3월 미만의 일용근로자 해고예고 적용제외규정 위헌확인 사건 (헌재 2017.5.25. 2016헌마640 【기각】)

해고예고제도의 적용예외사유로서 '일용근로자로서 3개월을 계속 근무하지 아니한 자' 부분은 근로의 자유를 침해하지 않는다. 01 02

일용근로자는 계약한 1일 단위의 근로기간이 종료되면 해고의 절차를 거칠 것도 없이 근로관계가 종료되는 것이 원칙이므로, 그 성질상 해고예고의 예외를 인정한 것이 상당한 이유가 있다. 다만 3개월 이상 근무하는 경우에는 임시로 고용관계를 유지하고 있다고 보기 어렵고, 소득세법이나 산업재해보상보험법의 적용과 관련하여서도 상용근로자와 동일한 취급을 받게 되므로, 근로계약의 형식 여하에 불구하고 일용근로자를 상용근로자와 동일하게 취급하기 위한 최소한의 기간으로 3개월이라는 기준을 설정한 것이 입법재량의 범위를 현저히 일탈하였다고 볼 수 없다.

01 해고예고제도의 적용제외사유 중 하나로 일용근로자로서 3개월을 계속 근무하지 아니한 자를 규정하고 있는 「근로기준법」 조항은 해당 일용근로자의 근로의 권리를 침해한다. 22 5급행시 (O / X)

02 일용근로자로서 3개월을 계속 근무하지 아니한 자를 해고예고제도의 적용제외사유로 규정하고 있는 「근로기준법」 규정은 일용근로자인 청구인의 근로의 권리를 침해하지 않는다. 22 경찰1차 (O / X)

정답 01 X 02 O

040 출퇴근 재해 사건 (헌재 2016.9.29. 2014헌바254 【헌법불합치(잠정적용)】)

근로자가 사업주의 지배관리 아래 출퇴근하던 중 발생한 사고로 부상 등이 발생한 경우에만 업무상 재해로 인정하는 구 산업재해보상보험법 제37조 제1항 제1호 다목은 평등원칙에 위배된다.

[1] 도보나 자기 소유 교통수단 또는 대중교통수단 등을 이용하여 출퇴근하는 산업재해보상보험 가입 근로자는 사업주가 제공하거나 그에 준하는 교통수단을 이용하여 출퇴근하는 산업재해보상보험 가입 근로자와 같은 근로자인데도 사업주의 지배관리 아래 있다고 볼 수 없는 통상적 경로와 방법으로 출퇴근하던 중에 발생한 재해를 업무상 재해로 인정받지 못한다는 점에서 차별취급이 존재한다. 01 02 03

Point 근로자가 사업주의 지배관리 아래 출퇴근하던 중 발생한 사고로 부상 등이 발생한 경우에만 업무상 재해로 인정 ➡ 평등원칙 위반

[2] 산업재해보상보험법 시행령 제29조에 대한 헌법재판소법 제68조 제2항에 의한 헌법소원심판청구는 부적법하다.

---

01 도보나 자기 소유 교통수단 또는 대중교통수단 등을 이용하여 통상의 출퇴근을 하는 산업재해보상보험 가입 근로자는 사업주가 제공하거나 그에 준하는 교통수단을 이용하여 출퇴근하는 산업재해보상보험 가입 근로자와 같은 근로자인데도 통상의 출퇴근 재해를 업무상 재해로 인정받지 못한다는 점에서 차별취급이 존재하며, 이러한 차별은 정당화될 수 있는 합리적 근거가 없다. 18 변호사
(O / X)

02 사업주가 제공하거나 그에 준하는 교통수단을 이용하여 출퇴근하던 중에 산업재해보상보험 가입 근로자가 입은 재해를 업무상 재해로 인정하는 것과 달리, 도보나 자기 소유 교통수단 또는 대중교통수단 등을 이용하여 출퇴근하는 산업재해보상보험 가입 근로자가 사업주의 지배관리 아래 있다고 볼 수 없는 통상적 경로와 방법으로 출퇴근하던 중에 입은 재해를 업무상 재해로 인정하지 않는 것은 자의적 차별로 평등원칙에 위배된다. 20 변호사
(O / X)

03 「산업재해보상보험법」이 근로자가 사업주의 지배관리 아래 출퇴근하던 중 발생한 사고로 부상 등이 발생한 경우에만 업무상 재해로 인정하고, 도보나 자기 소유 교통수단 또는 대중교통수단 등을 이용하여 출퇴근하는 경우를 업무상 재해로 인정하지 아니하는 것은 평등원칙에 위배된다. 17 지방7급
(O / X)

정답 01 O 02 O 03 O

---

041 출퇴근 재해 불소급 사건 (헌재 2019.9.26. 2018헌바218 등 【헌법불합치】)

업무상 재해에 통상의 출퇴근 재해를 포함시키는 개정법률조항을 이 법 시행 후 최초로 발생하는 재해부터 적용하도록 하는 산업재해보상보험법 부칙 제2조 중 '제37조의 개정규정'에 관한 부분은 헌법에 합치되지 않는다. 01

심판대상조항이 신법 조항의 소급적용을 위한 경과규정을 두지 않음으로써 개정법 시행일 전에 통상의 출퇴근 사고를 당한 비혜택 근로자를 보호하기 위한 최소한의 조치도 취하지 않은 것은 산업재해보상보험의 재정상황 등 실무적 여건이나 경제상황 등을 고려한 것이라고 하더라도, 그 차별을 정당화할 만한 합리적인 이유가 있는 것으로 보기 어렵고 이 사건 헌법불합치결정의 취지에도 어긋난다. 따라서 심판대상조항은 헌법상 평등원칙에 위배된다.

---

01 업무상 재해에 통상의 출퇴근 재해를 포함시키는 개정 법률조항을 이 법 시행 후 최초로 발생하는 재해부터 적용하도록 하는 「산업재해보상보험법」 부칙은 헌법에 위반되지 않는다. 예상
(O / X)

정답 01 X

042 재외국민 영유아 보육료·양육수당 지원배제 사건 (헌재 2018.1.28. 2015헌마1047 [위헌])

대한민국 국적을 가지고 있는 영유아 중에서도 재외국민인 영유아를 보육료·양육수당 지원대상에서 제외하는 보건복지부 지침은 국내에 거주하면서 재외국민인 영유아를 양육하는 부모인 청구인들의 평등권을 침해하므로 헌법에 위반된다.

'이중국적자'인 영유아가 국내에 거주하며 주민등록번호를 부여받은 경우에는 보육료를 지원받는 데 반해, '재외국민'인 영유아는 국내에 거주하면서 재외국민으로서 주민등록번호를 받아도 보육료를 지원받지 못한다는 점을 보더라도 위와 같은 차별에 아무런 합리적 근거가 인정될 수 없으므로, 심판대상조항은 청구인들의 헌법상 기본권인 평등권을 침해한다. [01] [02]

01 「주민등록법」상 재외국민으로 등록·관리되고 있는 영유아를 보육료·양육수당의 지원대상에서 제외한 규정은 국가의 재정능력에 비추어 보았을 때 국내에 거주하면서 재외국민인 영유아를 양육하는 부모를 차별하고 있더라도 평등권을 침해하지는 않는다. 18 국가7급 (O / X)

02 대한민국 국적을 가지고 있는 영유아 중에서도 재외국민 영유아를 보육료·양육수당 지원대상에서 제외하는 보건복지부지침은 국내에 거주하면서 재외국민인 영유아를 양육하는 부모들을 합리적 이유 없이 차별하는 것이 아니다. 21 입시, 20 변호사 (O / X)

정답 01 X 02 X

043 부정청탁 및 금품 등 수수에 관한 법률(일명 김영란법) 사건 (헌재 2016.7.28. 2015헌마236 등 [기각, 각하])

부정청탁 및 금품 등 수수에 관한 법률(일명 김영란법)은 헌법에 위반되지 아니한다.

[1] 사단법인 한국기자협회가 그 구성원인 기자들을 대신해 헌법소원을 청구할 수도 없으므로, 청구인의 심판청구는 기본권 침해의 자기관련성을 인정할 수 없어 부적법하다. [01]

Point 한국기자협회: 자기관련성 인정 X

[2] 제한되는 기본권

가. 심판대상조항은 금지명령의 형태로 청구인들에게 특정 행위를 금지하거나 법적 의무를 부과하여 청구인들이 하고 싶지 않은 일을 강요하고 있으므로, 청구인들의 일반적 행동자유권을 제한한다.

나. 심판대상조항에 의하여 직접적으로 언론의 자유와 사학의 자유가 제한된다고 할 수는 없다.

다. 청구인들의 양심의 자유를 직접 제한한다고 볼 수 없다.

[3] 부정청탁금지조항과 금품수수금지조항은 과잉금지원칙에 위배되지 않으므로 언론인과 사립학교 관계자의 일반적 행동자유권을 침해하지 않는다. [02]

[4] 부정청탁금지조항과 금품수수금지조항 및 신고조항과 제재조항은 전체 민간부문을 대상으로 하지 않고 사립학교 관계자와 언론인만 '공직자 등'에 포함시켜 공직자와 같은 의무를 부담시키고 있는데, 이들 조항이 청구인들의 일반적 행동자유권 등을 침해하지 않는 이상, 민간부문 중 우선 이들만 '공직자 등'에 포함시킨 입법자의 결단이 자의적 차별이라 보기는 어렵다. [03]

Point · 일반적 행동자유권 제한 O ➡ 침해 X
· 언론의 자유, 사학의 자유, 양심의 자유 제한 X

01 언론인이 직무 관련 여부 및 기부·후원·증여 등 그 명목에 관계없이 동일인으로부터 일정 금액을 초과하는 금품 등을 받거나 요구 또는 약속하는 것을 금지하는 「부정청탁 및 금품 등 수수의 금지에 관한 법률」 조항은 자연인을 수범자로 하고 있을 뿐이어서, 사단법인 한국기자협회가 위 조항으로 인하여 자기의 기본권을 직접 침해당할 가능성은 없다고 할 것이나, 법인은 그 구성원을 위하여 또는 구성원을 대신하여 헌법소원심판을 청구할 수 있으므로, 사단법인 한국기자협회는 위 조항과 관련하여 기본권 침해의 자기관련성이 인정된다. 17 서울7급·변호사 (O / X)

02 「부정청탁 및 금품 등 수수의 금지에 관한 법률」의 부정청탁금지조항 및 금품수수금지조항은 과잉금지원칙을 위반하여 언론인 및 사립학교 관계자의 일반적 행동자유권을 침해한다. 18 국회8급 (O / X)

03 공공성이 큰 다른 민간 분야 종사자와 달리 사립학교 관계자와 언론인에게만 부정청탁금지조항과 금품수수금지조항 및 신고조항과 제재조항이 적용되는 것은 평등원칙에 위배된다. 17 지방7급 (O / X)

정답 01 X 02 X 03 X

044 편입취소된 산업기능요원의 복무기간 사건 (헌재 2011.11.24. 2010헌마746 【위헌】)

"산업기능요원으로 편입되어 1년 이상 종사하다가 편입이 취소되어 입영하는 사람에 대하여는 대통령령으로 정하는 기준에 따라 복무기간을 단축할 수 있다."라는 규정은 기왕의 복무기간이 1년 미만인 경우 그 전부를 무효화하여 전혀 복무하지 아니한 사람과 마찬가지로 취급하는 것을 정당화할 어떠한 이유도 찾을 수 없으므로 평등권을 침해한다. 01

[Point] 복무기간 관련 정리
- 산업기능요원의 1년 미만 복무기간을 현역복무기간으로 인정하지 않는 것【위헌】
- 산업기능요원의 복무기간을 공무원 호봉 산정으로 인정하지 않는 것【합헌】
- 공중보건의사의 복무기간을 교원연금기간으로 산정하지 않은 것【위헌】
- 사관생도의 사관학교 교육기관을 연금 산정기간으로 인정하지 않는 것【합헌】

01 산업기능요원으로 편입되어 1년 이상 종사하다가 편입이 취소되어 입영하는 사람의 경우 복무기간을 단축할 수 있다고 규정한 구 「병역법」 규정은 1년 미만을 종사하다가 편입취소된 산업기능요원만 차별하여 위헌이다. 16 법무사
(O / X)

정답 01 O

045 사관학교 교육기간의 군인연금법상 복무기간 산입 사건 (헌재 2022.6.30. 2019헌마150 【기각】)

현역병 등의 복무기간과는 달리 사관생도의 사관학교 교육기간을 연금 산정의 기초가 되는 복무기간에 산입할 수 있도록 규정하지 아니한 구 군인연금법 제16조 제5항 전문은 청구인들의 평등권을 침해하지 않는다.

046 가족 중 순직자가 있는 경우의 병역감경 사건 (헌재 2019.7.25. 2017헌마323 【기각】) 아직 출제 X

가족 중 순직자가 있는 경우의 병역감경대상에서 재해사망군인의 가족을 제외하고 있는 병역법 시행령 제130조 제4항 후단 중 순직자 부분은 청구인의 평등권을 침해하지 않는다. 01

[1] 가족 중에 순직자가 있는 경우 적용되는 병역감경제도는 국가를 위하여 희생한 자와 그 가족을 예우하고, 남은 가족의 생계유지 등 생활안정을 위하여, 그리고 순직자의 가족에게 똑같은 위험성 있는 국방의 의무를 예외 없이 부과하는 것은 그 가족에게 거듭된 희생을 요구하는 것이어서 가혹하다는 입법적 고려에 따른 것이다.

[2] 국가유공자 등 예우 및 지원에 관한 법률상의 순직군인 등은 국가의 수호·안전보장 또는 국민의 생명·재산보호와 직접적인 관련이 있는 직무수행이나 교육훈련 중에 순직한 자로서, 보훈보상대상자 지원에 관한 법률상의 재해사망군인에 비하여 국가에 공헌한 정도가 더 크고 직접적이다. 따라서 순직군인 등에 대하여는 재해사망군인과 구별되는, 그에 합당한 예우와 보상을 할 필요가 있고, 이에 국가유공자 등 예우 및 지원에 관한 법률과 보훈보상대상자 지원에 관한 법률에서는 그 구체적인 보상이나 지원에 대하여 달리 정하고 있다. 병역감경제도 역시 국가유공자를 대상으로 하여, 국가유공자에 대한 예우와 지원의 차원에서 이루어지는 것이므로, 심판대상조항에서 양자를 달리 취급하는 것이다.

01 가족 중 순직자가 있는 경우의 병역감경대상에서 순직군인 등에 대하여는 재해사망군인과 구별하여 재해사망군인의 가족을 제외하는 것은 헌법상 평등권을 침해한다.
예상
(O / X)

정답 01 X

047 낙태죄 사건 (헌재 2019.4.11. 2017헌바127 [헌법불합치])

임신한 여성의 자기낙태를 처벌하는 형법 제269조 제1항, 의사가 임신한 여성의 촉탁 또는 승낙을 받아 낙태하게 한 경우를 처벌하는 형법 제270조 제1항 중 '의사'에 관한 부분은 모두 헌법에 합치되지 아니하며, 위 조항들은 2020.12.31.을 시한으로 입법자가 개정할 때까지 계속적용된다.

[1] 자기낙태죄조항에 대한 판단 (임신한 여성의 자기결정권 침해 여부)

가. 입법목적의 정당성 및 수단의 적합성은 인정된다.

나. 침해의 최소성 및 법익의 균형성

㉠ 이 사안은 국가가 태아의 생명보호를 위해 확정적으로 만들어 놓은 자기낙태죄조항이 임신한 여성의 자기결정권을 제한하고 있는 것이 과잉금지원칙에 위배되어 위헌인지 여부에 대한 것이다. 자기낙태죄조항의 존재와 역할을 간과한 채 임신한 여성의 자기결정권과 태아의 생명권의 직접적인 충돌을 해결해야 하는 사안으로 보는 것은 적절하지 않다.[01]

㉡ 국가가 생명을 보호하는 입법적 조치를 취함에 있어 인간생명의 발달단계에 따라 그 보호 정도나 보호수단을 달리하는 것은 불가능하지 않다.[02] 산부인과 학계에 의하면 현 시점에서 최선의 의료기술과 의료인력이 뒷받침될 경우 태아는 마지막 생리기간의 첫날부터 기산하여 22주(이하 '임신 22주'라 한다) 내외부터 독자적인 생존이 가능하다고 한다. 이처럼 태아가 모체를 떠난 상태에서 독자적인 생존을 할 수 있는 경우에는, 그렇지 않은 경우와 비교할 때 훨씬 인간에 근접한 상태에 도달하였다고 볼 수 있다.

㉢ 태아가 모체를 떠난 상태에서 독자적으로 생존할 수 있는 시점인 임신 22주 내외에 도달하기 전이면서 동시에 임신 유지와 출산 여부에 관한 자기결정권을 행사하기에 충분한 시간이 보장되는 시기(이하 착상시부터 이 시기까지를 '결정가능기간'이라 한다)까지의 낙태에 대해서는 국가가 생명보호의 수단 및 정도를 달리 정할 수 있다고 봄이 타당하다.

㉣ 자기낙태죄조항은 입법목적을 달성하기 위하여 필요한 최소한의 정도를 넘어 임신한 여성의 자기결정권을 제한하고 있어 침해의 최소성을 갖추지 못하였고, 태아의 생명보호라는 공익에 대하여만 일방적이고 절대적인 우위를 부여함으로써 법익균형성의 원칙도 위반하였다고 할 것이므로, 과잉금지원칙을 위반하여 임신한 여성의 자기결정권을 침해하는 위헌적인 규정이다.

[2] 의사낙태죄조항에 대한 판단

자기낙태죄조항은 모자보건법에서 정한 사유에 해당하지 않는다면, 결정가능기간 중에 다양하고 광범위한 사회적·경제적 사유로 인하여 낙태갈등상황을 겪고 있는 경우까지도 예외 없이 임신한 여성에게 임신의 유지 및 출산을 강제하고, 이를 위반한 경우 형사처벌한다는 점에서 위헌이므로, 동일한 목표를 실현하기 위하여 임신한 여성의 촉탁 또는 승낙을 받아 낙태하게 한 의사를 처벌하는 의사낙태죄조항도 같은 이유에서 위헌이라고 보아야 한다.[03]

---

[01] 자기낙태죄조항은 임신한 여성의 자기결정권과 태아의 생명권의 직접적인 충돌을 해결해야 하는 사안이다. 19 국가직 (O/X)

[02] 국가가 생명을 보호하는 입법적 조치를 취함에 있어 인간생명의 발달단계에 따라 그 보호 정도나 보호수단을 달리하는 것은 불가능하지 않다. 20 입시 (O/X)

[03] 낙태죄를 처벌하는 것은 임신한 여성의 자기결정권을 침해하지만, 의사의 자기결정권을 침해하는 것은 아니다. 19 국가직 (O/X)

정답 01 X 02 O 03 X

048 '특정범죄 가중처벌 등에 관한 법률'상 밀수입 예비행위를 본죄에 준하여 처벌하는 조항에 관한 위헌제청 사건

(헌재 2019.2.28. 2016헌가13 [위헌])

특정범죄 가중처벌 등에 관한 법률 제6조 제7항 중 관세법 제271조 제3항 가운데 제269조 제2항에 관한 부분(해당 수입물품을 다른 물품으로 수입할 목적으로 밀수입을 예비하였거나 신고하지 않고 외국물품을 수입할 목적으로 밀수입을 예비하였다는 공소사실로 기소되었는데, '관세법 제271조에 규정된 죄를 범한 사람은 제2항의 예에 따른 그 정범 또는 본죄에 준하여 처벌한다'는 부분)은 책임주의원칙과 평등원칙에 위반되어 헌법에 위반된다. 01

[1] 예비행위의 위험성은 구체적인 사건에 따라 다름에도 심판대상조항에 의하면 위험성이 미약한 예비행위까지도 본죄에 준하여 처벌하도록 하고 있어 행위자의 책임을 넘어서는 형벌이 부과되는 결과가 발생한다. 따라서 심판대상조항은 구체적 행위의 개별성과 고유성을 고려한 양형판단의 가능성을 배제하는 가혹한 형벌로서 책임과 형벌 사이의 비례성의 원칙에 위배된다.

[2] 동일한 밀수입 예비행위에 대하여 수입하려던 물품의 원가가 2억 원 미만인 때에는 관세법이 적용되어 본죄의 2분의 1을 감경한 범위에서 처벌하는 반면, 물품원가가 2억 원 이상인 경우에는 심판대상조항에 따라 본죄에 준하여 가중처벌을 하는 것은 합리적인 이유가 있다고 보기 어렵다.

01 「관세법」을 위반하여 밀수입을 예비하였다는 공소사실에 대해 그 정범 또는 본죄에 준하여 처벌한다'는 것은 책임주의원칙과 평등원칙에 위반되어 헌법에 위반된다. 예상 (O / X)

정답 01 O

049 자사고를 후기학교로 규정하고, 자사고 지원자에게 평준화지역 후기학교 중복지원을 금지한 초·중등교육법 시행령 사건 다수 출제

(헌재 2019.4.11. 2018헌마221 [위헌, 기각])

[1] 자사고 지원자에게 평준화지역 후기학교의 중복지원을 금지한 초·중등교육법 시행령 제81조 제5항 중 '제91조의3에 따른 자율형 사립고등학교는 제외한다' 부분은 청구인 학생 및 학부모의 평등권을 침해하여 헌법에 위반된다.

[2] 재판관 4(합헌) : 5(위헌)의 의견으로 자사고를 후기학교로 규정한 초·중등교육법 시행령 제80조 제1항은 청구인 학교법인의 사학운영의 자유 및 평등권을 침해하지 아니하여 헌법에 위반되지 아니한다. 01 02

01 자율형 사립고(이하 '자사고'라 한다)의 도입목적은 고교평준화제도의 기본틀을 유지하면서 고교평준화제도의 문제점으로 지적된 획일성을 보완하기 위해 고교 교육의 다양화를 추진하고, 학습자의 소질·적성 및 창의성 개발을 지원하며, 학생·학부모의 다양한 요구 및 선택기회 확대에 부응하는 것이어서 과학고의 경우와 같이 재능이나 소질을 가진 학생을 후기학교보다 먼저 선발할 필요성이 있음에도 불구하고 자사고를 후기학교로 규정함으로써 과학고와 달리 취급하고, 일반고와 같이 취급하는 것은 자사고 학교법인의 평등권을 침해한다. 20 변호사 (O / X)

02 자율형 사립고등학교를 후기학교로 정하여 신입생을 일반고와 동시에 선발하도록 한 것은 자율형 사립고등학교 법인의 평등권을 침해한다. 20 입시 (O / X)

정답 01 X 02 X

050 정치자금법상 후원회지정권자 사건 (헌재 2019.12.27. 2018헌마301 등 [헌법불합치])

[1] 특별시장·광역시장·특별자치시장·도지사·특별자치도지사 선거의 예비후보자를 후원회지정권자에서 제외하고 있는 정치자금법 제6조 제6호 중 광역자치단체장 선거의 예비후보자에 관한 부분은 청구인들 평등권을 침해하여 헌법에 위반된다. 01 02 조문과 판례를 따로 기억해 둘 것! P111 정치자금법 제6조 참고!

[2] 자치구의회의원 선거의 예비후보자에 관한 부분에 대하여는 재판관들의 의견이 인용의견 5명, 기각의견 4명으로 나뉘어 헌법과 헌법재판소법에서 정한 인용의견을 위한 정족수 6명에 이르지 못하여 기각한다.

---

01 광역자치단체장 선거의 예비후보자를 후원회지정권자에서 제외하여, 국회의원 선거의 예비후보자에게 후원금을 기부하고자 하는 자와 광역자치단체장 선거의 예비후보자에게 후원금을 기부하고자 하는 자를 달리 취급하는 것은 합리적 차별에 해당하고 입법재량의 한계를 일탈한 것은 아니다. 22 변호사 (O / X)

02 대통령 선거 및 지역구국회의원 선거의 예비후보자들과 달리 광역자치단체장 선거의 예비후보자를 후원회지정권자에서 제외하고 있는 것은 광역자치단체장 선거 예비후보자의 평등권을 침해하지 않는다. 20 입시 (O / X)

정답 01 X 02 X

DAY 05 자유권적 기본권

미니노트

생명권

01 법적 근거
① 우리 헌법상 명문규정 ✕
② 선험적이고 자연법적인 권리
③ 일반적 법률유보의 대상 ➡ 상대적 기본권(헌법재판소)

02 주체
① 모든 자연인(외국인 포함), 태아
② 배아
  ㉠ 생명권 부정
  ㉡ 배아생성자의 배아에 대한 자기결정권은 헌법상 권리

03 사형제도
① 유럽연합: 사형제도 폐지
② 독일헌법: 사형제도 금지
③ 국제연합: 사형선고의 가능성 있음.
④ 우리 헌법재판소: 사형제도 【합헌】 ➡ 존치 여부는 헌법재판소의 심판대상이 아님.

04 안락사 · 존엄사
① 네덜란드: 적극적 안락사 합법화
② 우리나라: 소극적 안락사 허용 사례 있음.

신체의 자유 ✕✕✕✕

헌법 제12조	제1항	모든 국민은 신체의 자유를 가진다. 누구든지 법률에 의하지 아니하고는 체포·구속·압수·수색 또는 심문을 받지 아니하며, 법률과 적법한 절차에 의하지 아니하고는 처벌·보안처분 또는 강제노역을 받지 아니한다.	적법절차는 현행헌법에서 도입 국가기관에 대한 탄핵소추에는 적용 X
	제2항	모든 국민은 고문을 받지 아니하며, 형사상 자기에게 불리한 진술을 강요당하지 아니한다.	• 법률로서도 진술강제는 불가 • 자기부죄거부특권
	제3항	체포·구속·압수 또는 수색을 할 때에는 적법한 절차에 따라 검사의 신청에 의하여 법관이 발부한 영장을 제시하여야 한다. 다만, 현행범인인 경우와 장기 3년 이상의 형에 해당하는 죄를 범하고 도피 또는 증거인멸의 염려가 있을 때에는 사후에 영장을 청구할 수 있다.	직접적·물리적 강제의 경우에만 적용 ┌ 검사의 신청에 의한 영장: 허가장 성격 └ 법원이 직접 발부한 영장: 명령장 성격
	제4항	누구든지 체포 또는 구속을 당한 때에는 즉시 변호인의 조력을 받을 권리를 가진다. 다만, 형사피고인이 스스로 변호인을 구할 수 없을 때에는 법률이 정하는 바에 의하여 국가가 변호인을 붙인다.	수형자는 인정 X ┌ 변호인선임권: 법률로서도 제한 불가 └ 변호사접견권: 법률로서 제한 가능
	제5항	누구든지 체포 또는 구속의 이유와 변호인의 조력을 받을 권리가 있음을 고지받지 아니하고는 체포 또는 구속을 당하지 아니한다. 체포 또는 구속을 당한 자의 가족 등 법률이 정하는 자에게는 그 이유와 일시·장소가 지체 없이 통지되어야 한다.	• 미란다원칙: 현행헌법에서 도입 • 고지는 피구속자에게, 통지는 가족 등에게
	제6항	누구든지 체포 또는 구속을 당한 때에는 적부의 심사를 법원에 청구할 권리를 가진다.	피의자에게 인정(전격기소시 피고인에게도 인정)
	제7항	피고인의 자백이 고문·폭행·협박·구속의 부당한 장기화 또는 기망 기타의 방법에 의하여 자의로 진술된 것이 아니라고 인정될 때 또는 정식재판에 있어서 피고인의 자백이 그에게 불리한 유일한 증거일 때에는 이를 유죄의 증거로 삼거나 이를 이유로 처벌할 수 없다.	• 고문 등: 절대적으로 증거능력 X • 증명력 제한: 정식재판에서만 인정
제13조	제1항	모든 국민은 행위시의 법률에 의하여 범죄를 구성하지 아니하는 행위로 소추되지 아니하며, 동일한 범죄에 대하여 거듭 처벌받지 아니한다.	• 일사부재리원칙(이중처벌금지) • 형사처벌만을 의미, 기판력의 효력으로 발생 형벌과 과태료는 얼마든지 병과할 수 있음.
	제2항	모든 국민은 소급입법에 의하여 참정권의 제한을 받거나 재산권을 박탈당하지 아니한다.	제4차 개정헌법에서 소급입법에 의한 처벌의 헌법적 근거 규정
	제3항	모든 국민은 자기의 행위가 아닌 친족의 행위로 인하여 불이익한 처우를 받지 아니한다.	제8차 개정헌법에서 규정
제27조	제4항	형사피고인은 유죄의 판결이 확정될 때까지는 무죄로 추정된다.	• 형사사건에 한정하여 적용 X(형사사건이 아닌 경우에도 적용됨) • 재심청구 적용 X

국선변호인

• 피고인 국선변호권: 헌법상 기본권
• 피의자 국선변호권: 형사소송법상 권리
• 헌법소원 국선변호권: 헌법재판소법상 권리

죄형법정주의

01 형벌 법률주의, 관습형법금지원칙
① 범죄와 형벌은 성문의 법률(형식적 의미의 법률)로써 규정
② 처벌규정일지라도 구체적 위임이 있으면 명령에 위임 가능
③ 법률에 위임이 있는 경우, 지방자치단체는 조례 위반에 대한 제제로서 벌칙을 정할 수 있음.
④ 과태료(행정질서벌) 부과: 죄형법정주의 대상 X, 질서위반행위규제법상 법정주의 대상
⑤ 법률적으로 효력 있는 조약(마라케쉬협정)에 의한 범죄구성요건 설정과 형벌규정 ➡ 죄형법정주의 위반 X

02 형벌불소급원칙
① 실체법에 한정되며, 절차법에는 적용 X
② 시혜적 소급입법: 입법자의 의무 X, 입법자에게 광범위한 형성의 자유 인정
③ 보호감호와 소급금지

형벌		· 과거의 범죄에 대한 책임을 묻는 것 · 소급금지원칙 적용
보안처분 장래의 범죄예방목적	보호감호 ≒ 형벌	· 소급금지원칙 적용 · 형벌과 병과해도 이중처벌 X · 사회보호법이 폐지되어도 이미 선고된 보호감호를 집행하는 것은 가능
	보안관찰	
	전자장치, 신상공개	침해가 경미하므로 소급적용 가능
	DNA검사보관	

03 명확성원칙
최소한의 명확성 요구
판례 '가정의례의 참뜻에 비추어 합리적인 범위 내'라는 소극적 범죄구성요건 ➡ 죄형법정주의의 명확성원칙 위배

영장주의

01 영장주의 적용되는 경우
신체에 대한 물리적·직접적 강제력 행사
예 지방의회의장이 증인 동행명령장 발부 후 불응시 강제구인: 영장주의 위반 【위헌】

02 영장주의 적용되지 않는 경우
신체에 대한 심리적·간접적 강제력 행사
예 국회 동행명령장 발부 후 불응시 강제구인하지 않고 국회모독죄로 형사처벌: 영장주의와 무관 【합헌】

음주측정 거부
· 강제채혈: 영장주의 적용
· 불응죄로 형사처벌: 적용 X

지문채취 거부
· 강제채취: 영장주의 적용
· 경범죄로 처벌: 적용 X

영장제도

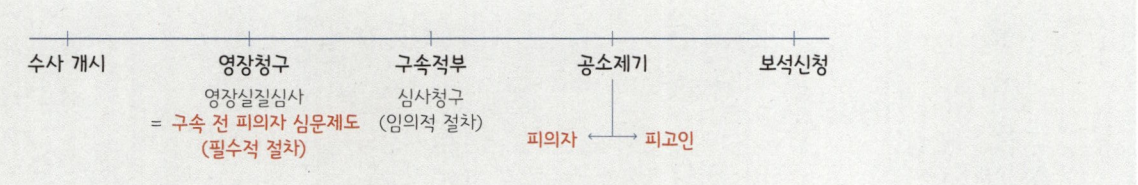

영장제도의 예외
① 긴급체포: 장기 3년 이상의 형에 해당하는 범죄를 범하고 도피 또는 증거인멸의 염려가 있는 경우 영장 없이 체포할 수 있음. ➡ 48시간 이내에 구속영장청구(사후청구) 청구로 족함, 발부 X
② 현행범과 준현행범 체포: 현행범과 준현행범의 경우 체포영장 없이 체포 가능(구속은 영장 없이 불가) ➡ 검사 등이 체포, 인도받은 이후 48시간 이내 구속영장청구

사생활의 비밀과 자유

인격권·자유권의 일종, 일신전속적 성격의 권리, 자신에 관한 정보를 통제한다는 점에서 청구권의 성격을 가짐.

사생활 비밀의 자유	사생활의 내용을 공개당하지 않을 권리(소극적·자유권적 성격)
사생활(형성)의 자유	사생활 형성과 전개를 방해받지 않을 권리(소극적·자유권적 성격)
개인정보자기결정권	• 자기 정보를 관리·통제할 수 있는 권리(적극적·청구권적 성격) • 헌법상 명문규정 X • 헌법 제10조와 제17조가 근거 • 독자적 기본권

• 진료정보의 제공: 개인정보자기결정권 침해 X
• 지문: 보호대상정보(주민등록발급시 수집하는 지문은 개인정보자기결정권 침해 X)

개인정보 보호법 주요 내용

01 보호대상정보(개인정보 보호법 제2조)
  ① 개인정보: 살아 있는 개인에 관한 정보 ➡ 공적 생활에서 형성·공개된 정보도 포함
  ② 개인정보처리자: 업무를 목적으로 정보를 처리하는 공공기관, 법인, 단체, 개인
  ③ 영상정보처리기기: 일정한 공간에 지속적으로 설치되어 촬영·전송하는 장치(대통령령)

02 민감정보의 처리 제한(개인정보 보호법 제23조)
  사상·신념, 노동조합·정당가입·탈퇴, 정치적 견해, 건강, 성생활 등의 정보 + 그 밖에 사생활을 현저히 침해할 우려가 있는 개인정보는 처리해서는 안 됨.
  판례 국회의원이 '각급 학교 교원의 교원단체 및 교원노조 가입현황 실명자료'를 인터넷에 공개한 행위: 해당 교원들의 자기결정권 침해 【위법】

• 민감정보는 일체 처리하지 못한다. (X)
• 민감정보에 종교는 포함되지 않는다. (O)

통신비밀보호법상 통신의 자유 제한사유

구분	주체	대상인	제한 내용
범죄수사를 위한 통신제한 (2개월 + 2개월)	검사	각 피의자별 또는 각 피내사자별로	· 법원의 허가 필요 · 긴급시 허가 불요(36시간 내 허가 필요)
	사법경찰관은 검사에 대하여 각 피의자별 또는 각 피내사자별로 통신제한조치에 대한 허가를 신청하고, 검사는 법원에 대하여 그 허가를 청구할 수 있음.		
국가안보를 위한 통신제한 (4월 + 4월)	정보수사기관의 장	내국인(일방 또는 쌍방이 내국인인 경우)	· 정보수사기관의 장이 신청 · 고등법원 수석판사의 허가
		· 대한민국에 적대하는 국가, 반국가활동의 혐의가 있는 외국의 기관·단체와 외국인, 대한민국의 통치권이 사실상 미치지 아니하는 한반도 내의 집단이나 외국에 소재하는 그 산하단체의 구성원의 통신 · 군용전기통신법 제2조의 규정에 의한 군용전기통신(작전수행을 위한 전기통신에 한함)	대통령 승인
긴급 통신제한	· 사법경찰관 · 검사 · 정보수사기관의 장	검사, 사법경찰관 또는 정보수사기관의 장은 국가안보를 위협하는 음모행위, 직접적인 사망이나 심각한 상해의 위험을 야기할 수 있는 범죄 또는 조직범죄 등 중대한 범죄의 계획이나 실행 등 긴박한 상황에 있고 제5조 제1항 또는 제7조 제1항 제1호의 규정에 의한 요건을 구비한 자에 대하여 제6조 또는 제7조 제1항 및 제3항의 규정에 의한 절차를 거칠 수 없는 긴급한 사유가 있는 때에는 법원의 허가 없이 통신제한조치를 할 수 있음.	36시간 내 법원의 허가를 받지 못하면 즉시 중지
		정보수사기관의 장은 국가안보를 위협하는 음모행위, 직접적인 사망이나 심각한 상해의 위험을 야기할 수 있는 범죄 또는 조직범죄 등 중대한 범죄의 계획이나 실행 등 긴박한 상황에 있고 제7조 제1항 제2호에 해당하는 자에 대하여 대통령의 승인을 얻을 시간적 여유가 없거나 통신제한조치를 긴급히 실시하지 아니하면 국가안전보장에 대한 위해를 초래할 수 있다고 판단되는 때에는 소속 장관(국가정보원장 포함)의 승인을 얻어 통신제한조치를 할 수 있음.	36시간 이내에 대통령의 승인을 얻지 못한 때에는 즉시 그 긴급통신제한조치를 중지하여야 함.

검사 또는 사법경찰관이 통신제한조치의 연장을 청구하는 경우에 통신제한조치의 총 연장기간은 1년을 초과할 수 없음. 다만, 내란죄 등의 중범죄에 해당하는 범죄의 경우에는 통신제한조치의 총 연장기간이 3년을 초과할 수 없음.

거주·이전의 자유

01 주체
① 법인: 인정
② 외국인: 입국의 자유 X, 출국의 자유 O

02 성격
표현의 자유와 관련되며, 직업의 자유와 더불어 경제적 자유의 성격도 지님.

03 내용
① 국외이주와 해외여행의 자유: 북한으로의 이주 X, 병역의무자의 국외여행 제한 【합헌】
② 일시적 이동과 거주·이전의 자유: 경찰청장이 서울광장 통행 제지 ➡ 일반적 행동자유권 침해
③ 국적 변경의 자유: 인정(통설), 무국적자가 될 자유는 포함 X
[판례] 주민등록 여부는 거주·이전의 자유와 직접적인 관계 X 아직 출제 X

양심의 자유

01 양심형성(결정)의 자유
내심에 머무르는 한 성질상 제한이 불가능한 기본권(예 일기 내용)

02 양심실현의 자유

침묵의 자유	· 양심을 표명하도록 강제되지 않을 자유 · 침묵의 자유에 해당하지 않는 것: 진술거부권, 취재원 비닉권, 증언거부
양심추지의 금지	일정한 행동에 의해 양심을 간접적으로 표명하도록 강제받지 않을 자유(예 사상조사, 십자가 밟기)
부작위에 의한 양심실현의 자유	· 자신의 양심에 반하는 행위를 강제받지 않을 자유 · 병역강제: 부작위에 의한 양심실현의 자유 제한 침해
작위에 의한 양심실현의 자유	· 양심상의 행위명령과 그에 대한 법적 금지명령이 충돌 · 작위에 의한 양심실현의 자유는 상대적으로 많은 제한 가능

종교의 자유

종교의 자유 주체: 자연인(외국인 포함), 법인 ➡ 단, 법인은 신앙의 자유 인정 X

신앙의 자유	내심의 자유 ➡ 법률로서도 제한이 불가한 절대적 기본권 ≒ 양심형성의 자유
선교의 자유	· 종교 전파의 자유: 국민이 선택한 임의의 장소에서 자유롭게 행사할 수 있는 권리 X · 다른 종교 비판, 다른 종교의 신자에 개종을 권고할 자유도 포함
종교교육의 자유	국·공립학교 내 일반적 종교교육 허용, 특정한 종교교육 허용 X
종교적 집회·결사	헌법 제21조의 집회·결사의 자유에 대해 특별법적 지위를 가짐(강화된 보호).

주체 비교

구분	자연인	법인	비고
사생활의 비밀·자유	O	X	· 사자(死者) X · 사자명예훼손죄 인정
개인정보 자기결정권	O	O	단체 O
주거의 자유	O	X	· 복합시설물: 사장, 공장장, 학교장이 주체 · 주택·호텔 객실: 입주자, 투숙객이 주체
통신의 자유	O	O	단체 O
거주·이전의 자유	O	O	외국인의 입국 제한, 출국의 자유 O

문제 되는 사안

· 준법서약서제도: 양심의 자유 침해 X
· 사죄광고: 명예회복에 적당한 처분에 사죄광고 포함
  ➡ 헌법 위반(법인 대표자의 양심 침해)
· 대체복무를 두지 않은 것: 양심의 자유 침해

언론·출판의 자유와 알 권리

01 언론·출판의 자유
① 성격: 정치적 자유권의 성격, 청구권의 성격
② 주체
  ㉠ 개인, 법인
  ㉡ 외국인: 일반적 언론의 자유 보장, 정치적 표현의 자유 제한
③ 내용
  ㉠ 의사표현의 자유 ─ 표현의 매개체: 형태 제한 X (음란물) (게임물)
                   └ 보호영역: 허위사실의 표현, 집필, 익명의 표현
  ㉡ 상업적 광고: 표현의 자유로서 보호

02 알 권리 헌법규정 X, 법률규정 O
① 근거: 언론·출판의 자유에서 도출
② 내용
  ㉠ 정보수령권: 신문, 소극적 성격 ┐
  ㉡ 정보수집권: 취재, 능동적 성격 ┘ 공개된 정보(자발적 정보)
  ㉢ 정보공개청구권 ─────── 비자발적 정보대상
    ┌ 개별적 정보공개청구권: 이해관계 있는 자가 청구
    └ 일반적 정보공개청구권: 이해관계와 상관없이 누구나 청구 가능
    알 권리의 핵심, '개별법이 없어도 헌법만으로 보장되는 구체적 권리' 판례 이후, 공공기관의 정보공개에 관한 법률 제정, 청구권자를 '모든 국민'으로 규정

Access권

01 개념
① 사상·의견의 발표를 위해 언론매체에 자유로이 접근·이용할 권리
② 구체적 권리로서의 실질이 명확하게 확립된 개념 X

02 정정보도청구권 및 반론보도청구권(언론중재 및 피해구제 등에 관한 법률)

구분	정정보도청구권 (제14조, 제15조)	반론보도청구권 (제16조)
내용	진실하지 않은 언론보도 등으로 피해를 입은 자가 제기	언론보도 등으로 피해를 입은 자가 그 보도에 대한 반론보도를 언론사에 청구
청구대상	진실하지 않은 보도	보도 내용의 진실 여부를 불문
고의·과실, 위법성	불필요	불필요
소송절차	본안절차로 진행	가처분절차로 진행

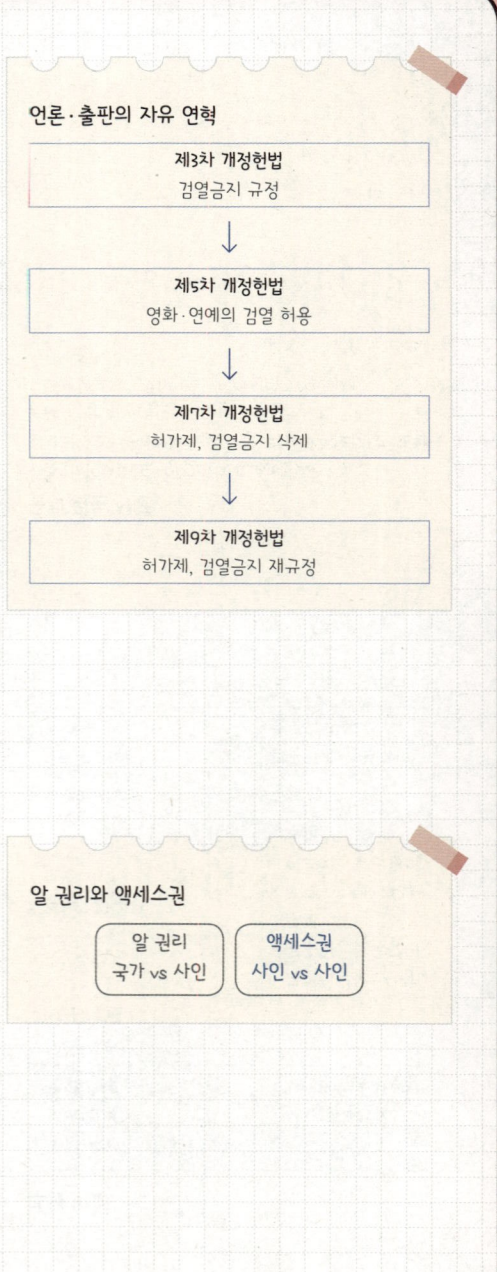

언론·출판의 자유 연혁

제3차 개정헌법
검열금지 규정
↓
제5차 개정헌법
영화·연예의 검열 허용
↓
제7차 개정헌법
허가제, 검열금지 삭제
↓
제9차 개정헌법
허가제, 검열금지 재규정

알 권리와 액세스권

알 권리	액세스권
국가 vs 사인	사인 vs 사인

언론·출판의 자유 제한 ☆☆☆☆

사전제한	사후제한

• 검열제금지(적극적 금지)
 • 검열요건(다음 4가지 요건 모두 해당해야 함)
     — 행정기관 주체: 실질적 판단
     — 사전적 심사: 사전제출의무
     — 내용에 대한 심사: 방법에 대한 제한 X
     — 강제수단: 과태료나 형벌의 부과, 영업정지 등
 • 사전심의제, 등급분류보류제, 수입추천제는 검열 but 등급분류제는 검열 X
	언론규제입법의 합헌성 판단기준
	 • 명백하고 현존하는 위험의 원칙
	 • 명확성의 원칙: 막연하기 때문에 무효
	 • 우월적 지위의 원칙: 모든 자유의 기반
	 • 합헌성 추정의 배제
	 • 당사자적격의 요건 완화

집회·결사의 자유

01 집회의 자유에서의 '집회'

```
                                        물리적 폭력설
                                             │
[다수인이] [공동의 목적으로] [특정 장소에서] [평화적 방법으로] [일시적으로 회합하는 행위]
    │          │                │
  2명 이상   내적인 유대관계   └─ 외교기관, 법원, 국회의사당, 국무총리 공관, 대통령 관저, 국회의장 공관
                              100m 이내에서의 집회·시위 금지 【위헌】
```

02 집회의 자유
① 성질: 집단적 표현의 자유, 주관적 공권성 + 객관적 가치질서성, 소극적 + 적극적 성격
② 주체: 자연인, 법인(제한된 범위 내에서 주체가 됨), 외국인은 견해 대립
③ 내용: 집단적 시위와 행진 ➡ 집회에 포함
④ 제한
   ㉠ 집회에 대한 허가제(절대적 금지)
   ㉡ 금지되는 허가제는 **행정권에 의한 금지**이므로 법률로서 일반적으로 집회를 제한하는 것은 헌법이 금지하는 사전허가 X

03 결사의 자유 주체
① 자연인
   ㉠ 당연히 인정, 외국인도 인정(다수설)
   ㉡ 상호주의에 따른 제한 있을 수 있음.
② 법인
   ㉠ 법인 등 결사체
   ㉡ 공법인은 예외적으로만 인정

• 검열 절대 금지 ➡ 법률로써도 불가
  행정권이 주체   → 법률이 직접 검토할 수
                                없으니까(개입할 수 밖에)

• 허가제 절대 금지 ➡ 법률로써 시간·장소 규정 가능
  행정권이 주체   법률이 직접 정하니까
                              (개입 여지없음)

학문의 자유

01 주체
① 모든 국민, 대학, 연구단체
② 교수의 자유 주체: 대학, 고등교육기관에 종사하는 교육자
③ 대학 자치의 주체(대학 전구성원 주체설): 교수에 한정 X, 전구성원 자율성 O

02 내용
① 연구의 자유
② 연구결과 발표의 자유
③ 교수의 자유(≠ 수업의 자유)
　　대학 이상의 교육　→ 초·중·고 교사의 교육
④ 학문적 집회·결사의 자유
⑤ 대학의 자치: 헌법상 기본권 (헌법 제22조 제1항)

예술의 자유 주체

01 자연인
① 예술 창작의 자유(개인을 전제)
② 예술작품의 발행·전시의 자유

02 법인
예술작품의 발행·전시의 자유 ➡ 법인, 단체도 향유

예술의 자유 주체성 인정 판례
- 음반제작자(비디오물 포함)
- 예술출판자, 극장운영자

판례분석

051 집단급식소 영양사 직무미수행 처벌 사건 (헌재 2023.3.23. 2019헌바141 【위헌】)

집단급식소에 근무하는 영양사의 직무를 규정한 조항을 위반한 자를 처벌하는 식품위생법 제96조 중 '제52조 제2항을 위반한 자'에 관한 부분은 헌법에 위반된다.

[1] 죄형법정주의 명확성원칙에 위반된다.
[2] 과잉금지원칙에 위반된다.
　가. 처벌조항은 집단급식소에 근무하는 영양사가 어떠한 직무를 수행할지에 관하여 이를 영양사의 전적인 자율에 맡겨두지 않고 법률에 정한 일정한 직무에 관해 그 수행을 확보함으로써 집단급식소 이용자의 영양, 위생 및 안전을 보호하기 위한 조항이다. 집단급식소에 근무하는 영양사가 직무를 수행하지 아니하는 행위를 처벌하는 것은 그와 같은 목적에 기여할 수 있다. 따라서 처벌조항은 목적의 정당성 및 수단의 적합성이 인정된다.
　나. 처벌조항으로 인해 달성되는 집단급식소 이용자의 영양, 위생 및 안전이라는 공익이 작다고 볼 수는 없으나, 그로 인하여 집단급식소에 근무하는 영양사는 그 경중 또는 실질적인 사회적 해악의 유무에 상관없이 직무수행조항에서 규정하고 있는 직무를 단 하나라도 불이행한 경우 상시적인 형사처벌의 위험에 노출된다. 이와 같이 직무수행조항에서 규정한 직업상의 직무를 수행하지 아니한 행위 일체에 대해 형사처벌을 규정하고 있는 것은 입법재량의 한계를 현저히 일탈하여 과도하다고 하지 않을 수 없다. 따라서 처벌조항은 침해의 최소성 및 법익의 균형성을 충족하지 않는다. 그러므로 직무수행조항에서 정하고 있는 직무 내용을 이행하지 아니한 경우 이를 모두 형사처벌하도록 하는 처벌조항은 과잉금지원칙에 위반된다.

052 미성년자 등에 대한 성폭력범죄 공소시효 특례조항의 부진정소급 사건 (헌재 2021.6.24. 2018헌바457 【합헌】) 아직 출제 ✗

'성폭력범죄의 처벌 등에 관한 특례법' 시행 전 행하여진 성폭력범죄로 아직 공소시효가 완성되지 아니한 것에 대하여 '성폭력범죄의 처벌 등에 관한 특례법'의 공소시효 특례조항을 적용하도록 한 '성폭력범죄의 처벌 등에 관한 특례법' 부칙 제3조 중 제21조 제1항 및 제3항 제1호 가운데 형법 제298조(강제추행)에 관한 부분은 헌법에 위반되지 아니한다.

우리 헌법이 규정한 형벌불소급의 원칙은 '행위의 가벌성'에 관한 것이기 때문에 소추가능성에만 연관될 뿐이고 가벌성에는 영향을 미치지 않는 공소시효에 관한 규정은 원칙적으로 그 효력범위에 포함되지 않는다. 행위의 가벌성은 행위에 대한 소추가능성의 전제조건이지만 소추가능성은 가벌성의 조건이 아니므로 공소시효의 정지규정을 과거에 이미 행한 범죄에 대하여 적용하도록 하는 법률이라 하더라도 그 사유만으로 헌법 제12조 제1항 및 제13조 제1항에 규정한 죄형법정주의의 파생원칙인 형벌불소급의 원칙에 언제나 위배되는 것으로 단정할 수는 없다.

053 음주운전금지규정 위반 또는 음주측정거부 전력자가 다시 음주운전을 한 경우 가중처벌 사건 (헌재 2022.5.26. 2021헌가30 등 【위헌】)

음주운전금지규정 위반 또는 음주측정거부 전력이 1회 이상 있는 사람이 다시 음주운전금지규정 위반행위를 한 경우 2년 이상 5년 이하의 징역이나 1천만 원 이상 2천만 원 이하의 벌금에 처하도록 규정한 도로교통법 제148조의2 제1항 중 '제44조 제1항 또는 제2항을 1회 이상 위반한 사람으로서 다시 같은 조 제1항을 위반한 사람'에 관한 부분은 책임과 형벌 간의 비례성을 인정하기 어렵다. 따라서 심판대상조항은 책임과 형벌 간의 비례원칙에 위반된다.

054 2회 이상 음주운전시 가중처벌 사건 (헌재 2021.11.25. 2019헌바446 등 【위헌】) ★★★

2회 이상 음주운전금지규정을 위반한 사람을 2년 이상 5년 이하의 징역이나 1천만 원 이상 2천만 원 이하의 벌금에 처하도록 규정한 구 도로교통법 제148조의2 제1항 중 '제44조 제1항을 2회 이상 위반한 사람'에 관한 부분은 헌법에 위반된다.

[1] 심판대상조항은 죄형법정주의의 명확성원칙에 위반된다고 할 수 없다. 01

[2] 책임과 형벌 간의 비례원칙 위반 여부

예컨대 10년 이상의 세월이 지난 과거 위반행위를 근거로 재범으로 분류되는 음주운전행위자에 대해서는 책임에 비해 과도한 형벌을 규정하고 있다고 하지 않을 수 없다. … 도로교통법 제44조 제1항을 2회 이상 위반한 경우라고 하더라도 죄질을 일률적으로 평가할 수 없고 과거 위반 전력, 혈중알코올 농도 수준, 운전한 차량의 종류에 비추어 교통안전 등 보호법익에 미치는 위험 정도가 비교적 낮은 유형의 재범 음주운전행위가 있다. 그런데 심판대상조항은 법정형의 하한을 징역 2년, 벌금 1천만 원으로 정하여 그와 같이 비난가능성이 상대적으로 낮고 죄질이 비교적 가벼운 행위까지 지나치게 엄히 처벌하도록 하고 있으므로, 책임과 형벌 사이의 비례성을 인정하기 어렵다. 그러므로 심판대상조항은 책임과 형벌 간의 비례원칙에 위반된다. 02

---

01 술에 취한 상태에서의 운전을 금지하는 「도로교통법」 조항을 2회 이상 위반한 음주운전자를 가중처벌하는 조항은 죄형법정주의의 명확성원칙에 위배되지 않는다. 22 법원직
(O/X)

02 음주운전금지규정을 2회 이상 위반한 사람을 2년 이상 5년 이하의 징역이나 1천만 원 이상 2천만 원 이하의 벌금에 처하도록 하는 구 「도로교통법」 조항은 보호법익에 미치는 위험 정도가 비교적 낮은 유형의 재범 음주운전행위도 일률적으로 그 법정형의 하한인 2년 이상의 징역 또는 1천만 원 이상의 벌금을 기준으로 처벌하도록 하고 있어 책임과 형벌 간의 비례원칙에 위반된다. 22 국가7급
(O/X)

정답 01 O 02 O

---

055 소위 '황제노역'과 관련하여 노역장유치기간의 하한을 정하면서 개정 전 범죄행위에 대하여도 소급적용하도록 한 형법 조항 사건 (헌재 2017.10.26. 2015헌바239 등 【위헌】) ★★★

[1] 1억 원 이상의 벌금형을 선고하는 경우 노역장유치기간의 하한을 정한 형법 제70조 제2항은 과잉금지원칙에 반하여 청구인들의 신체의 자유를 침해하지 않는다.

벌금에 비해 노역장유치기간이 지나치게 짧게 정해지면 경제적 자력이 충분함에도 고액의 벌금 납입을 회피할 목적으로 복역하는 자들이 있을 수 있으므로, 벌금 납입을 심리적으로 강제할 수 있는 최소한의 유치기간을 정할 필요가 있다. … 노역장유치조항은 유치기간의 하한을 정하고 있을 뿐이므로 법관은 그 범위 내에서 다양한 양형요소들을 고려하여 1일 환형유치금액과 노역장유치기간을 정할 수 있다. 이러한 점들을 종합하면 노역장유치조항은 과잉금지원칙에 반하여 청구인들의 신체의 자유를 침해한다고 볼 수 없다.

Point '황제노역'과 관련하여 노역장유치조항의 하한을 정한 형법 조항이 노역장유치제도의 공정성과 형평성 제고를 위한 것으로 합헌임을 확인

[2] 노역장유치조항을 시행일 이후 최초로 공소제기되는 경우부터 적용하도록 한 형법 부칙 제2조 제1항은 형벌불소급원칙에 위반된다.

형벌불소급원칙에서 의미하는 '처벌'은 형법에 규정되어 있는 형식적 의미의 형벌유형에 국한되지 않으며, 범죄행위에 따른 제재의 내용이나 실제적 효과가 형벌적 성격이 강하여 신체의 자유를 박탈하거나 이에 준하는 정도로 신체의 자유를 제한하는 경우에는 형벌불소급원칙이 적용되어야 한다. 노역장유치는 그 실질이 신체의 자유를 박탈하는 것으로서 징역형과 유사한 형벌적 성격을 가지고 있으므로 형벌불소급원칙의 적용대상이 된다. 01 02 03 그런데 부칙조항은 노역장유치조항의 시행 전에 행해진 범죄행위에 대해서도 공소제기의 시기가 노역장유치조항의 시행 이후이면 이를 적용하도록 하고 있으므로, 이는 범죄행위 당시보다 불이익한 법률을 소급적용하도록 하는 것으로서 헌법상 형벌불소급원칙에 위반된다.

[3] 형식적 의미의 형벌이 아니더라도 범죄행위에 따른 제재의 내용이나 실제적 효과가 형벌적 성격이 강하여 신체의 자유를 박탈하거나 이에 준하는 정도로 신체의 자유를 제한하는 경우에는 법적 안정성, 예측가능성 및 국민의 신뢰를 보호하기 위하여 형벌불소급원칙이 적용된다는 점을 명확히 하였다.

---

01 형벌이 아닌 보안처분은 일반적으로 소급적용이 가능하지만 형벌과 유사한 보호감호와 노역장유치의 경우에는 소급적용이 금지된다. 20 변호사
(O/X)

02 노역장유치란 벌금 납입의 대체수단이자 납입강제기능을 갖는 벌금형의 집행방법이며, 벌금형에 대한 환형처분이라는 점에서 형벌과 구별된다. 따라서 노역장유치기간의 하한을 정한 것은 벌금형을 대체하는 집행방법을 강화한 것에 불과하며, 이를 소급적용한다고 하여 형벌불소급의 문제가 발생한다고 보기 어렵다. 20 법원직
(O/X)

03 노역장유치는 그 실질이 신체의 자유를 박탈하는 것으로서 징역형과 유사한 형벌적 성격을 가지고 있으므로 형벌불소급원칙의 적용대상이 된다. 19 국회8급
(O/X)

정답 01 O 02 X 03 O

056 변호사시험 성적 비공개 사건 (헌재 2015.6.25. 2011헌마769 등 [위헌])

변호사시험 성적을 합격자에게 공개하지 않도록 규정한 변호사시험법 제18조 제1항 본문은 청구인들의 알 권리(정보공개청구권)를 침해한다.

[1] 시험 성적이 공개될 경우 변호사시험 대비에 치중하게 된다는 우려가 있으나, 좋은 성적을 얻기 위해 노력하는 것은 당연하고 시험 성적을 공개하지 않는다고 하여 변호사시험 준비를 소홀히 하는 것도 아니다. 오히려 시험 성적을 공개하는 경우 경쟁력 있는 법률가를 양성할 수 있고, 각종 법조직역에 채용과 선발의 객관적 기준을 제공할 수 있다. 따라서 변호사시험 성적의 비공개는 기존 대학의 서열화를 고착시키는 등의 부작용을 낳고 있으므로 수단의 적절성이 인정되지 않는다. 01

[2] 시험 성적의 비공개가 청구인들의 법조인으로서의 직역선택이나 직업수행에 있어서 어떠한 제한을 두고 있는 것은 아니므로 심판대상조항이 청구인들의 직업선택의 자유를 제한하고 있다고 볼 수 없다. 02

[3] 청구인은 심판대상조항이 일반 국민의 알 권리도 침해한다고 주장하나, 이러한 주장은 위 청구인의 기본권이 침해되었다는 주장이 아니므로 별도로 판단하지 않는다.

[4] 심판대상조항은 개인정보자기결정권을 제한하고 있다고 보기 어렵다.

[5] 다른 자격시험의 경우, 특정의 전문교육과정을 요구하지 않거나 요구하는 경우라고 하더라도 전문교육기관 간의 과다경쟁 및 서열화 방지, 충실한 교육의 담보라는 목적과는 관련이 없는 등 다른 자격시험 응시자와 변호사시험 응시자를 본질적으로 동일한 비교집단으로 볼 수 없다. 따라서 심판대상조항이 청구인들을 다른 자격시험 응시자와 차별취급하고 있다고 볼 수 없으므로 심판대상조항에 의한 평등권 침해 문제는 발생하지 않는다.

[Point] 직업선택의 자유, 개인정보자기결정권, 평등권 제한 X

01 변호사시험 성적을 합격자에게 공개하지 않도록 규정한 「변호사시험법」의 규정은 법학전문대학원 간의 과다경쟁 등을 방지하기 위한 것으로 그 수단의 적절성이 인정되어 과잉금지원칙에 반하지 않는다. 16 법원직 (O / X)

02 변호사시험의 성적 공개를 금지하고 있는 「변호사시험법」 관련 조항은 변호사 합격자에 대하여 그 성적을 공개하지 않도록 규정하고 있을 뿐이고, 이러한 시험 성적의 비공개가 청구인들의 법조인으로서의 직역선택이나 직업수행에 있어서 어떠한 제한을 두고 있는 것은 아니므로 청구인들의 직업선택의 자유를 제한하고 있다고 볼 수 없다. 16 국회8급 (O / X)

정답 01 X 02 O

057 변호사시험 성적 공개청구기간 제한 사건 (헌재 2019.7.25. 2017헌마1329 [위헌, 각하])

[1] 청구인은 2015년 실시된 제4회 변호사시험에 합격하였으므로, 성적공개조항의 수범자가 아닌 제3자에 불과하다. 따라서 성적공개조항에 대한 심판청구는 기본권 침해의 자기관련성을 인정할 수 없어 부적법하다.

[2] 변호사시험 성적 공개청구기간을 개정 변호사시험법 시행일로부터 6개월로 제한하는 변호사시험법 부칙 제2조 중 '이 법 시행일부터 6개월 내에' 부분은 청구인의 정보공개청구권을 침해하여 헌법에 위반된다.

가. 변호사시험 합격자는 성적 공개청구기간 내에 열람한 성적 정보를 인쇄하는 등의 방법을 통해 개별적으로 자신의 성적 정보를 보관할 수 있으나, 성적 공개청구기간이 지나치게 짧아 정보에 대한 접근을 과도하게 제한하는 이상, 이러한 점을 들어 기본권 제한이 충분히 완화되어 있다고 보기도 어렵다.

나. 특례조항은 과잉금지원칙에 위배되어 청구인의 정보공개청구권을 침해한다.

01 변호사시험 성적 공개청구기간을 개정 「변호사시험법」 시행일로부터 6개월로 제한하는 「변호사시험법」 부칙은 청구인의 정보공개청구권을 침해하여 헌법에 위반된다. 예상 (O / X)

정답 01 O

058 정신질환자 보호입원 사건 (헌재 2016.9.29. 2014헌가9 【헌법불합치(잠정적용)】)

보호의무자 2명의 동의와 정신건강의학과 전문의 1명의 진단으로 정신질환자에 대한 보호입원이 가능하도록 한 구 정신보건법 제24조 제1항 및 제2항은 신체의 자유를 침해한다.

[1] 보호입원기간도 최초부터 6개월이라는 장기로 정해져 있고, 이 또한 계속적인 연장이 가능하여 보호입원이 치료의 목적보다는 격리의 목적으로 이용될 우려도 큰 점, 보호입원절차에서 정신질환자의 권리를 보호할 수 있는 절차들을 마련하고 있지 않은 점, 기초정신보건심의회의 심사나 인신보호법상 구제청구만으로는 위법·부당한 보호입원에 대한 충분한 보호가 이루어지고 있다고 보기 어려운 점 등을 종합하면, 심판대상조항은 침해의 최소성원칙에 위배된다. 그렇다면 심판대상조항은 과잉금지원칙을 위반하여 신체의 자유를 침해한다. [01]

[2] 심판대상조항에 대하여 단순위헌결정을 하면 보호입원의 법률적 근거가 사라져 정신질환자에 대한 보호입원의 필요성이 인정되는 경우에도 보호입원을 시킬 수 없는 법적 공백상태가 발생하므로 심판대상조항에 대하여 헌법불합치결정을 선고하고, 입법자의 개선입법이 있을 때까지 계속적용되도록 할 필요가 있다.

---

01 보호의무자 2명의 동의와 정신건강의학과 전문의 1명의 진단으로 정신질환자에 대한 보호입원이 가능하도록 한 구 정신보건법 조항은 보호입원이 정신질환자 본인에 대한 치료와 사회의 안전 도모라는 측면에서 긍정적인 효과가 있으므로 정신질환자의 신체의 자유를 침해하지 아니한다. 19 국가7급 (O / X)

정답 01 X

---

059 영창 사건 (헌재 2020.9.24. 2017헌바157 등【위헌】)

병(兵)에 대한 징계처분으로 일정 기간 부대나 함정 내의 영창, 그 밖의 구금장소에 감금하는 영창처분이 가능하도록 규정한 구 군인사법 제57조 제2항 중 '영창'에 관한 부분은 헌법에 위반된다.

[1] 심판대상조항은 병의 복무규율 준수를 강화하고, 복무기강을 엄정히 하기 위하여 제정된 것으로, 군의 지휘명령체계의 확립과 전투력 제고를 목적으로 하는바 그 입법목적은 정당하고, 심판대상조항은 병에 대하여 강력한 위하력을 발휘하는바 수단의 적합성도 인정된다.

[2] 헌법 제12조 제1항 전문은 신체의 자유를 천명하는데, 이는 가장 기본적인 최소한의 자유로서 모든 기본권 보장의 전제가 되므로, 신체의 자유는 최대한 보장되어야 한다. 그런데 심판대상조항에 의한 영창처분은 공무원의 신분적 이익을 박탈하는 것을 그 내용으로 하는 징계처분임에도 불구하고 신분상 불이익 외에 신체의 자유 박탈까지 그 내용으로 삼고 있는바, 징계의 한계를 초과한 것이다. [01] [02] [03]

Point 영창 ─ 적법절차 적용【합헌】
  └ 영장주의 적용 X (Why? 징계절차이기 때문)
이후 침해의 최소성 위반으로 위헌결정됨.

---

01 병에 대한 징계처분으로 일정 기간 부대나 함정 내의 영창, 그 밖의 구금장소에 감금하는 영창처분이 가능하도록 규정한 조항은 병의 신체의 자유를 침해하지 않는다. 22 법원직 (O / X)

02 병에 대한 징계처분으로 영창처분이 가능하도록 규정한 「군인사법」 조항은 군 조직 내 복무 규율 준수 강화라는 군의 특수성 등을 고려할 때 과잉금지원칙에 위배되지 않는다. 21 국회8급 (O / X)

03 병에 대한 징계처분으로 일정 기간 부대나 함정 내의 영창, 그 밖의 구금장소에 감금하는 영창처분은 인신의 자유를 덜 제한하면서도 병의 비위행위를 효율적으로 억지할 수 있는 징계수단을 강구하는 것이 얼마든지 가능함에도, 병의 신체의 자유를 필요 이상으로 과도하게 제한하므로 침해의 최소성원칙에 어긋난다. 21 국가7급 (O / X)

정답 01 X 02 X 03 O

060 성충동 약물치료(속칭 화학적 거세)의 위헌 여부 (헌재 2015.12.23. 2013헌가9 【헌법불합치(잠정적용), 합헌】)

[1] 심판대상조항들은 피치료자의 정신적 욕구와 신체기능에 대한 통제를 그 내용으로 하는 것으로서 신체의 안전성이 훼손당하지 아니할 자유를 포함하는 신체의 자유와 그 밖에 사생활의 자유, 자기결정권, 인격권 등 기본권을 제한한다.

[2] 성폭력범죄를 저지른 성도착증 환자로서 성폭력범죄를 다시 범할 위험성이 있다고 인정되는 19세 이상의 사람에 대한 검사의 약물치료명령(화학적 거세)청구에 관한 성폭력범죄자의 성충동 약물치료에 관한 법률 제4조 제1항은 과잉금지원칙을 위배하여 치료대상자의 기본권을 침해한다고 볼 수 없으므로 헌법에 위반되지 아니한다.

Point 검사의 약물치료명령청구에 관한 규정: 과잉금지원칙 위반 X

[3] 법원의 약물치료명령선고에 관한 같은 법률 제8조 제1항은, 장기형의 선고로 치료명령의 선고시점과 집행시점 사이에 상당한 시간적 간극이 존재하여 집행시점에서 치료의 필요성이 달라진 때에 불필요한 치료를 배제할 수 있는 절차가 없는 상태에서 선고시점에서 치료명령청구가 이유 있는 경우 치료명령을 선고하도록 한 점에서 과잉금지원칙을 위배하여 치료대상자의 기본권을 침해하여 헌법에 위반된다. 01

Point 법원의 약물치료명령선고에 관한 규정: 과잉금지원칙 위반

01 성폭력범죄를 저지른 성도착증 환자로서 재범의 위험성이 인정되는 19세 이상의 사람에 대해 법원이 15년의 범위에서 치료명령을 선고할 수 있도록 한 법률규정은, 장기형이 선고되는 경우 치료명령의 선고시점과 집행시점 사이에 상당한 시간적 간극이 있어 집행시점에서 발생할 수 있는 불필요한 치료와 관련한 부분에 대해서는 침해의 최소성과 법익균형성이 인정되지 않기 때문에 피치료자의 신체의 자유를 침해한다. 18 국회8급, 17 5급행시
(O / X)

정답 01 O

061 형사소송법 제331조 단서 규정에 대한 위헌심판 (헌재 1992.12.24. 92헌가8 【위헌】)

적법절차원칙은 기본권 제한과 관련되든 관련되지 않든 모든 입법작용 및 행정작용에도 광범위하게 적용되므로 헌법 제37조 제2항의 과잉금지원칙과는 구별된다. 현행헌법이 명문화하고 있는 적법절차의 원칙은 단순히 입법권의 유보 제한이라는 한정적인 의미에 그치는 것이 아니라 모든 국가작용을 지배하는 독자적인 헌법의 기본원리로서 해석되어야 할 원칙이라는 점에서 입법권의 유보적 한계를 선언하는 과잉입법금지의 원칙과는 구별된다고 할 것이다. 01 따라서 적법절차의 원칙은 헌법조항에 규정된 형사절차상의 제한된 범위 내에서만 적용되는 것이 아니라 국가작용으로서 기본권 제한과 관련되든 관련되지 않든 모든 입법작용 및 행정작용에도 광범위하게 적용된다고 해석하여야 할 것이고, 02 03 04 나아가 형사소송절차와 관련시켜 적용함에 있어서는 형벌권의 실행절차인 형사소송의 전반을 규율하는 기본원리로 이해하여야 하는 것이다.

Point
- 적법절차원칙은 기본권 제한과 관련되든 관련되지 않든 모든 입법작용 및 행정작용에도 광범위하게 적용 ➡ 과잉금지원칙과 구별됨.
- 법률유보원칙은 기본권 제한과 관련되는 경우에 적용

Point 적법절차가 적용되지 않는 경우
— 국회의 탄핵소추
— 선거관리위원회의 결정(불법선거에 대한 경고)
— 즉시강제

Point 국회의 입법절차와의 관계
— 국회와 국민의 관계: 적법절차 적용 X
— 국회 내부절차: 적법절차 적용(날치기 통과해서는 안 됨)

01 적법절차의 원칙은 단순히 입법권의 유보 제한이라는 한정적인 의미에 그치는 것이 아니라, 모든 국가작용을 지배하는 독자적인 헌법의 기본원리로서 해석되어야 할 원칙이라는 점에서, 입법권의 유보적 한계를 선언하는 과잉입법금지의 원칙과는 구별된다. 16 서울7급, 13 국가급
(O / X)

02 적법절차의 원칙은 헌법조항에 규정된 형사절차상의 제한된 범위 내에서만 적용되는 것이 아니라 국가작용으로서 기본권 제한과 관련되든 관련되지 아니하든 모든 입법작용 및 행정작용에도 광범위하게 적용된다. 10 국회8급
(O / X)

03 적법절차의 원칙은 기본권 제한이 있음을 전제로 하여 적용된다. 15 법무사
(O / X)

04 적법절차원칙은 형사소송절차에 국한하지 않고 모든 국가작용에 대하여 문제된 법률의 실체적 내용이 합리성과 정당성을 갖추고 있는지 여부를 판단하는 기준으로 적용된다. 15 법무사
(O / X)

정답 01 O 02 O 03 X 04 O

062 강제퇴거대상자에 대한 보호기간의 상한 없는 보호 사건 (헌재 2023.3.23. 2020헌가1 [헌법불합치(잠정적용)])

강제퇴거명령을 받은 사람을 보호할 수 있도록 하면서 보호기간의 상한을 마련하지 아니한 출입국관리법 제63조 제1항은 과잉금지원칙 및 적법절차원칙에 위배되어 피보호자의 신체의 자유를 침해하는 것으로, 헌법에 합치되지 아니한다.

[1] 심판대상조항은 강제퇴거대상자를 대한민국 밖으로 송환할 수 있을 때까지 보호시설에 인치·수용하여 강제퇴거명령을 효율적으로 집행할 수 있도록 함으로써 외국인의 출입국과 체류를 적절하게 통제하고 조정하여 국가의 안전과 질서를 도모하고자 하는 것으로, 입법목적의 정당성과 수단의 적합성은 인정된다. 그러나 보호기간의 상한을 두지 아니함으로써 강제퇴거대상자를 무기한 보호하는 것을 가능하게 하는 것은 보호의 일시적·잠정적 강제조치로서의 한계를 벗어나는 것이라는 점, … 등을 고려하면, 심판대상조항은 침해의 최소성과 법익균형성을 충족하지 못한다. 따라서 심판대상조항은 과잉금지원칙을 위반하여 피보호자의 신체의 자유를 침해한다.

[2] 당사자에게 의견 및 자료 제출의 기회를 부여하는 것은 적법절차원칙에서 도출되는 중요한 절차적 요청이므로, 심판대상조항에 따라 보호를 하는 경우에도 피보호자에게 위와 같은 기회가 보장되어야 하나, 심판대상조항에 따른 보호명령을 발령하기 전에 당사자에게 의견을 제출할 수 있는 절차적 기회가 마련되어 있지 아니하다. 따라서 심판대상조항은 적법절차원칙에 위배되어 피보호자의 신체의 자유를 침해한다.

063 수사기관 등에 의한 통신자료 제공요청 사건 (헌재 2022.7.21. 2016헌마388 등 [각하, 헌법불합치])

수사기관 등에 의한 통신자료 취득행위에 대한 심판청구에 대하여 각하하는 한편, 그 근거조항인 전기통신사업법 제83조 제3항 중 '검사 또는 수사관서의 장(군 수사기관의 장을 포함한다), 정보수사기관의 장의 수사, 형의 집행 또는 국가안전보장에 대한 위해 방지를 위한 정보수집을 위한 통신자료 제공요청'에 관한 부분에 대하여는 사후통지절차를 마련하지 않은 것은 적법절차원칙에 위배된다.

[1] 헌법상 영장주의는 체포·구속·압수·수색 등 기본권을 제한하는 강제처분에 적용되므로, 강제력이 개입되지 않은 임의수사에 해당하는 수사기관 등의 통신자료 취득에는 영장주의가 적용되지 않는다.

[2] 청구인들은 이 사건 법률조항 중 '국가안전보장에 대한 위해'의 의미가 불분명하다고 주장한다. 그런데 '국가안전보장에 대한 위해를 방지하기 위한 정보수집'은 국가의 존립이나 헌법의 기본질서에 대한 위험을 방지하기 위한 목적을 달성함에 있어 요구되는 최소한의 범위 내에서의 정보수집을 의미하는 것으로 해석되므로, 명확성원칙에 위배되지 않는다.

[3] 전기통신사업법은 통신자료 제공요청방법이나 통신자료 제공현황보고에 관한 규정 등을 두어 통신자료가 수사 등 정보수집의 목적 달성에 필요한 최소한의 범위 내에서 이루어지도록 하고 있다. 따라서 침해의 최소성 및 법익균형성에 위배되지 않는다.

[4] 이 사건 법률조항은 통신자료 취득에 대한 사후통지절차를 두지 않아 적법절차원칙에 위배되어 개인정보자기결정권을 침해한다.

064 대통령(노무현) 탄핵 (헌재 2004.5.14. 2004헌나1 [기각])

탄핵소추과정에는 적법절차원칙이 적용되지 않는다.

적법절차원칙이란 국가공권력이 국민에 대하여 불이익한 결정을 하기에 앞서 국민은 자신의 견해를 진술할 기회를 가짐으로써 절차의 진행과 그 결과에 영향을 미칠 수 있어야 한다는 법원리를 말한다. 그런데 이 사건의 경우, 국회의 탄핵소추절차는 국회와 대통령이라는 헌법기관 사이의 문제이고, 국회의 탄핵소추의결에 의하여 사인으로서의 대통령의 기본권이 침해되는 것이 아니라 국가기관으로서의 대통령의 권한 행사가 정지되는 것이다. 따라서 국가기관이 국민과의 관계에서 공권력을 행사함에 있어서 준수해야 할 법원칙으로서 형성된 적법절차의 원칙을 국가기관에 대하여 헌법을 수호하고자 하는 탄핵소추절차에는 직접 적용할 수 없다고 할 것이고, [01] [02] 그 외 달리 탄핵소추절차와 관련하여 피소추인에게 의견진술의 기회를 부여할 것을 요청하는 명문규정도 없으므로 국회의 탄핵소추절차가 적법절차원칙에 위배되었다는 주장은 이유 없다.

01 헌법상 적법절차의 원칙을 국가기관에 대하여 헌법을 수호하고자 하는 탄핵소추절차에 직접 적용할 수 없다. 18 국회8급, 17 서울7급 (O / X)

02 탄핵심판절차는 개인을 대상으로 한 것이 아니라 국가기관을 대상으로 한 것이므로 적법절차원리가 적용되지 않는다는 것이 헌법재판소의 견해이다. 17 국회8급 (O / X)

정답 01 O 02 O

065 체포영장 집행시 별도 영장 없이 타인의 주거 등을 수색할 수 있도록 한 형사소송법 조항 위헌소원 및 위헌제청 사건
(헌재 2018.4.26. 2015헌바370 등 [헌법불합치])

체포영장을 집행하는 경우 필요한 때에는 타인의 주거 등 내에서 피의자 수색을 할 수 있도록 한 형사소송법 제216조 제1항 제1호 중 제200조의2에 관한 부분은 헌법에 합치되지 않는다.

[1] 심판대상조항은 수사기관이 피의자를 체포하기 위하여 필요한 때에는 영장 없이 타인의 주거 등에 들어가 피의자를 찾는 행위를 할 수 있다는 의미로서, 심판대상조항의 '피의자 수사'는 '피의자 수색'을 의미함을 어렵지 않게 해석할 수 있다.

Point 명확성원칙 위반 X

[2] 심판대상조항은 체포영장을 발부받아 피의자를 체포하는 경우에 '필요한 때'에는 영장 없이 타인의 주거 등 내에서 피의자 수사를 할 수 있다고 규정함으로써, 별도로 영장을 발부받기 어려운 긴급한 사정이 있는지 여부를 구별하지 아니하고 피의자가 소재할 개연성이 있으면 영장 없이 타인의 주거 등을 수색할 수 있도록 허용하고 있다. 이는 체포영장이 발부된 피의자가 타인의 주거 등에 소재할 개연성은 인정되나, 수색에 앞서 영장을 발부받기 어려운 긴급한 사정이 인정되지 않는 경우에도 영장 없이 피의자 수색을 할 수 있다는 것이므로, 위에서 본 헌법 제16조의 영장주의 예외요건을 벗어난다. [01] [02] [03]

Point 헌법 제16조의 영장주의 위반

01 체포영장을 발부받아 피의자를 체포하는 경우에, 필요한 때에는 영장 없이 타인의 주거 등 내에서 피의자 수색을 할 수 있도록 규정한 것은 수색에 앞서 영장을 발부받기 어려운 긴급한 사정이 인정되지 않는 경우에도 영장 없이 피의자 수색을 할 수 있다는 것이므로 영장주의에 위반된다. 22 국회8급, 22 변호사 (O / X)

02 체포영장을 발부받아 피의자를 체포하는 경우에 필요한 때에는 영장 없이 타인의 주거 등 내에서 피의자 수사를 할 수 있도록 한 「형사소송법」 규정은 별도로 영장을 발부받기 어려운 긴급한 사정이 있는지 여부를 구별하지 아니하고 피의자가 소재할 개연성만 소명되면 영장 없이 타인의 주거 등을 수색할 수 있도록 허용하고 있으므로 헌법 제16조의 영장주의에 위반된다. 20 변호사, 18 국가7급 (O / X)

03 수사기관이 체포영장을 집행하는 경우 「형사소송법」 제216조에 의하여 필요한 때에는 영장 없이 타인의 주거에서 피의자 수색을 할 수 있으며, 이러한 「형사소송법」 제216조의 규정은 헌법상 영장주의에 위반되지 않는다. 18 경찰2차 (O / X)

정답 01 O 02 O 03 X

066 법원의 직권에 의한 구속영장 발부 (헌재 1997.3.27. 96헌바28 등 【합헌】)

헌법 제12조 제3항이 영장의 발부에 관하여 '검사의 신청'에 의할 것을 규정한 취지는 모든 영장의 발부에 검사의 신청이 필요하다는 데에 있는 것이 아니라 수사단계에서 영장의 발부를 신청할 수 있는 자를 검사로 한정함으로써 검사 아닌 다른 수사기관의 영장신청에서 오는 인권유린의 폐해를 방지하고자 함에 있으므로 공판단계에서 법원이 직권에 의하여 구속영장을 발부할 수 있음을 규정한 형사소송법 제70조 제1항 및 제73조 중 "피고인을 … 구인 또는 구금함에는 구속영장을 발부하여야 한다."라는 부분은 헌법 제12조 제3항에 위반되지 아니한다. 01 02 03

[Point] 공판단계에서 법관이 직권으로 영장 발부 가능

[Point] · 검사의 신청에 의한 법관의 영장 발부: 허가장
　　　　 검찰청 소속 검사만을 의미하지 않음. 공수처 소속 검사도 영장청구 가능
　　　· 법관의 직권으로 영장 발부: 명령장

01 공판단계에서 피고인에 대하여 법관이 영장을 발부하는 경우에도 형식상 검사의 신청이 필요하며, 그렇지 아니한 경우에는 적법절차의 원칙에 위배된다. 16 서울7급
(O / X)

02 헌법이 '검사의 신청'에 의할 것을 규정한 취지는 모든 영장의 발부에 검사의 신청이 필요하다는 데에 있는 것이므로, 공판단계에서 법원이 직권에 의하여 구속영장을 발부할 수 있도록 하는 것은 영장주의에 위배된다. 15 국회8급
(O / X)

03 수사단계가 아닌 공판단계에서 법관이 직권으로 영장을 발부하여 구속하는 경우에는 검사의 영장신청이 불필요하다. 08 국가7급
(O / X)

정답 01 X　02 X　03 O

067 형사소송법 제331조 단서 규정에 대한 위헌심판 (헌재 1992.12.24. 92헌가8 【위헌】)

구속영장의 효력을 검사의 의견에 좌우되도록 하는 것은 적법절차와 영장주의에 위배된다.
검사가 10년 이상 구형한 경우에는 법원의 무죄판결에도 불구하고 구속영장의 효력을 지속하도록 한 형사소송법 제331조 단서는 적법절차 외에 영장주의에도 위배된다. 01

법원 무죄판결　　　원칙　예외
　　집행유예판결 → 석방　X̶

검사 10년 이상 구형한 경우 → 계속 구속 【위헌】

유사사례　법원 보석결정　　　원칙　예외
　　　　　구속집행정지 → 석방　X̶

검사 즉시항고 → 계속 구속 【위헌】

01 헌법재판소는 무죄, 면소, 형의 면제, 형의 선고유예, 형의 집행유예, 공소기각 또는 벌금이나 과료를 과하는 판결이 선고된 때에는 구속영장의 효력을 잃도록 하면서 검사로부터 사형, 무기 또는 10년 이상의 징역이나 금고의 형에 해당한다는 취지의 의견진술이 있는 사건에 대하여는 예외로 하는 것에 대해 위헌결정하였다. 11 국회8급
(O / X)

정답 01 O

068 교도소장이 수용자의 변호인이 수용자에게 보낸 서신을 개봉한 후 교부한 행위 등에 관한 위헌소원 사건
(헌재 2021.10.28. 2019헌마973 【기각】)

교도소장이 수용자의 변호인이 수용자에게 보낸 서신을 개봉한 후 교부한 행위에 대해, 위 서신개봉행위에 대한 심판청구는 변호인의 조력을 받을 권리를 침해하지 아니한다.

이 사건 서신개봉행위는 수용자가 외부로부터 마약·독극물·흉기 등 범죄에 이용될 우려가 있는 물건 및 담배·현금·수표 등 교정시설의 안전 또는 질서를 해칠 우려가 있는 물건, 음란물 등 수형자의 교화 또는 건전한 사회복귀를 해칠 우려가 있는 물건 등 금지물품을 반입하지 못하도록 하여 교정시설의 안전과 질서를 원활하게 유지하기 위한 것이므로 그 목적이 정당하다. 수용자에게 온 서신을 개봉하여 금지물품이 있는지를 확인하는 것은 위와 같은 목적을 달성할 수 있는 적합한 수단이 된다. 그러므로 이 사건 서신개봉행위는 과잉금지원칙에 위반되지 아니하므로 청구인의 변호인의 조력을 받을 권리를 침해하지 아니한다.

069 수용자 서신 개봉·열람행위 위헌확인
(헌재 2021.9.30. 2019헌마919 【기각】)

피청구인 교도소장이 대한법률구조공단으로부터 청구인에게 발송된 총 7건의 서신 및 국가인권위원회로부터 청구인에게 발송된 1건의 서신을 개봉한 행위, 피청구인 교도소장이 교도소에 송달된 수원지방검찰청의 정보공개결정통지서 및 수원지방법원의 판결문 등 총 5건의 문서를 열람한 행위는 청구인의 통신의 자유를 침해하지 않는다.

070 인천국제공항 송환대기실에 수용된 난민에 대한 변호인접견거부 위헌확인 사건
(헌재 2018.5.31. 2014헌마346 【인용(위헌확인)】) ✗✗✗✗ 다수 출제

인천공항출입국·외국인청장이 인천국제공항 송환대기실에 수용된 난민에 대한 변호인접견신청을 거부한 행위는 청구인의 변호인의 조력을 받을 권리를 침해한 것이므로 헌법에 위반된다. 01 02

[1] 피청구인은 수용시설인 송환대기실의 관리·운영체계의 공동결정자이고, 청구인의 수용의 개시 및 종료에 있어 결정적인 권한을 행사하였으며, 수용비용 중 일부를 부담하였고, 청구인이 수용됨에 따라 입국거부된 사람에 대한 통제 편의라는 행정적 이익도 향유하였다. 따라서 피청구인은 인천국제공항 항공사운영협의회와 공동으로 청구인을 수용한 주체이다.

[2] **헌법 제12조 제4항 본문에 규정된 변호인의 조력을 받을 권리가 행정절차에서 구속된 사람에게도 즉시 보장된다.** 종래 이와 견해를 달리하여 헌법 제12조 제4항 본문에 규정된 변호인의 조력을 받을 권리는 형사절차에서 피의자 또는 피고인의 방어권을 보장하기 위한 것으로서 출입국관리법상 보호 또는 강제퇴거의 절차에도 적용된다고 보기 어렵다고 판시한 우리 재판소 결정(헌재 2012.8.23. 2008헌마430)은 이 결정취지와 저촉되는 범위 안에서 변경한다.

Point 변호인의 조력을 받을 권리 인정 ─ 형사사건
└ 행정절차에 의해 구속된 경우

---

01 인천국제공항출입국·외국인청장이 인천국제공항 송환대기실에 수용된 '난민인정신청을 하였으나 난민인정심사 불회부결정을 받은 자'에 대한 변호인접견신청을 거부한 행위는 변호인의 조력을 받을 권리를 침해하는 것이다. 20 입시 (O / X)

02 난민인정심사 불회부결정을 받은 외국인을 인천국제공항 송환대기실에 수개월째 수용하고 환승구역으로 출입을 막으면서 변호인접견신청을 거부한 것이 변호인의 조력을 받을 권리를 침해하는 것은 아니다. 18 국회9급 (O / X)

정답 01 O 02 X

071 변호인이 되려는 자의 피의자 접견신청을 불허한 사건 (헌재 2019.2.28. 2015헌마1204【인용(위헌확인)】)

체포되어 구속영장이 청구된 피의자를 신문하는 과정에서 변호사인 청구인이 위 피의자 가족의 의뢰를 받아 접견신청을 하였음에도 검사가 이를 허용하기 위한 조치를 취하지 않은 것은 변호인이 되려는 청구인의 접견교통권을 침해한 것이고, 위 접견교통권은 헌법상 보장된 기본권에 해당하여 그 침해를 이유로 헌법소원심판을 청구할 수 있다.

[1] 변호인 선임을 위하여 피의자 등이 가지는 '변호인이 되려는 자'와의 접견교통권은 헌법상 기본권으로 보호되어야 하고, 01 02 '변호인이 되려는 자'의 접견교통권은 피의자 등이 변호인을 선임하여 그로부터 조력을 받을 권리를 공고히 하기 위한 것으로서, 그것이 보장되지 않으면 피의자 등이 변호인 선임을 통하여 변호인으로부터 충분한 조력을 받는다는 것이 유명무실하게 될 수밖에 없다. 이와 같이 '변호인이 되려는 자'의 접견교통권은 피의자 등을 조력하기 위한 핵심적인 부분으로서 헌법상의 기본권인 '변호인이 되려는 자'와의 접견교통권과 표리의 관계에 있으므로, 피의자 등이 가지는 '변호인이 되려는 자'의 조력을 받을 권리가 실질적으로 확보되기 위해서는 '변호인이 되려는 자'의 접견교통권 역시 헌법상 기본권으로서 보장되어야 한다.

[Point] 기본권 침해가능성 인정
[Point] '변호인이 되려는 자'의 피의자 접견교통권: 헌법상 기본권

[2] 청구인의 피의자 윤○○에 대한 접견신청은 '변호인이 되려는 자'에게 보장된 접견교통권의 행사범위 내에서 이루어진 것이고, 이 사건 검사의 접견불허행위는 헌법이나 법률의 근거 없이 이를 제한한 것이므로 청구인의 접견교통권을 침해하였다고 할 것이다.

[3] 이 결정을 통하여 헌법재판소는 피의자 등이 가지는 '변호인이 되려는 자'의 조력을 받을 권리가 실질적으로 확보되기 위해서는 '변호인이 되려는 자'의 접견교통권 역시 헌법상 기본권으로서 보장되어야 하고, 그러한 전제에서 '변호인이 되려는 자'의 접견교통권 침해를 이유로 한 헌법소원심판청구는 적법한 청구로 인정되어야 한다는 점을 최초로 명확히 하였다.

---

01 '변호인이 되려는 자'의 접견교통권은 피체포자 등의 '변호인의 조력을 받을 권리'를 기본권으로 인정한 결과 발생하는 간접적이고 부수적인 효과로서 「형사소송법」 등 개별 법률을 통하여 구체적으로 형성된 법률상의 권리에 불과하다. 22 법원직 (O / X)

02 피의자가 가지는 '변호인이 되려는 자'의 조력을 받을 권리뿐 아니라 '변호인이 되려는 자'의 접견교통권 역시 헌법상 기본권으로서 보장되어야 한다. 20 입시 (O / X)

정답 01 X 02 O

072 변호인의 조력을 받을 권리의 내용 (헌재 2011.5.26. 2009헌마341 [기각])

[1] 헌법재판소가 91헌마111 결정에서 미결수용자와 변호인과의 접견에 대해 어떠한 명분으로도 제한할 수 없다고 한 것은 구속된 자와 변호인 간의 접견이 실제로 이루어지는 경우에 있어서의 '자유로운 접견', 즉 '대화 내용에 대하여 비밀이 완전히 보장되고 어떠한 제한, 영향, 압력 또는 부당한 간섭 없이 자유롭게 대화할 수 있는 접견'을 제한할 수 없다는 것이지, 변호인과의 접견 자체에 대해 아무런 제한도 가할 수 없다는 것을 의미하는 것이 아니므로 미결수용자의 변호인접견권 역시 국가안전보장·질서유지 또는 공공복리를 위해 필요한 경우에는 법률로써 제한될 수 있음은 당연하다. 01 02 03

- **Point** 미결수용자의 변호인접견권은 법률로써 제한 가능
- **Point** 보호영역 ┬ 접견시간, 장소: 제한 가능
  └ 변호인과의 대화 내용 녹음: 국가안전보장, 질서유지, 공공복리 등 어떠한 이유로도 제한 불가

[2] 형의 집행 및 수용자의 처우에 관한 법률 제84조 제2항에 의해 금지되는 접견시간 제한의 의미는 접견에 관한 일체의 시간적 제한이 금지된다는 것으로 볼 수는 없고, 수용자와 변호인의 접견이 현실적으로 실시되는 경우, 그 접견이 미결수용자와 변호인의 접견인 때에는 미결수용자의 방어권 행사로서의 중요성을 감안하여 자유롭고 충분한 변호인의 조력을 보장하기 위해 접견시간을 양적으로 제한하지 못한다는 의미로 이해하는 것이 타당하므로 형의 집행 및 수용자의 처우에 관한 법률 제84조 제2항에도 불구하고 같은 법 제41조 제4항의 위임에 따라 수용자의 접견이 이루어지는 일반적인 시간대를 대통령령으로 규정하는 것은 가능하다.

- **Point** 접견시간 제한 ➡ 접견시간을 양적으로 제한하지 못한다는 의미

[3] 변호인의 조력을 받을 권리를 보장하는 목적은 피의자 또는 피고인의 방어권 행사를 보장하기 위한 것이므로 미결수용자 또는 변호인이 원하는 특정한 시점에 접견이 이루어지지 못하였다 하더라도 그것만으로 곧바로 변호인의 조력을 받을 권리가 침해되었다고 단정할 수는 없는 것이고, 04 변호인의 조력을 받을 권리가 침해되었다고 하기 위해서는 접견이 불허된 특정한 시점을 전후한 수사 또는 재판의 진행 경과에 비추어 보아 그 시점에 접견이 불허됨으로써 피의자 또는 피고인의 방어권 행사에 어느 정도는 불이익이 초래되었다고 인정할 수 있어야만 한다.

- **Point** 미결수용자 또는 변호인이 원하는 특정한 시점에 접견이 이루어지지 못한 경우: 변호인의 조력을 받을 권리 침해 X

---

01 체포 또는 구속된 자와 변호인 등 간의 접견이 실제로 이루어지는 경우에 있어서의 '자유로운 접견'은 어떠한 명분으로도 제한될 수 없는 성질의 것이므로 변호인 등과의 접견 자체에 대하여 아무런 제한도 가할 수 없다는 것을 의미한다. 22 국가7급
(O / X)

02 변호인의 조력을 받을 권리의 내용 중 하나인 미결수용자의 변호인접견권은 어떠한 경우에도 제한될 수 없다. 13 국회9급
(O / X)

03 변호인의 접견교통권은 신체 구속을 당한 피고인이나 피의자의 인권 보장과 방어준비를 위하여 필수불가결한 권리이므로 법원의 결정으로도 제한할 수 없다. 13 국회9급
(O / X)

04 미결수용자가 변호인의 조력을 받을 기회가 충분히 보장되었다고 인정될 수 있는 경우라도, 미결수용자 또는 그 상대방인 변호인이 원하는 특정 시점에 접견이 이루어지지 못한 경우에는 변호인의 조력을 받을 권리가 침해된 것이다. 14 법원직
(O / X)

정답 01 X 02 X 03 O 04 X

073 피의자신문에 참여한 변호인에 대한 후방착석요구행위 등 위헌확인 사건 (헌재 2017.11.30. 2016헌마503 [인용(위헌확인), 각하])

검찰수사관인 피청구인이 피의자신문에 참여한 변호인인 청구인에게 피의자 후방에 앉으라고 요구한 행위(이하 '이 사건 후방착석요구행위'라 한다)는 변호인인 청구인의 변호권을 침해한다.

[1] 이 사건 후방착석요구행위는 권력적 사실행위로서 헌법소원의 대상이 되는 공권력의 행사에 해당한다. 한편, 피청구인이 청구인에게 변호인 참여신청서의 작성을 요구한 행위는 비권력적 사실행위로서 헌법소원의 대상이 되는 공권력의 행사가 아니다.

[Point] · 후방착석요구행위: 공권력 행사
· 변호인 참여신청서 작성요구: 공권력 행사 X

[2] 변호인의 피의자신문 참여 운영지침 제5조 제1항은 헌법소원의 대상이 되는 공권력의 행사가 아니다.

[3] 이 사건 후방착석요구행위에 대하여 형사소송법 제417조의 준항고로 다툴 수 있는지 여부가 불명확하므로, 보충성원칙의 예외가 인정된다. 이 사건 후방착석요구행위는 종료되었으나, 수사기관이 이 사건 지침에 근거하여 후방착석요구행위를 반복할 위험성이 있고, 변호인의 피의자신문 참여권의 헌법적 성격과 범위를 확인하고 이를 제한하는 행위의 한계를 확정짓는 것은 헌법적 해명이 필요한 문제에 해당하므로, 심판이익을 인정할 수 있다.

[Point] 후방착석요구행위 ─ 보충성원칙의 예외 인정
              └ 심판이익 인정

[4] 변호인의 피의자 및 피고인을 조력할 권리 중 그것이 보장되지 않으면 그들이 변호인의 조력을 받는다는 것이 유명무실하게 되는 핵심적인 부분은 헌법상 기본권으로서 보호되어야 한다. 형사절차에서 피의자신문의 중요성을 고려할 때, 변호인이 피의자신문에 자유롭게 참여할 수 있는 권리는 헌법상 기본권인 변호인의 변호권으로서 보호되어야 한다. 피의자신문시 변호인이 피의자의 옆에서 조력하는 것은 변호인의 피의자신문 참여권의 주요 부분이므로, 수사기관이 피의자신문에 참여한 변호인에 대하여 후방착석을 요구하는 행위는 변호인의 피의자신문 참여를 제한함으로써 헌법상 기본권인 변호인의 변호권을 제한한다.

[Point] 변호인의 변호권 제한

[5] 피의자신문에 참여한 변호인이 피의자 옆에 앉는다고 하여 피의자 뒤에 앉는 경우보다 수사를 방해할 가능성이 높아진다거나 수사기밀을 유출할 가능성이 높아진다고 볼 수 없으므로, 이 사건 후방착석요구행위의 목적의 정당성과 수단의 적절성을 인정할 수 없다.[01] 이 사건 후방착석요구행위로 인하여 위축된 피의자가 변호인에게 적극적으로 조언과 상담을 요청할 것을 기대하기 어렵고, 변호인이 피의자의 뒤에 앉게 되면 피의자의 상태를 즉각적으로 파악하거나 수사기관이 피의자에게 제시한 서류 등의 내용을 정확하게 파악하기 어려우므로, 이 사건 후방착석요구행위는 변호인인 청구인의 피의자신문참여권을 과도하게 제한한다. 그런데 이 사건에서 변호인의 수사방해나 수사기밀의 유출에 대한 우려가 없고, 조사실의 장소적 제약 등과 같이 이 사건 후방착석요구행위를 정당화할 그 외의 특별한 사정도 발견되지 아니하므로, 이 사건 후방착석요구행위는 침해의 최소성요건을 충족하지 못한다.[02]

[Point] 이 사건 후방착성요구행위는 기본권을 침해함. ─ 목적의 정당성과 수단의 적절성: 인정 X
                                                └ 기본권 침해의 최소성요건: 충족 X

[6] 청구인이 변호인접견신청서를 제출하라는 말을 듣고 피의자에게 다음 날 구치소로 찾아가겠다고 말한 당시의 정황을 고려하면, 청구인이 스스로 접견을 하지 않기로 결정한 것이지 피청구인의 접견불허행위가 있었다고 보기 어려우므로, 이 사건 접견불허행위에 대하여 공권력의 행사가 존재한다고 할 수 없다. 따라서 이 부분 심판청구는 부적법하다.

[Point] 이 사건 접견불허행위: 공권력 행사 X ➡ 심판청구 부적법

---

[01] 수사기관이 피의자신문에 참여한 변호인에 대하여 후방착석을 요구한 행위는 목적의 정당성과 수단의 적절성이 인정되어 변호인의 변호권을 제한하지 않는다. 20 법원직
(O / X)

[02] 변호인이 피의자신문에 자유롭게 참여할 수 있는 권리는 피의자가 가지는 변호인의 조력을 받을 권리를 실현하는 수단이라고 할 수 있어 헌법상 기본권인 변호인의 변호권으로 보호되어야 하므로, 피의자신문시 변호인에 대한 수사기관의 후방착석요구행위는 헌법상 기본권인 변호인의 변호권을 침해한다. 19 변호사
(O / X)

정답 01 X 02 O

074 도시 및 주거환경정비법 제85조 제5호 등 위헌소원 사건 (헌재 2014.5.29. 2012헌바390 등 【합헌】)

행위 당시의 판례에 의하면 처벌대상이 되지 아니하는 것으로 해석되었던 행위를 판례의 변경에 따라 확인된 내용의 형법 조항에 근거하여 처벌한다고 하여 그것이 형벌불소급원칙에 위반된다고 할 수 없다.[01]

형사처벌의 근거가 되는 것은 법률이지 판례가 아니고, 형법 조항에 관한 판례의 변경은 그 법률조항의 내용을 확인하는 것에 지나지 아니하여 이로써 그 법률조항 자체가 변경된 것으로 볼 수 없기 때문이다.

[01] 행위 당시의 판례에 의하면 처벌대상이 되지 아니하는 것으로 해석되었던 행위를 판례의 변경에 따라 확인된 내용의 형법조항에 근거하여 처벌한다고 하여 그것이 형벌불소급원칙에 위반된다고 할 수 없다. 17 국가7급, 17 법원직
(O / X)

정답 01 O

075 보안관찰처분대상자에 대한 신고의무 부과 사건 (헌재 2021.6.24. 2017헌바479 【헌법불합치, 합헌】) ★★★

[1] 보안관찰처분대상자가 교도소 등에서 출소한 후 7일 이내에 출소사실을 신고하도록 정한 구 보안관찰법 제6조 제1항 전문 중 출소 후 신고의무에 관한 부분 및 이를 위반할 경우 처벌하도록 정한 보안관찰법 제27조 제2항 중 구 보안관찰법 제6조 제1항 전문 가운데 출소 후 신고의무에 관한 부분은 헌법에 위반되지 않는다.[01]

[2] 보안관찰처분대상자가 교도소 등에서 출소한 후 기존에 보안관찰법 제6조 제1항에 따라 신고한 거주예정지 등 정보에 변동이 생길 때마다 7일 이내에 이를 신고하도록 정한 보안관찰법 제6조 제2항 전문 및 이를 위반할 경우 처벌하도록 정한 보안관찰법 제27조 제2항 중 제6조 제2항 전문에 관한 부분은 과잉금지원칙을 위반하여 청구인의 사생활의 비밀과 자유 및 개인정보자기결정권을 침해한다.[02]

[01] 보안관찰처분대상자가 교도소 등에서 출소한 후 7일 이내에 출소사실을 신고하도록 하고 이를 위반할 경우 처벌하도록 정한 법률조항은 보다 완화된 방법으로도 입법목적을 충분히 달성할 수 있다는 점에서 과잉금지원칙에 반하여 그 대상자의 개인정보자기결정권을 침해하는 것이다. 22 국회8급
(O / X)

[02] 보안관찰처분대상자가 교도소 등에서 출소한 후 기존에 신고한 거주예정지 등 정보에 변동이 생길 때마다 7일 이내에 이를 신고하도록 정한 법률조항은 대상자에게 보안관찰처분의 개시 여부를 결정하기 위함이라는 공익을 위하여 지나치게 장기간 형사처벌의 부담이 있는 신고의무를 지도록 하므로, 이는 과잉금지원칙을 위반하여 대상자의 개인정보자기결정권을 침해한다. 22 국회8급
(O / X)

정답 01 X 02 O

076 법원에서 불처분결정된 소년부송치 사건에 대한 수사경력자료의 보존기간 및 삭제에 관하여 규정하지 않은 형의 실효 등에 관한 법률 조항에 관한 위헌제청 사건 (헌재 2021.6.24. 2018헌가2 【헌법불합치】)

소년에 대한 수사경력자료의 보존기간과 삭제에 대하여 규정하면서, 법원에서 불처분결정된 소년부송치 사건에 대하여는 규정하지 않은 구 형의 실효 등에 관한 법률 제8조의2 제1항·제3항 및 현행 형의 실효 등에 관한 법률 제8조의2 제1항·제3항은 과잉금지원칙에 위반하여 당사자의 개인정보자기결정권을 침해한다. 01 02

소년부송치 후 불처분결정을 받은 자

01 소년에 대한 수사경력자료의 삭제와 보존기간에 대하여 규정하면서 법원에서 불처분결정된 소년부송치 사건에 대하여 규정하지 않은 것은 과잉금지원칙을 위반하여 소년부송치 후 불처분결정을 받은 자의 개인정보자기결정권을 침해한다. 22 국회8급 (O / X)

02 구 「형의 실효 등에 관한 법률」의 해당 조항이 법원에서 불처분결정된 소년부송치 사건에 대한 수사경력자료의 삭제 및 보존기간에 대하여 규정하지 아니하여 수사경력자료에 기록된 개인정보가 당사자의 사망시까지 보존되면서 이용되는 것은 당사자의 개인정보자기결정권에 대한 제한에 해당한다. 21 국가7급 (O / X)

정답 01 O 02 O

---

077 가족관계의 등록 등에 관한 법률 제14조 제1항 본문 부진정입법부작위 위헌확인 사건 (헌재 2020.8.28. 2018헌마927 【헌법불합치】)

'직계혈족'에게 가족관계증명서 및 기본증명서의 교부청구권을 부여하는 '가족관계의 등록 등에 관한 법률' 조항은 가정폭력 피해자의 개인정보가 가정폭력 가해자인 전 배우자에게 무단으로 유출될 수 있는 가능성을 열어놓고 있으므로 가정폭력 피해자의 개인정보자기결정권을 침해한다. 01 02

[Point] · 형제자매에게 가족관계등록부를 뗄 수 있게 하는 것 【위헌】
· 가정폭력 피해자의 경우, 가해자인 직계혈족에게 가족관계등록부를 뗄 수 있게 하는 것 【위헌】

01 가정폭력 가해자에 대하여 별도의 제한 없이 직계혈족이기만 하면 사실상 자유롭게 그 자녀의 가족관계증명서와 기본증명서를 발급받을 수 있도록 함으로써, 가정폭력 피해자의 개인정보가 자녀의 가족관계증명서 등을 통하여 가정폭력 가해자인 전 배우자에게 무단으로 유출될 수 있는 가능성을 열어놓고 있는 「가족관계의 등록 등에 관한 법률」조항은 과잉금지원칙을 위반하여 가정폭력 피해자의 개인정보자기결정권을 침해한다. 21 입시 (O / X)

02 직계혈족이기만 하면 아무런 제한 없이 자녀의 가족관계증명서 및 기본증명서의 교부를 청구하여 발급받을 수 있도록 규정한 「가족관계의 등록 등에 관한 법률」 제15조 제1항은 과잉금지원칙을 위반하여 자녀의 개인정보자기결정권을 침해한다. 21 법무사 (O / X)

정답 01 O 02 O

078 공개된 개인정보를 수집하여 제3자에게 제공한 행위에 대하여 개인정보자기결정권의 침해를 이유로 위자료를 구하는 사건

(대판 2016.8.17. 2014다235080)

법률정보 제공 사이트를 운영하는 회사가 공립대학교 법학과 교수의 사진, 성명, 성별, 출생연도, 직업, 직장, 학력, 경력 등 개인정보를 위 법학과 홈페이지 등을 통해 수집하여 위 사이트 내 '법조인' 항목에서 유료로 제공한 경우, 위 회사가 영리목적으로 개인정보를 수집하여 제3자에게 제공하였더라도 그에 의하여 얻을 수 있는 법적 이익이 정보처리를 막음으로써 얻을 수 있는 정보주체의 인격적 법익에 비하여 우월하므로, 개인정보자기결정권을 침해하는 위법한 행위로 평가할 수 없다. 01

법률소비자의 선택의 자료를 제공하기 위한 공익을 고려한 판례로 보임.

01 법률정보 제공 사이트를 운영하는 회사가 공립대학교 법학과 교수의 사진, 성명, 성별, 출생 연도, 직업, 직장, 학력, 경력 등 개인정보를 위 법학과 홈페이지 등을 통해 수집하여 위 사이트 내 '법조인' 항목에서 유료로 제공한 경우, 위 회사가 영리목적으로 개인정보를 수집하여 제3자에게 제공하였더라도 그에 의하여 얻을 수 있는 법적 이익이 정보처리를 막음으로써 얻을 수 있는 정보주체의 인격적 법익에 비하여 우월하므로, 개인정보자기결정권을 침해하는 위법한 행위로 평가할 수 없다. 21 법무사
(O / X)

정답 01 O

079 인터넷회선 감청 위헌확인 사건 (헌재 2018.8.30. 2016헌마263【헌법불합치(잠정적용)】)

≠ 압수수색

통신비밀보호법 제5조 제2항 중 인터넷회선 감청[인터넷 통신망에서 정보 전송을 위해 쪼개어진 단위인 전기신호 형태의 '패킷'(packet)을 수사기관이 중간에 확보하여 그 내용을 지득하는 이른바 '패킷감청'에 관한 부분은 집행단계 이후 객관적 통제수단이 제대로 마련되어 있지 않아 청구인의 통신 및 사생활의 비밀과 자유를 침해한다. 01 02 03

01 「통신비밀보호법」 조항 중 '인터넷회선을 통하여 송·수신하는 전기통신'에 관한 부분은 인터넷회선 감청의 특성을 고려하여 그 집행단계나 집행 이후에 수사기관의 권한남용을 통제하고 관련 기본권의 침해를 최소화하기 위한 제도적 조치가 제대로 마련되어 있지 않은 상태에서, 범죄수사목적을 이유로 인터넷회선 감청을 통신제한조치 허가대상 중 하나로 정하고 있으므로 청구인의 기본권을 침해한다. 22 경찰1차
(O / X)

02 수사기관의 인터넷회선 감청을 다른 감청과 달리 별도의 제한절차 없이 허용하는 것은 오늘날 정보화 사회에서 날로 지능화되는 범죄수사를 위해 불가피하므로 헌법에 위반된다고 할 수 없다. 22 입시
(O / X)

03 「통신비밀보호법」 제5조 제2항 중 인터넷회선 감청[인터넷 통신망에서 정보 전송을 위해 쪼개어진 단위인 전기신호 형태의 '패킷'(packet)을 수사기관이 중간에 확보하여 그 내용을 지득하는 이른바 '패킷감청'에 관한 부분은 언론의 자유를 침해한다. 19 국가7급
(O / X)

정답 01 O 02 X 03 X

080 국민건강보험공단의 서울용산경찰서장에 대한 요양급여내역 제공행위 위헌확인 사건 (헌재 2018.8.30. 2014헌마368 【인용(위헌확인)】) 다수 출제

국민건강보험공단이 2013.12.20. 서울용산경찰서장에게 청구인들의 요양급여내역을 제공한 행위는 청구인들의 개인정보자기결정권을 침해한 것으로 위헌임을 확인한다.

[1] 이 사건 사실조회행위는 강제력이 개입되지 아니한 임의수사에 해당하므로, 이에 응하여 이루어진 이 사건 정보제공행위에도 영장주의가 적용되지 않는다.[01] 그러므로 이 사건 정보제공행위는 영장주의원칙에 위배되지 않는다.

[2] 이 사건 정보제공행위는 목적의 정당성과 수단의 적합성이 인정된다. 또한 요양급여정보 요청일 또는 제공일에 근접한 요양급여정보를 제외한 2년 또는 3년 동안의 요양급여정보는 청구인들의 소재 파악에 거의 도움이 되지 않는 정보이다. 결국 이 사건 정보제공행위는 과잉금지원칙에 위배되어 청구인들의 개인정보자기결정권을 침해한다.[02]

Point 침해의 최소성 및 법익의 균형성에 위배되어 개인정보자기결정권 침해

[01] 수사기관이 공사단체 등에 범죄수사에 관련된 사실을 조회하는 행위는 강제력이 개입되지 아니한 임의수사에 해당하므로, 이에 응하여 이루어진 국민건강보험공단의 개인정보제공행위에는 영장주의가 적용되지 않는다. 20 변호사 (O / X)

[02] 국민건강보험공단이 피의자의 급여일자와 요양기관명에 관한 정보를 수사기관에 제공하는 것은 해당 정보가 개인의 건강에 관한 것이기는 하나, 개인의 건강상태에 관한 막연하고 추상적인 정보에 불과하여 보호의 필요성이 높지 않을 뿐만 아니라, 검거목적에 필요한 최소한의 정보를 제공한 것으로서 그의 개인정보자기결정권을 침해하지 아니한다. 19 5급행시 (O / X)

정답 01 O 02 X

---

081 카메라 등 이용 촬영범죄자 신상정보 등록 사건 (헌재 2015.7.30. 2014헌마340 등 【헌법불합치, 기각】)

[1] 성폭력범죄의 처벌 등에 관한 특례법 위반(카메라등이용촬영, 카메라등이용촬영미수)죄로 유죄판결이 확정된 자는 신상정보 등록대상자가 되도록 규정한 성폭력범죄의 처벌 등에 관한 특례법 규정은 개인정보자기결정권을 침해하지 않는다.

신상정보 등록대상자가 된다고 하여 그 자체로 사회 복귀가 저해되거나 전과자라는 사회적 낙인이 찍히는 것은 아니므로 침해되는 사익은 크지 않은 반면, 이 사건 등록조항을 통해 달성되는 공익은 매우 중요하다. 따라서 이 사건 등록조항은 개인정보자기결정권을 침해하지 않는다.[01]

Point 신상정보 등록조항: 개인정보자기결정권 침해 X

[2] 법무부장관은 등록정보를 최초 등록일부터 20년간 보존·관리하여야 한다고 규정한 성폭력범죄의 처벌 등에 관한 특례법 제45조 제1항은 개인정보자기결정권을 침해한다. 【헌법불합치(잠정적용)】

이 사건 관리조항은 모든 등록대상 성범죄자에 대하여 일률적으로 20년의 등록기간을 적용하고 있으며, 이 사건 관리조항에 따라 등록기간이 정해지고 나면, 등록의무를 면하거나 등록기간을 단축하기 위해 심사를 받을 수 있는 여지도 없으므로 지나치게 가혹하다. 그리고 이 사건 관리조항이 추구하는 공익이 중요하더라도, 모든 등록대상자에게 20년 동안 신상정보를 등록하게 하고 위 기간 동안 각종 의무를 부과하는 것은 비교적 경미한 등록대상 성범죄를 저지르고 재범의 위험성도 많지 않은 자들에 대해서는 달성되는 공익과 침해되는 사익 사이의 불균형이 발생할 수 있으므로 이 사건 관리조항은 개인정보자기결정권을 침해한다.[02]

Point 등록정보의 보존·관리조항: 개인정보자기결정권 침해

[3] 이때 신상정보 등록대상자에게 1년마다 새로운 사진을 제출하게 하는 것은 헌법에 위반되지 않는다.

[01] 「성폭력범죄의 처벌 등에 관한 특례법」 위반(카메라등이용촬영, 카메라등이용촬영미수)죄로 유죄판결이 확정된 자를 신상정보 등록대상자가 되도록 규정한 심판대상조항은 개인정보자기결정권을 침해한다. 16 국회8급 (O / X)

[02] 범죄의 경중·재범의 위험성 여부를 불문하고 모든 신상정보 등록대상자의 등록정보를 20년 동안 보존·관리하도록 한 「성폭력범죄의 처벌 등에 관한 특례법」 관련 규정은 신상정보 등록대상자의 개인정보자기결정권을 침해한다. 18 법원직, 15 국가7급 (O / X)

[03] 통신매체이용음란죄[비교적 경미한 범죄인 스마트폰을 이용하여 성적 수치심을 일으키는 글을 피해자(여, 14세)에게 도달하게 하였다는 범죄사실]로 유죄판결이 확정된 자는 신상정보 등록대상자가 된다고 규정한 「성폭력범죄의 처벌 등에 관한 특례법」 부분은 청구인의 개인정보자기결정권을 침해하여 헌법에 위반된다. 18 지방7급, 18 국회8급 (O / X)

정답 01 X 02 O 03 O

082 수용자가 작성한 집필문의 외부반출금지 및 영치에 관한 사건 (헌재 2016.5.26. 2013헌바98 【합헌】)

청구인은 살인죄로 사형을 선고받고 그 판결이 확정되어 현재 부산구치소에 수용 중인데, '어느 사형수의 독백'이라는 제목의 소설집필문을 작성한 뒤 부산구치소장에게 이를 외부 출판사로 발송해 줄 것을 의뢰하였으나, 부산구치소장이 이 사건 집필문의 내용이 형의 집행 및 수용자의 처우에 관한 법률 제43조 제5항 제4호 내지 제7호에 해당한다는 이유로 발송을 불허하기로 결정하고 이를 영치한 행위는 헌법에 위반되지 아니한다.

[1] 우려가 있는 때(시설의 안전 또는 질서를 해칠 우려가 있는 때)

장래의 가능성과 관련하여 일정 부분 가치개념을 포함한 다소 포괄적이고 추상적인 용어이다. … 이를 구체적으로 법문에서 규정하지 않고 '우려가 있는 때'라는 어느 정도 포괄적이고 추상적인 개념을 사용하였다고 해서 이를 명확성원칙에 위배된다고 할 것은 아니다.

[Point] 우려가 있는 때: 명확성원칙 위배 X

[2] 청구인은 심판대상조항에 의해 표현의 자유 또는 예술창작의 자유가 제한된다고 주장하나, 심판대상조항은 집필문을 창작하거나 표현하는 것을 금지하거나 이에 대한 허가를 요구하는 조항이 아니라 이미 표현된 집필문을 외부의 특정한 상대방에게 발송할 수 있는지 여부에 대해 규율하는 것이므로, 제한되는 기본권은 헌법 제18조에서 정하고 있는 통신의 자유로 봄이 상당하다. 01 02 03 04 따라서 심판대상조항이 사전검열에 해당한다는 청구인의 주장에 대해서는 판단하지 아니하고, 통신의 자유 침해 여부에 대해서만 판단하기로 한다.

[Point]
- 표현의 자유 제한 X
- 통신의 자유 제한 O ➡ 침해 X

---

01 수용자가 집필한 문서의 내용이 타인의 사생활의 비밀 또는 자유를 침해하는 등 우려가 있는 때 교정시설의 장이 문서의 외부반출을 금지할 수 있도록 한 것은 이미 표현된 집필문을 외부의 특정한 상대방에게 발송할 수 있는지 여부에 대해 규율하는 것이므로, 이에 의해 제한되는 기본권은 통신의 자유로 보아야 한다. 22 국회8급 (O / X)

02 수용자가 집필한 문서의 내용이 사생활의 비밀 또는 자유를 침해하는 등 우려가 있는 때 교정시설의 장이 문서의 외부반출을 금지하도록 규정한 법률조항은 집필문을 창작하거나 표현하는 것을 금지하거나 이에 대한 허가를 요구하는 조항이므로, 제한되는 기본권은 통신의 자유가 아니라 표현의 자유로 보아야 한다. 22 서울·지방7급 (O / X)

03 금치처분을 받은 자에 대한 집필 제한은 표현의 자유를 제한하는 것이며, 서신수수 제한은 통신의 자유에 대한 제한에 속한다. 18 변호사 (O / X)

04 수용자가 작성한 집필문의 외부반출을 불허하고 이를 영치할 수 있도록 한 것은 수용자의 통신의 자유와 표현의 자유를 제한한다. 16 국가7급 (O / X)

정답 01 O 02 X 03 O 04 X

---

083 민사집행법상 재산명시의무 위반자 감치제도 사건 (헌재 2014.9.25. 2013헌마11 【기각】)

재산목록을 제출하고 그 진실함을 법관 앞에서 선서하는 것은 개인의 인격형성에 관계되는 내심의 가치적·윤리적 판단에 해당하지 않아 양심의 자유의 보호대상이 아니고, 감치의 제재를 통해 이를 강제하는 것이 형사상 불이익한 진술을 강요하는 것이라고 할 수 없으므로, 심판대상조항은 청구인의 양심의 자유 및 진술거부권을 침해하지 아니한다.

084 양심적 병역거부 사건 (헌재 2018.6.28. 2011헌바379 등【헌법불합치, 합헌】) 다수 출제

병역의 종류에 양심적 병역거부자에 대한 대체복무제를 규정하지 아니한 병역법 제5조 제1항은 헌법에 합치되지 아니한다. 양심적 병역거부자의 처벌근거가 된 병역법 제88조 제1항 본문 제1호 및 제2호는 헌법에 위반되지 아니한다.

[1] 적법요건에 대한 판단

비군사적 성격을 갖는 복무도 입법자의 형성에 따라 병역의무의 내용에 포함될 수 있고, 대체복무제는 그 개념상 병역종류조항과 밀접한 관련을 갖는다. 따라서 청구인들은 입법자가 병역의 종류에 관하여 병역종류조항에 입법은 하였으나 그 내용이 대체복무제를 포함하지 아니하여 불충분하다는 부진정입법부작위를 다투는 것이라고 봄이 상당하다. 병역종류조항이 대체복무제를 포함하고 있지 않다는 이유로 위헌으로 결정된다면, 양심적 병역거부자의 형사사건을 담당하는 법원이 무죄를 선고할 가능성이 있으므로, 병역종류조항은 재판의 전제성이 인정된다.

[2] 본안 판단

가. '양심적' 병역거부라는 용어를 사용한다고 하여 병역의무 이행은 '비양심적'이 된다거나 병역을 이행하는 병역의무자들과 병역의무 이행이 국민의 숭고한 의무라고 생각하는 대다수 국민들이 '비양심적'인 사람들이 되는 것은 결코 아니다.

나. 병역거부는 부작위에 의한 양심실현의 자유를 주장하는 것이다.

다. 목적의 정당성 및 수단의 적합성이 인정된다.

라. 침해의 최소성원칙에 위배된다.

대체복무제를 도입하더라도 우리나라의 국방력에 의미 있는 수준의 영향을 미친다고 보기는 어렵다. 국가가 관리하는 객관적이고 공정한 사전심사절차와 엄격한 사후 관리절차를 갖추고, 현역복무와 대체복무 사이에 복무의 난이도나 기간과 관련하여 형평성을 확보해 현역복무를 회피할 요인을 제거한다면, 심사의 곤란성과 양심을 빙자한 병역기피자의 증가 문제를 해결할 수 있다. 따라서 대체복무제를 도입하면서도 병역의무의 형평을 유지하는 것은 충분히 가능하다. 양심적 병역거부자에 대한 대체복무제를 규정하지 아니한 병역종류조항은 과잉금지원칙에 위배하여 양심적 병역거부자의 양심의 자유를 침해한다. 01

Point 양심적 병역거부 처벌 ─ 양심적 병역거부자 형사처벌【합헌】 02 03
　　　　　　　　　　　　　　　└ 대체복무를 인정하지 않은 것【헌법불합치】

01 양심적 병역거부자에 대한 대체복무제를 규정하지 아니한 병역종류조항은 과잉금지원칙에 위배하여 양심적 병역거부자의 양심의 자유를 침해한다. 22 법원직 (O / X)

02 대체복무제를 도입함으로써 병역자원을 확보하고 병역부담의 형평을 기할 수 있음에도 불구하고, 양심적 병역거부자에 대한 처벌의 예외를 인정하지 않고 일률적으로 형벌을 부과하는 처벌조항은 양심적 병역거부자의 양심의 자유를 침해한다. 19 변호사 (O / X)

03 현역입영 또는 소집통지서를 받은 자가 정당한 사유 없이 입영하지 않거나 소집에 응하지 않은 경우를 처벌하는 구「병역법」처벌조항은 과잉금지원칙을 위배하여 양심적 병역거부자의 양심의 자유를 침해한다. 20 서울·지방7급 (O / X)

04 헌법상 양심의 자유에 의해 보호받는 '양심'으로 인정할 것인지의 판단은 그것이 깊고, 확고하며, 진실된 것인지 여부에 따르게 되므로, 양심적 병역거부를 주장하는 사람은 자신의 '양심'을 외부로 표명하여 증명할 최소한의 의무를 진다. 21 법원직 (O / X)

정답 01 O 02 X 03 X 04 O

085 자유권규약위원회의 견해(Views)에 따른 양심적 병역거부자 구제조치 입법부작위 사건 (헌재 2018.7.26. 2011헌마306 등【각하】)

양심적 병역거부를 이유로 유죄판결을 받은 청구인들의 개인 통보에 대하여 자유권규약위원회(Human Rights Committee)가 채택한 견해(Views)에 따른 전과기록 말소 및 충분한 보상 등 구제조치를 이행하는 법률을 제정할 입법의무가 피청구인인 대한민국 국회에게 발생하였다고 볼 수 없으므로, 01 그러한 법률을 제정하지 아니한 입법부작위의 위헌확인을 구하는 헌법소원심판청구는 부적법하다.

자유권규약의 조약상 기구인 자유권규약위원회의 견해는 규약을 해석함에 있어 중요한 참고기준이 되고, 규약 당사국은 그 견해를 존중하여야 한다. 특히 우리나라는 자유권규약을 비준함과 동시에, 자유권규약위원회의 개인 통보 접수·심리권한을 인정하는 내용의 선택의정서(Optional Protocol to the International Covenant on Civil and Political Rights)에 가입하였으므로, 대한민국 국민이 제기한 개인 통보에 대한 자유권규약위원회의 견해(Views)를 존중하고, 그 이행을 위하여 가능한 범위에서 충분한 노력을 기울여야 한다. 다만, 자유권규약위원회의 심리는 서면으로 비공개로 진행되는 점 등을 고려하면, 개인통보에 대한 자유권규약위원회의 견해(Views)에 사법적인 판결이나 결정과 같은 법적 구속력이 인정된다고 단정하기는 어렵다.

01 양심적 병역거부를 이유로 유죄판결을 받은 청구인들의 개인 통보에 대하여 자유권규약위원회(Human Rights Committee)가 채택한 견해(Views)에 따른 전과기록 말소 및 충분한 보상 등 구제조치를 이행하는 법률을 제정할 입법의무가 피청구인인 대한민국 국회에게 발생하였다고 볼 수 있다. 예상 (O / X)

정답 01 X

086 학교폭력 가해학생에 대한 서면사과 조치 등 사건 (헌재 2023.2.23. 2019헌바93 [합헌])

가해 학생에 대한 조치로 피해 학생에 대한 서면사과를 규정한 구 '학교폭력예방 및 대책에 관한 법률' 제17조 제1항 제1호는 가해 학생의 양심의 자유와 인격권을 침해하지 않는다.

087 준법서약제 등 위헌확인 (헌재 2002.4.25. 98헌마425 등 [기각]) 다수 출제

준법서약서제는 양심의 자유를 침해하지 아니한다.

[1] 내용상 단순히 국법질서나 헌법체제를 준수하겠다는 취지의 서약을 할 것을 요구하는 이 사건 준법서약은 국민이 부담하는 일반적 의무를 장래를 향하여 확인하는 것에 불과하며, 어떠한 가정적 혹은 실제적 상황하에서 특정의 사유(思惟)를 하거나 특별한 행동을 할 것을 새로이 요구하는 것이 아니다. 따라서 이 사건 준법서약은 어떤 구체적이거나 적극적인 내용을 담지 않은 채 단순한 헌법적 의무의 확인·서약에 불과하다 할 것이어서 양심의 영역을 건드리는 것이 아니다. 01 02

[Point] 준법서약의 내용상 서약자의 양심의 영역 침범 X

[2] 양심의 자유는 내심에서 우러나오는 윤리적 확신과 이에 반하는 외부적 법질서의 요구가 서로 회피할 수 없는 상태로 충돌할 때에만 침해될 수 있다.03 그러므로 당해 실정법이 특정의 행위를 금지하거나 명령하는 것이 아니라 단지 특별한 혜택을 부여하거나 권고 내지 허용하고 있는 데에 불과하다면, 수범자는 수혜를 스스로 포기하거나 권고를 거부함으로써 법질서와 충돌하지 아니한 채 자신의 양심을 유지, 보존할 수 있으므로 양심의 자유에 대한 침해가 된다 할 수 없다. … 또한 가석방은 행형기관의 교정정책 혹은 형사정책적 판단에 따라 수형자에게 주는 은혜적 조치일 뿐이고 수형자에게 주어지는 권리가 아니어서 준법서약서의 제출을 거부하는 당해 수형자는 결국 위 규칙조항에 의하여 가석방의 혜택을 받을 수 없게 될 것이지만, 단지 그것뿐이며 더 이상 법적 지위가 불안해지거나 법적 상태가 악화되지 아니한다. 이와 같이 위 규칙조항은 내용상 당해 수형자에게 하등의 법적 의무를 부과하는 것이 아니며, 이행강제나 처벌 또는 법적 불이익의 부과 등 방법에 의하여 준법서약을 강제하고 있는 것이 아니므로 당해 수형자의 양심의 자유를 침해하는 것이 아니다.04

[Point] 준법서약의 강제방법상 서약자의 양심의 자유 침해 X

088 육군훈련소 내 종교행사 참석 강제 사건 (헌재 2022.11.24. 2019헌마941 [인용(위헌확인)])

피청구인 육군훈련소장이 2019.6.2. 청구인들에 대하여 육군훈련소 내 종교 시설에서 개최되는 개신교, 불교, 천주교, 원불교 종교행사 중 하나에 참석하도록 한 행위는 청구인들의 종교의 자유를 침해한다.

이 사건 종교행사 참석조치는 국가의 종교에 대한 중립성을 위반하고, 국가와 종교의 밀접한 결합을 초래하여 정교분리원칙에 위배된다. 이 사건 종교행사 참석조치는 과잉금지원칙에 위배되어 청구인들의 종교의 자유를 침해한다.

089 정치자금법상 회계보고된 자료의 열람기간에 관한 사건 (헌재 2021.5.27. 2018헌마1168 [위헌])

정치자금법상 회계보고된 자료의 열람기간을 3월간으로 정한 정치자금법 제42조 제2항 본문 중 '3월간' 부분은 알 권리를 침해하여 헌법에 위반된다.

---

01 헌법재판소는 '준법서약서'를 양심의 자유 문제로 보지 않았다. 13 국회9급 (O / X)

02 헌법 제19조에서 보호하는 양심은 개인의 구체적인 양심을 말하며, 막연하고 추상적인 양심을 말하는 것이 아니다. 11 법원직 (O / X)

03 양심의 자유는 내심에서 우러나오는 윤리적 확신과 이에 반하는 외부적 법질서의 요구가 서로 회피할 수 없는 상태로 충돌할 때에만 침해될 수 있다. 20 5급행시 (O / X)

04 가석방신청자에 대해 가석방심사위원회가 준법서약서의 제출을 요구한 것은 양심의 자유 침해이다. 11 국가급 (O / X)

정답 01 O 02 O 03 O 04 X

090 정보위원회 회의를 비공개하도록 규정한 국회법 조항에 관한 사건 (헌재 2022.1.27. 2018헌마1162 등 [위헌]) ★★★

정보위원회 회의는 공개하지 아니한다고 정하고 있는 국회법 제54조의2 제1항 본문은 청구인의 알 권리를 침해한다. ⁰¹

헌법상 의사공개원칙은 모든 국회의 회의를 항상 공개하여야 하는 것은 아니나 이를 공개하지 아니할 경우에는 헌법에서 정하고 있는 일정한 요건을 갖추어야 한다. 또한 헌법 제50조 제1항 단서가 정하고 있는 회의의 비공개를 위한 절차나 사유는 그 문언이 매우 구체적이어서, 이에 대한 예외도 엄격하게 인정되어야 한다. 따라서 헌법 제50조 제1항으로부터 일체의 공개를 불허하는 절대적인 비공개가 허용된다고 볼 수는 없는바, 특정한 내용의 국회의 회의나 특정 위원회의 회의를 일률적으로 비공개한다고 정하면서 공개의 여지를 차단하는 것은 헌법 제50조 제1항에 부합하지 아니한다. ⁰²

[Point] 의사공개원칙에 위배되어 위헌

---

01 국회 정보위원회의 모든 회의는 실질적으로 국가기밀에 관한 사항과 직·간접적으로 관련되어 있으므로 국가안전보장을 위하여 회의 일체를 비공개로 하더라도 정보취득의 제한을 이유로 알 권리에 대한 침해로 볼 수는 없다. 22 서울·지방7급 (O / X)

02 국회 정보위원회 회의는 국가기밀에 관한 사항과 직·간접적으로 관련되어 있으므로 이를 공개하지 않도록 하고 있는 「국회법」 조항은 의사공개의 원칙에 반하지 않는다. 22 법원직 (O / X)

[정답] 01 X 02 X

---

091 국민의 알 권리 (헌재 2009.9.24. 2007헌바17 [합헌])

[1] 국민은 헌법상 보장된 알 권리의 한 내용으로서 국회에 대하여 입법과정의 공개를 요구할 권리를 가지며, 국회의 의사에 대하여는 직접적인 이해관계 유무와 상관없이 일반적 정보공개청구권을 가진다고 할 수 있다. ^{01 02}

[Point] 국민의 직접적인 이해관계 유무와 상관없이 일반적 정보공개청구권을 가짐.

[2] 국회사무총장이 회의별 참석자 명단은 공개하였으나, 회의별 참석자의 발언 내용 및 결정 내용에 대하여 찬성 또는 반대한 위원의 명단은 국회법 제57조 제5항 단서 및 공공기관의 정보공개에 관한 법률 제9조 제1항에 따라 비공개한다는 결정을 한 것은 알 권리를 침해하지 않는다.

---

01 헌법 제50조 제1항의 취지를 고려하면, 국민은 헌법상 보장된 알 권리의 한 내용으로서 국회에 대하여 입법과정의 공개를 요구할 권리를 가지나, 국회의 의사에 대하여는 직접적인 이해관계 유무와 상관없이 일반적 정보공개청구권을 가지는 것은 아니다. 17 서울7급 (O / X)

02 국민은 헌법상 보장된 알 권리의 한 내용으로서 국회에 대하여 입법과정의 공개를 요구할 권리를 가지며, 국회의 의사에 대하여는 직접적인 이해관계 유무와 상관없이 일반적 정보공개청구권을 가진다고 할 수 있다. 22 국가7급, 22 서울·지방7급 (O / X)

03 알 권리는 공공기관의 정보에 대한 공개청구권을 의미하는 경우에는 청구권적 성격을 지니지만, 일반적으로 접근할 수 있는 정보원으로부터 자유롭게 정보를 수집할 수 있는 권리를 의미하는 경우에는 자유권적 성격을 지닌다. 18 5급행시 (O / X)

04 알 권리가 일반 국민 누구나 국가에 대하여 보유·관리하고 있는 정보의 공개를 청구할 수 있는 권리를 의미하는 것은 아니다. 15 법원직 (O / X)

[정답] 01 X 02 O 03 O 04 X

092 변호사 광고에 관한 규정 제3조 제2항 등 위헌확인 (헌재 2022.5.26. 2021헌마619 【위헌, 기각】)

[1] 이 사건 규정 제4조 제14호 중 '협회의 유권해석에 반하는 내용의 광고' 부분, 제8조 제2항 제4호 중 '협회의 유권해석에 위반되는 행위를 목적 또는 수단으로 하여 행하는 경우' 부분(이하 '유권해석 위반 광고금지규정'이라 한다)은 법률유보원칙에 위반되어 청구인들의 표현의 자유, 직업의 자유를 침해한다.

[2] 이 사건 규정 제5조 제2항 제1호 중 '변호사 등과 소비자를 연결' 부분

위 규정들로 달성하고자 하는 변호사의 공공성이나 공정한 수임질서의 유지, 소비자 피해방지는 매우 중대한 데 반해, 법률상담 또는 사건 등의 연결이나 알선과 관련하여 경제적 대가를 지급하는 형태의 광고를 할 수 없게 됨으로써 침해되는 청구인들의 이익은 크다고 보기 어려우므로, 위 규정은 법익의 균형성도 갖추었다. 따라서 위 규정들은 과잉금지원칙에 위배되지 아니한다.

[3] 제8조 제2항 제2호(이하 '대가수수 직접 연결금지규정'이라 한다)의 규율대상 이 사건 규정 제5조 제2항 제1호 중 '변호사 등을 광고·홍보·소개하는 행위' 부분(이하 '대가수수 광고금지규정'이라 한다)은 과잉금지원칙에 위반되어 청구인들의 표현의 자유, 직업의 자유를 침해한다.

가. 유권해석 위반 광고금지규정은 변호사가 변협의 유권해석에 위반되는 광고를 할 수 없도록 금지하고 있다. 위 규정은 '협회의 유권해석에 위반되는'이라는 표지만을 두고 그에 따라 금지되는 광고의 내용 또는 방법 등을 한정하지 않고 있고, 이에 해당하는 내용이 무엇인지 변호사법이나 관련 회규를 살펴보더라도 알기 어렵다. 유권해석 위반 광고금지규정 위반이 징계사유가 될 수 있음을 고려하면 적어도 수범자인 변호사는 유권해석을 통해 금지될 수 있는 내용들의 대강을 알 수 있어야 함에도, 규율의 예측가능성이 현저히 떨어지고 법집행기관의 자의적인 해석을 배제할 수 없는 문제가 있다. 따라서 위 규정은 수권법률로부터 위임된 범위 내에서 명확하게 규율 범위를 정하고 있다고 보기 어려우므로, 법률유보원칙에 위반되어 청구인들의 표현의 자유, 직업의 자유를 침해한다.

나. 변호사광고에 대한 합리적 규제는 필요하지만, 광고표현이 지닌 기본권적 성질을 고려할 때 광고의 내용이나 방법적 측면에서 꼭 필요한 한계 외에는 폭넓게 광고를 허용하는 것이 바람직하다. 각종 매체를 통한 변호사 광고를 원칙적으로 허용하는 변호사법 제23조 제1항의 취지에 비추어 볼 때, 변호사등이 다양한 매체의 광고업자에게 광고비를 지급하고 광고하는 것은 허용된다고 할 것인데, 이러한 행위를 일률적으로 금지하는 위 규정은 수단의 적합성을 인정하기 어렵다.

093 인터넷언론사에 대해 선거일 전 90일부터 선거일까지 후보자 명의의 칼럼 등을 게재하는 보도를 제한하는 '인터넷선거보도 심의기준 등에 관한 규정' 조항에 관한 위헌소원 사건 (헌재 2019.11.28. 2016헌마90【위헌】)

인터넷언론사에 대해 선거일 전 90일부터 선거일까지 후보자 명의의 칼럼 등을 게재하는 것을 제한하는 구 '인터넷선거보도 심의기준 등에 관한 규정' 제8조 제2항 본문과 그 현행규정 제8조 제2항은 헌법에 위반된다.[01]

이 사건 시기제한조항의 입법목적은 인터넷 선거보도의 공정성과 선거의 공정성을 확보하려는 것이므로, 그 입법목적은 정당하다. 또한 이 사건 시기제한조항은 그 입법목적을 달성하기 위하여 적합한 수단이다. 그러나 침해의 최소성원칙에는 반한다.

---

[01] 인터넷언론사에 대하여 선거일 전 90일부터 선거일까지 후보자 명의의 칼럼이나 저술을 게재하는 보도를 제한하는 '인터넷선거보도 심의기준 등에 관한 규정' 조항은 후보자 명의로 칼럼을 게재하는 자의 표현의 자유를 침해한다. 21 법원직, 20 국회8급 (O / X)

정답 01 O

094 현수막, 그 밖의 광고물 설치·게시, 그 밖의 표시물 착용, 벽보 게시, 인쇄물 배부·게시, 확성장치사용을 금지하는 공직선거법 조항 사건 (헌재 2022.7.21. 2017헌바100 등 【헌법불합치, 합헌】)

[1] 공직선거법 제90조 제1항 제1호 중 '현수막, 그 밖의 광고물 설치·게시'에 관한 부분, 같은 항 제2호 중 '그 밖의 표시물 착용'에 관한 부분, 공직선거법 제256조 제3항 제1호 아목 중 '제90조 제1항 제1호의 현수막, 그 밖의 광고물 설치·게시, 같은 항 제2호의 그 밖의 표시물 착용'에 관한 부분, 공직선거법 제93조 제1항 본문 중 '벽보 게시, 인쇄물 배부·게시'에 관한 부분 및 제255조 제2항 제5호 중 '제93조 제1항 본문의 벽보 게시, 인쇄물 배부·게시'에 관한 부분은 <mark>모두 정치적 표현의 자유를 침해한다.</mark>

[2] 공직선거법 규정에 의한 공개장소에서의 연설·대담장소 또는 대담·토론회장에서 연설·대담·토론용으로 사용하는 경우를 제외하고는 선거운동을 위하여 확성장치를 사용할 수 없도록 하고, 이를 위반할 경우 처벌하도록 한 공직선거법 제91조 제1항 및 구 공직선거법 제255조 제2항 제4호 중 '제91조 제1항의 규정에 위반하여 확성장치를 사용하여 선거운동을 한 자' 부분은 헌법에 위반되지 않는다.

095 선거운동기간 중 인터넷게시판 실명확인 사건 (헌재 2021.1.28. 2018헌마456 등 【위헌】)

실명확인조항을 비롯하여, 행정안전부장관 및 신용정보업자는 실명인증자료를 관리하고 중앙선거관리위원회가 요구하는 경우 지체 없이 그 자료를 제출해야 하며, 실명확인을 위한 기술적 조치를 하지 아니하거나 실명인증의 표시가 없는 정보를 삭제하지 않는 경우 과태료를 부과하도록 정한 공직선거법 조항은 게시판 등 이용자의 익명표현의 자유 및 개인정보자기결정권과 인터넷언론사의 언론의 자유를 침해한다.

[1] 인터넷언론사는 선거운동기간 중 당해 홈페이지 게시판 등에 정당·후보자에 대한 지지·반대 등의 정보를 게시하는 경우 실명을 확인받는 기술적 조치를 하도록 정한 공직선거법 조항 중 '인터넷언론사' 및 '지지·반대' 부분은 명확성원칙에 위배되지 않는다. 01

[2] 심판대상조항의 입법목적은 정당이나 후보자에 대한 인신공격과 흑색선전으로 인한 사회경제적 손실과 부작용을 방지하고 선거의 공정성을 확보하기 위한 것이고, 익명표현이 허용될 경우 발생할 수 있는 부정적 효과를 막기 위하여 그 규제의 필요성을 인정할 수는 있다. 그러나 심판대상조항과 같이 인터넷홈페이지의 게시판 등에서 이루어지는 정치적 익명표현을 규제하는 것은 인터넷이 형성한 '사상의 자유시장'에서의 다양한 의견교환을 억제하고, 이로써 국민의 의사표현 자체가 위축될 수 있으며, 민주주의의 근간을 이루는 자유로운 여론형성이 방해될 수 있다. 선거운동기간 중 정치적 익명표현의 부정적 효과는 익명성 외에도 해당 익명표현의 내용과 함께 정치적 표현행위를 규제하는 관련 제도, 정치적·사회적 상황의 여러 조건들이 아울러 작용하여 발생하므로, 모든 익명표현을 사전적·포괄적으로 규율하는 것은 표현의 자유보다 행정편의와 단속편의를 우선함으로써 익명표현의 자유와 개인정보자기결정권 등을 지나치게 제한한다. 02 03 실명확인제가 표방하고 있는 선거의 공정성이라는 목적은 인터넷 이용자의 표현의 자유나 개인정보자기결정권을 제약하지 않는 다른 수단에 의해서도 충분히 달성할 수 있다. 공직선거법은 정보통신망을 이용한 선거운동 규제를 통하여 공직선거법에 위반되는 정보의 유통을 제한하고 있고, '정보통신망 이용촉진 및 정보보호 등에 관한 법률'상 사생활 침해나 명예훼손 등의 침해를 받은 사람에게 인정되는 삭제요청 등의 수단이나 임시조치 등이 활용될 수도 있으며, 인터넷 이용자의 표현의 자유나 개인정보자기결정권을 제약하지 않고도 허위정보로 인한 여론 왜곡을 방지하여 선거의 공정성을 확보하는 새로운 수단을 도입할 수도 있다.

---

01 인터넷언론사는 선거운동기간 중 당해 홈페이지 게시판 등에 정당·후보자에 대한 지지·반대 등의 정보를 게시하는 경우 실명을 확인받는 기술적 조치를 하도록 하는 조항에서 '인터넷언론사' 부분 및 정당 후보자에 대한 '지지·반대' 부분은 명확성원칙에 위배되지 않는다. 22 법원직
(O / X)

02 선거운동기간 중 모든 익명표현을 사전적·포괄적으로 규율하는 것은 표현의 자유보다 행정편의와 단속편의를 우선함으로써 익명표현의 자유와 개인정보자기결정권 등을 지나치게 제한한다. 21 국가7급
(O / X)

03 선거운동기간 중 당해 홈페이지 게시판 등에 정당·후보자에 대한 지지·반대 등의 정보를 게시하는 경우 인터넷언론사로 하여금 실명을 확인받는 기술적 조치를 하도록 하는 것은 게시판 등 이용자의 익명표현의 자유를 침해한다. 22 법원직
(O / X)

정답 01 O 02 O 03 O

096 공공기관 등 게시판 본인확인제 사건 (헌재 2022.12.22. 2019헌마654 [기각])

공공기관 등으로 하여금 정보통신망상에 게시판을 설치·운영하려면 게시판 이용자의 본인확인을 위한 방법 및 절차의 마련 등 대통령령으로 정하는 필요한 조치를 하도록 규정한 '정보통신망 이용촉진 및 정보보호 등에 관한 법률' 제44조의5 제1항 제1호에 대한 심판청구를 기각한다.

[1] 심판대상조항은 게시판 이용자로 하여금 게시판에 정보를 게시하려면 본인확인을 위한 정보를 제공하도록 함으로써 표현의 자유 중 게시판 이용자가 자신의 신원을 누구에게도 밝히지 않는다.

[2] 심판대상조항에 따른 본인확인조치의무는 그 적용범위가 공공기관 등이 설치·운영하는 게시판에 한정되어 있다. 심판대상조항이 규율하는 게시판은 그 성격상 대체로 공공성이 있는 사항이 논의되는 곳으로서 공공기관 등이 아닌 주체가 설치·운영하는 게시판에 비하여 통상 누구나 이용할 수 있는 공간이므로, 공동체 구성원으로서의 책임이 더욱 강하게 요구되는 곳이라고 할 수 있다.

097 문화예술계 블랙리스트의 작성 등과 지원사업 배제지시에 관한 위헌소원 사건 (헌재 2020.12.23. 2017헌마416 [인용(위헌확인)]) ✗✗✗ 다수 출제

피청구인 대통령의 지시로 피청구인 대통령 비서실장, 정무수석비서관, 교육문화수석비서관, 문화체육관광부장관이 야당 소속 후보를 지지하였거나 정부에 비판적 활동을 한 문화예술인이나 단체를 정부의 문화예술 지원사업에서 배제할 목적으로, 문화예술인 지원사업에서 배제하도록 한 일련의 지시행위는 위헌임을 확인한다.

[1] 이 사건 정보수집 등 행위에 대한 판단

가. 이 사건 정보수집 등 행위는 청구인 윤◆◆, 정◆◆이 과거 야당 후보를 지지하거나 세월호참사에 대한 정부의 대응을 비판한 의사표시에 관한 정보를 대상으로 한다. 이러한 정치적 견해는 개인의 인격주체성을 특징짓는 개인정보에 해당하고, 그것이 지지 선언 등의 형식으로 공개적으로 이루어진 것이라고 하더라도 여전히 개인정보자기결정권의 보호범위 내에 속한다.[01]

나. 정치적 표현의 자유는 민주적 의사형성의 본질적 요소이다. 정치적 표현의 자유를 최대한도로 보장하기 위해서는 정치적 견해를 표현한 내용에 관한 정보도 두텁게 보호되어야 한다. 국가가 개인의 정치적 견해에 관한 정보를 수집·보유·이용하는 등의 행위는 개인정보자기결정권에 대한 중대한 제한이 되므로 이를 위해서는 법령상의 명확한 근거가 필요하다.

다. 정부가 문화예술 지원사업에서 배제할 목적으로 문화예술인들의 정치적 견해에 관한 정보를 처리할 수 있도록 수권하는 법령상 근거가 존재하지 않으므로 이 사건 정보수집 등 행위는 법률유보원칙에 위반된다.

라. 이 사건 정보수집 등 행위는 청구인들의 정치적 견해를 확인하여 야당 후보자를 지지한 이력이 있거나 현 정부에 대한 비판적 의사를 표현한 자에 대한 문화예술 지원을 차단하는 위헌적인 지시를 실행하기 위한 것으로, 그 목적의 정당성도 인정할 여지가 없어 헌법상 허용될 수 없는 공권력 행사이다.

[2] 이 사건 지원배제지시에 대한 판단

집권세력의 정책 등에 대하여 정치적인 반대의사를 표시하는 것은 헌법이 보장하는 정치적 자유의 가장 핵심적인 부분이며, 화자의 특정 견해, 이념, 관점에 근거한 제한은 표현의 자유에 대한 제한 중에서도 가장 심각하고 해로운 제한이다. 그런데 이 사건 지원배제지시는 법적 근거가 없으며, 그 목적 또한 정부에 대한 비판적 견해를 가진 청구인들을 제재하기 위한 것으로 헌법의 근본원리인 국민주권주의와 자유민주적 기본질서에 반하므로, 청구인들의 표현의 자유를 침해한다.[02]

[3] 평등권 침해

헌법상 문화국가원리에 따라 정부는 문화의 다양성·자율성·창조성이 조화롭게 실현될 수 있도록 중립성을 지키면서 문화를 육성하여야 함에도, 청구인들의 정치적 견해를 기준으로 이들을 문화예술계 지원사업에서 배제되도록 한 것은 자의적인 차별행위로서 청구인들의 평등권을 침해한다.[03]

---

01 야당 소속 후보자 지지 혹은 정부 비판은 정치적 견해로서 개인의 인격주체성을 특징짓는 개인정보에 해당하지만, 그것이 지지 선언 등의 형식으로 공개적으로 이루어진 것이라면 개인정보자기결정권의 보호범위 내에 속하지 않는다. 21 국가7급 (O / X)

02 정부에 대한 반대 견해나 비판에 대하여 합리적인 홍보와 설득으로 대처하는 것이 아니라 비판적 견해를 가졌다는 이유만으로 국가의 지원에서 일방적으로 배제함으로써 정치적 표현의 자유를 제재하는 공권력의 행사는 헌법의 근본원리인 국민주권주의와 자유민주적 기본질서에 반하는 것으로 그 목적의 정당성을 인정할 수 없다. 22 5급행시 (O / X)

03 개인의 정치적 견해를 기준으로 청구인들을 문화예술계 정부지원사업에서 배제되도록 차별취급한 것은 헌법상 문화국가원리에 반하는 자의적인 것으로 정당화될 수 없다. 21 국가7급 (O / X)

정답 01 X 02 O 03 O

098 건강기능식품에 관한 법률상 기능성광고에 대한 사전심의조항 위헌소원 및 위헌제청 사건 (헌재 2018.6.28. 2016헌가8 등 [위헌])

사전심의를 받은 내용과 다른 내용의 건강기능식품 기능성광고를 금지하고 이를 위반한 경우 처벌하는 건강기능식품에 관한 법률 제18조 제1항 제6호 중 '제16조 제1항에 따라 심의받은 내용과 다른 내용의 광고' 부분 및 구 건강기능식품에 관한 법률 제44조 제4호 중 제18조 제1항 제6호 가운데 '제16조 제1항에 따라 심의받은 내용과 다른 내용의 광고를 한 자'에 관한 부분, 구 건강기능식품에 관한 법률 제32조 제1항 제3호 중 제18조 제1항 제6호 가운데 '제16조 제1항에 따라 심의받은 내용과 다른 내용의 광고를 한 자'에 관한 부분은 모두 헌법에 위반된다.

현행헌법상 사전검열은 표현의 자유 보호대상이면 예외 없이 금지된다. 건강기능식품의 기능성광고는 인체의 구조 및 기능에 대하여 보건용도에 유용한 효과를 준다는 기능성 등에 관한 정보를 널리 알려 해당 건강기능식품의 소비를 촉진시키기 위한 상업광고이지만, 헌법 제21조 제1항의 표현의 자유의 보호대상이 됨과 동시에 같은 조 제2항의 사전검열금지대상도 된다. 01 02 건강기능식품에 관한 법률상 기능성광고의 심의주체는 행정기관인 식약처장이며, 법상 언제든지 위탁을 철회하고 직접 심의업무를 담당할 수 있다. 심의기관의 장이 위원을 위촉하려면 식약처장의 승인을 받아야 하고, 식약처장이 일정한 경우 해당 위원을 해촉할 수도 있다. 그리고 위원의 수와 구성 비율, 위원의 자격과 임기, 위원장과 부위원장의 위촉방식 등 심의위원회의 구성에 관하여 총리령으로 규율하는 등으로 법령을 통해 행정권이 표시·광고심의위원회의 구성에 개입하고 지속적으로 영향을 미칠 가능성이 존재하는 이상 그 구성에 자율성이 보장되어 있다고 볼 수 없다.

[Point] 검열에 해당하기 위한 요건: 행정권이 주체가 된 심사, 사전제출의무, 내용에 대한 심사, 강제수단 03 (4가지 모두 해당해야 함)
→ 방법에 대한 심사는 얼마든지 가능
[Point] 법원에 의한 사전심사(방영금지가처분)는 검열 X

01 건강기능식품의 기능성광고는 인체의 구조 및 기능에 대하여 보건용도에 유용한 효과를 준다는 기능성 등에 관한 정보를 널리 알려 해당 건강기능식품의 소비를 촉진시키기 위한 상업광고이지만, 헌법 제21조 제1항의 표현의 자유의 보호대상이 됨과 동시에 같은 조 제2항의 사전검열금지대상도 된다. 20 국가7급, 20 서울·지방7급 (O / X)

02 건강기능식품의 기능성 표시, 광고와 같이 규제의 필요성이 큰 경우에 사전심의절차를 법률로 규정하여도 우리 헌법이 절대적으로 금지하는 사전검열에 해당한다고 보기는 어렵다. 19 서울7급 (O / X)

03 건강기능식품 기능성광고 사전심의가 헌법이 금지하는 사전검열에 해당하려면 심사절차를 관철할 수 있는 강제수단이 존재할 것을 필요로 하는데, 영업허가취소와 같은 행정제재나 벌금형과 같은 형벌의 부과는 사전심의절차를 관철하기 위한 강제수단에 해당한다. 19 변호사 (O / X)

정답 01 O 02 X 03 O

099 사회복무요원의 정치적 행위 금지 사건 (헌재 2021.11.25. 2019헌마534 [위헌])

사회복무요원이 정당이나 그 밖의 정치단체에 가입하는 등 정치적 목적을 지닌 행위를 금지한 병역법 제33조 제2항 본문 제2호 중 '그 밖의 정치단체에 가입하는 등 정치적 목적을 지닌 행위'에 관한 부분은 헌법에 위반된다.

100 교원의 정당 및 정치단체 결성·가입 사건 (헌재 2020.4.23. 2018헌마551 [위헌, 기각]) 다수 출제

[1] 초·중등학교의 교육공무원이 정치단체의 결성에 관여하거나 이에 가입하는 행위를 금지한 국가공무원법 제65조 제1항 중 "국가공무원법 제2조 제2항 제2호의 교육공무원 가운데 초·중등교육법 제19조 제1항의 교원은 그 밖의 정치단체의 결성에 관여하거나 이에 가입할 수 없다." 부분은 청구인들의 정치적 표현의 자유 및 결사의 자유를 침해한다.

국가공무원법 조항 중 '그 밖의 정치단체'에 관한 부분은 가입 등이 금지되는 '정치단체'가 무엇인지 그 규범 내용이 확정될 수 없을 정도로 불분명하여, 헌법상 그 가입 등이 마땅히 보호받아야 할 단체까지도 수범자인 나머지 청구인들이 가입 등의 행위를 하지 못하게 위축시키고 있고, 법 집행 공무원이 지나치게 넓은 재량을 행사하여 금지되는 '정치단체'와 금지되지 않는 단체를 자의적으로 판단할 위험이 있다. 따라서 국가공무원법 조항 중 '그 밖의 정치단체'에 관한 부분은 명확성원칙에 위배되어 나머지 청구인들의 정치적 표현의 자유, 결사의 자유를 침해한다.[01] 이처럼 국가공무원법 조항 중 '그 밖의 정치단체'에 관한 부분이 명확성원칙에 위배되어 나머지 청구인들의 정치적 표현의 자유, 결사의 자유를 침해하여 헌법에 위반되는 점이 분명한 이상, 국가공무원법 조항 중 '그 밖의 정치단체'에 관한 부분이 과잉금지원칙에 위배되어 나머지 청구인들의 정치적 표현의 자유, 결사의 자유를 침해하는지 여부에 대하여는 더 나아가 판단하지 않는다.

[2] 초·중등학교의 교육공무원이 정당의 발기인 및 당원이 될 수 없도록 규정한 정당법 제22조 제1항 단서 제1호 본문 중 국가공무원법 제2조 제2항 제2호의 교육공무원 가운데 초·중등교육법 제19조 제1항의 교원에 관한 부분 및 초·중등학교의 교육공무원이 정당의 결성에 관여하거나 이에 가입하는 행위를 금지한 국가공무원법 제65조 제1항 중 "국가공무원법 제2조 제2항 제2호의 교육공무원 가운데 초·중등교육법 제19조 제1항의 교원은 정당의 결성에 관여하거나 이에 가입할 수 없다." 부분은 청구인들의 정당가입의 자유 등을 침해하지 않는다.[02][03]

[01] 초·중등학교의 교육공무원이 정치단체의 결성에 관여하거나 이에 가입하는 행위를 금지한 「국가공무원법」 조항 중 '그 밖의 정치단체'에 관한 부분은 정치적 표현의 자유를 침해하지 않는다. 22 국회8급 (O / X)

[02] 초·중등학교의 교원인 공무원에 대하여 정당가입을 전면적으로 금지하는 법률조항은 근무시간 내외를 불문하고 정당 관련 활동을 금지함으로써 해당 교원의 정당가입의 자유를 침해한다. 21 국회8급 (O / X)

[03] 초·중등 교원인 교육공무원에 대하여 정당의 결성에 관여하거나 이에 가입하는 것을 전면적으로 금지함으로써 얻어지는 공무원의 정치적 중립성 또는 교육의 정치적 중립성은 명백하거나 구체적이지 못한 반면, 그로 인하여 초·중등 교원인 교육공무원이 받게 되는 정당설립의 자유, 정당가입의 자유에 대한 제약과 민주적 의사형성 과정의 개방성 및 이를 통한 민주주의의 발전이라는 공익에 발생하는 피해는 매우 크므로, 법익의 균형성을 인정할 수 없다. 21 변호사 (O / X)

정답 01 X 02 X 03 X

101 선거기간 중 선거에 영향을 미치게 하기 위한 집회나 모임(향우회·종친회·동창회·단합대회·야유회가 아닌 것에 한정) 개최 금지 사건 (헌재 2022.7.21. 2018헌바164 [위헌])

① 공직선거법 제103조 제3항 중 '누구든지 선거기간 중 선거에 영향을 미치게 하기 위하여 그 밖의 집회나 모임을 개최할 수 없다' 부분, ② 구 공직선거법 제256조 제2항 제1호 카목 가운데 ① 조항 부분, ③ 공직선거법 제256조 제3항 제1호 카목 가운데 ① 조항 부분은 집회의 자유, 정치적 표현의 자유를 침해하여 헌법에 위반된다.

[1] 심판대상조항은 죄형법정주의의 명확성원칙에 위배되지 않는다.

[2] 심판대상조항은 과잉금지원칙에 반하여 집회의 자유, 정치적 표현의 자유를 침해한다.

심판대상조항은 선거의 공정이나 평온에 대한 구체적인 위험이 없는 경우에까지도 특정한 사실이나 견해를 표명하는 것을 금지하고 억압하여, 규제가 불필요하거나 예외적으로 허용하는 것이 가능한 경우에도, 선거기간 중의 선거에 영향을 미치게 하기 위한 일반 유권자의 집회나 모임을 일률적·전면적으로 금지하고 있으므로 침해의 최소성에 반한다.

102 집회의 자유의 헌법적 의미와 기능 (헌재 2003.1.30. 2000헌바67 등 【위헌】)

[1] 헌법은 집회의 자유를 국민의 기본권으로 보장함으로써 평화적 집회 그 자체는 공공의 안녕질서에 대한 위험이나 침해로서 평가되어서는 아니 되며, 개인이 집회의 자유를 집단적으로 행사함으로써 불가피하게 발생하는 일반 대중에 대한 불편함이나 법익에 대한 위험은 보호법익과 조화를 이루는 범위 내에서 국가와 제3자에 의하여 수인되어야 한다는 것을 헌법 스스로 규정하고 있는 것이다.

[2] 집회의 자유는 개인의 인격발현의 요소이자 민주주의를 구성하는 요소라는 이중적 헌법적 기능을 가지고 있다. 01

🔍 관련판례
서울종로경찰서장이 2015.5.1. 22:13경부터 23:20경까지 사이에 최루액을 물에 혼합한 용액을 살수차를 이용하여 청구인들에게 살수한 행위는 위헌이다. (헌재 2018.5.31. 2015헌마476)

[3] 집회의 자유는 타인과의 의견교환을 통하여 공동으로 인격을 발현하는 자유를 보장하는 기본권이자 동시에 국가권력에 의하여 개인이 타인과 사회공동체로부터 고립되는 것으로부터 보호하는 기본권이다. 즉, 공동의 인격발현을 위하여 타인과 함께 모인다는 것은 이미 그 자체로서 기본권에 의하여 보호될 만한 가치가 있는 개인의 자유영역인 것이다.

[4] 집회의 자유는 사회·정치현상에 대한 불만과 비판을 공개적으로 표출케 함으로써 정치적 불만이 있는 자를 사회에 통합하고 정치적 안정에 기여하는 기능을 한다. 02 특히 집회의 자유는 집권세력에 대한 정치적 반대의사를 공동으로 표명하는 효과적인 수단으로서 현대사회에서 언론매체에 접근할 수 없는 소수집단에게 그들의 권익과 주장을 옹호하기 위한 적절한 수단을 제공한다는 점에서 소수의견을 국정에 반영하는 창구로서 그 중요성을 더해 가고 있다. 이러한 의미에서 집회의 자유는 소수의 보호를 위한 중요한 기본권인 것이다. 03 ··· 헌법이 집회의 자유를 보장한 것은 관용과 다양한 견해가 공존하는 다원적인 '열린 사회'에 대한 헌법적 결단인 것이다. 04

Point 집회의 자유 기능
- 인격실현과 개성신장 촉진
- 의사표현의 실효성 증대
- 직접민주주의의 수단으로 기능
- 소수의견 보호
- 사회 통합 및 정치적 안정 기여

Point 정당성과 수단의 적합성은 인정되나, 침해의 최소성원칙 위반인 판례
- 각급 법원의 경계지점으로부터 100m 이내에서의 집회·시위 금지 (헌재 2018.7.26. 2018헌바137【헌법불합치】)
- 국회의사당의 경계지점으로부터 100m 이내에서의 집회·시위 금지 (헌재 2018.5.31. 2013헌바322【헌법불합치】)
- 국무총리 공관의 경계지점으로부터 100m 이내에서의 집회·시위 금지 (헌재 2018.6.28. 2015헌가28【헌법불합치】) ─ 허가제금지 위반 X
- 대통령 관저의 경계지점으로부터 100m 이내에서의 집회·시위 금지 (헌재 2022.12.22 2018헌바48 등【헌법불합치】)
- 국회의장 공관의 경계지점으로부터 100m 이내에서의 집회·시위 금지 (헌재 2023.3.23【헌법불합치】)

---

01 집회의 자유는 개인의 인격발현의 요소이자 민주주의를 구성하는 요소라는 이중적 헌법적 기능을 가지고 있으며, 개인의 자기결정과 인격발현에 기여하는 기본권이다. 22 소방간부 (O / X)

02 집회의 자유는 정치·사회현상에 대한 불만과 비판을 공개적으로 표출케 함으로써 정치적 불만이 있는지를 사회에 통합하고 정치적 안정에 기여하는 기능을 한다. 22 소방간부 (O / X)

03 집회의 자유는 다수의 의견을 국정에 반영하는 창구로서 그 중요성을 더해 가고 있다는 점에서 다수의 보호를 위한 중요한 기본권이다. 22 소방간부 (O / X)

04 헌법이 집회의 자유를 보장한 것은 관용과 다양한 견해가 공존하는 다원적인 '열린 사회'에 대한 헌법적 결단이라고 할 수 있다. 17 법원직 (O / X)

05 집회의 자유는 국가가 개인의 집회 참가행위를 감시하고 그에 대한 정보를 수집함으로써 집회에 참가하고자 하는 자로 하여금 불이익을 두려워하여 미리 집회 참가를 포기하도록 집회 참가의사를 약화시키는 것 등 집회의 자유의 행사에 영향을 미치는 모든 조치를 금지한다. 17 변호사, 17 5급행시 (O / X)

06 우리 헌법상 집회의 자유에 의하여 보호되는 것은 오로지 '평화적' 또는 '비폭력적' 집회에 한정된다. 17 법원직, 17 입시, 14 서울7급 (O / X)

07 집회의 금지와 해산은 원칙적으로 공공의 안녕질서에 대한 직접적인 위협이 명백하게 존재하는 경우에 한하여 허용될 수 있다. 17 5급행시 (O / X)

08 집회참가자에 대한 검문의 방법으로 시간을 지연시킴으로써 집회 장소에 접근하는 것을 방해하는 등의 조치는 집회의 자유를 침해한다. 16 국회8급 (O / X)

정답 01 O 02 O 03 X 04 O 05 O 06 O 07 O 08 O

103 대통령 관저 인근 집회금지 사건 (헌재 2022.12.22. 2018헌바48 등 【헌법불합치】)

대통령 관저 인근에서 집회를 금지하고 이를 위반하여 집회를 주최한 자를 처벌하는 구 '집회 및 시위에 관한 법률' 제11조 제2호 중 '대통령 관저' 부분 및 제23조 제1호 중 제11조 제2호 가운데 '대통령 관저'에 관한 부분은 헌법에 합치되지 아니한다.

[1] 대통령 관저 인근에 옥외집회 및 시위(이하 '옥외집회 및 시위'를 통틀어 '집회'라 한다) 금지장소를 설정하는 것은 입법목적 달성을 위한 적합한 수단이다.

[2] 대통령 관저 인근에서 열리는 모든 집회를 금지하는 것은 정당화되기 어렵다. 심판대상조항은 침해의 최소성에 위배된다. 따라서 심판대상조항은 과잉금지원칙에 위배되어 집회의 자유를 침해한다.

104 야간 옥외집회, 시위금지 사건 (헌재 2014.4.24. 2011헌가29 【한정위헌】)

[1] 일출시간 전, 일몰시간 후에는 옥외집회 또는 시위를 금지하고, 다만 옥외집회의 경우 예외적으로 관할 경찰관서장이 허용할 수 있도록 한 구 집회 및 시위에 관한 법률 제10조는 헌법 제21조 제2항이 규정하는 허가제금지에 위반되지 아니한다.

헌법 제21조 제2항에 의하여 금지되는 '허가'는 '행정청이 주체가 되어 집회의 허용 여부를 사전에 결정하는 것'으로, 법률적 제한이 실질적으로 행정청의 허가 없는 옥외집회를 불가능하게 하는 것이라면 헌법상 금지되는 사전허가제에 해당하지만, 그에 이르지 아니하는 한 헌법 제21조 제2항에 반하는 것은 아니다. 01 02 이 사건 법률조항의 단서 부분은 본문에 의한 제한을 완화시키려는 것이므로 헌법이 금지하고 있는 '옥외집회에 대한 일반적인 사전허가'라고 볼 수 없다. 한편, 이 사건 법률조항 중 단서 부분은 시위에 대하여 적용되지 않으므로 야간 시위의 금지와 관련하여 헌법상 '허가제금지' 규정의 위반 여부는 문제되지 아니한다.

[2] 이 사건 법률조항 및 이에 위반하여 옥외집회 또는 시위에 참가한 자를 형사처벌하는 구 집회 및 시위에 관한 법률 제20조 제3호 중 '제10조 본문'에 관한 부분은 집회의 자유를 침해한다.

이 사건 법률조항은 사회의 안녕질서를 유지하고 시민들의 주거 및 사생활의 평온을 보호하기 위한 것으로서 정당한 목적 달성을 위한 적합한 수단이 된다. 그러나 '일출시간 전, 일몰시간 후'라는 광범위하고 가변적인 시간대의 옥외집회 또는 시위를 금지하는 것은 오늘날 직장인이나 학생들의 근무·학업시간, 도시화·산업화가 진행된 현대사회의 생활형태 등을 고려하지 아니하고 목적 달성을 위해 필요한 정도를 넘는 지나친 제한을 가하는 것이어서 최소침해성 및 법익균형성원칙에 반한다. 03

[3] 규제가 불가피하다고 보기 어려움에도 옥외집회 또는 시위를 절대적으로 금지한 부분에 한하여 한정위헌결정을 한 사례

헌법재판소는 2010헌가2 결정으로 집회 및 시위에 관한 법률 제10조 중 '시위' 부분 등에 대하여 한정위헌결정을 한 바 있고, 이 사건에 있어서 가능한 한 심판대상조항들 중 위헌인 부분을 가려내야 할 필요성은 2010헌가2 결정에서와 마찬가지로 인정되므로, 심판대상조항들은 '일몰시간 후부터 같은 날 24시까지의 옥외집회 또는 시위'에 적용되는 한 헌법에 위반된다. 04 05

Point 야간 옥외집회의 금지 ─ 허가제금지 위반 X
─ 야간 옥외집회를 24시까지 금지하는 것으로 해석하는 것은 헌법에 위반됨.

---

01 헌법 제21조 제2항에 의하여 금지되는 '허가'는 '행정청이 주체가 되어 집회의 허용 여부를 사전에 결정하는 것'으로 법률적 제한이 실질적으로 행정청의 허가 없는 옥외집회를 불가능하게 하는 것이라면 헌법상 금지되는 사전허가제에 해당하지만, 그에 이르지 아니하는 한 헌법 제21조 제2항에 반하는 것은 아니다. 16 국가7급 (O / X)

02 「집회 및 시위에 관한 법률」의 옥외집회 시위의 사전신고제도는 헌법 제21조 제2항의 사전허가금지에 위배된다. 15 국가7급 (O / X)

03 일몰시간 후부터 같은 날 24시까지의 옥외집회 또는 시위의 경우, 특별히 공공의 질서 내지 법적 평화를 침해할 위험성이 크다고 할 수 없으므로 그와 같은 옥외집회 또는 시위를 원칙적으로 금지하는 것은 과잉금지원칙에 위반됨이 명백하다. 16 국가7급 (O / X)

04 헌법재판소는 야간 시위를 금지하는 조항에 대하여, 이미 보편화된 야간의 일상적인 생활의 범주에 속하는 시간대까지 이를 적용하는 것은 과잉금지의 원칙에 반하여 위헌을 면할 수 없으나, 헌법재판소가 그러한 시간대를 직접 특정하는 것은 입법부와의 권력분립 측면에서 적절하지 않다는 점을 들어 헌법불합치의 주문을 선고하였다. 16·15 법원직 (O / X)

05 24시 이후의 시위를 금지하고, 이에 위반한 시위참가자를 형사처벌하는 법률조항은 집회의 자유를 침해한다. 19·16·15 국회8급 (O / X)

정답 01 O 02 X 03 O 04 X 05 X

105 구 '집회 및 시위에 관한 법률'상 '재판에 영향을 미칠 염려가 있거나 미치게 하기 위한 집회·시위'와 '민주적 기본질서에 위배되는 집회·시위' 금지 및 처벌조항 위헌제청 사건 (헌재 2016.9.29. 2014헌가3 등【위헌】)

[1] 재판에 영향을 미칠 염려가 있거나 미치게 하기 위한 집회 또는 시위를 금지하고 이를 위반한 자를 형사처벌하는 구 집회 및 시위에 관한 법률(이하 '집시법'이라 한다) 제3조 제1항 제2호 및 구 집시법 제14조 제1항 본문 중 제3조 제1항 제2호 부분은 집회의 자유를 침해한다.

이 사건 제2호 부분은 법관의 직무상 독립을 보호하여 사법작용의 공정성과 독립성을 확보하기 위한 것으로 입법목적의 정당성은 인정되나, 국가의 사법권한 역시 국민의 의사에 정당성의 기초를 두고 행사되어야 한다는 점과 재판에 대한 정당한 비판은 오히려 사법작용의 공정성 제고에 기여할 수도 있는 점을 고려하면 사법의 독립성을 확보하기 위한 적합한 수단이라 보기 어렵다. 또한 구 집시법의 옥외집회·시위에 관한 일반규정 및 형법에 의한 규제 및 처벌에 의하여 사법의 독립성을 확보할 수 있음에도 불구하고, 이 사건 제2호 부분은 재판에 영향을 미칠 염려가 있거나 미치게 하기 위한 집회·시위를 사전적·전면적으로 금지하고 있을 뿐 아니라, 어떠한 집회·시위가 규제대상에 해당하는지를 판단할 수 있는 아무런 기준도 제시하지 아니함으로써 사실상 재판과 관련된 집단적 의견표명 일체가 불가능하게 되어 집회의 자유를 실질적으로 박탈하는 결과를 초래하므로 최소침해성원칙에 반한다. 더욱이 이 사건 제2호 부분으로 인하여 달성하고자 하는 공익실현 효과는 가정적이고 추상적인 반면, 이 사건 제2호 부분으로 인하여 침해되는 집회의 자유에 대한 제한 정도는 중대하므로 법익균형성도 상실하였다. 따라서 이 사건 제2호 부분은 과잉금지원칙에 위배되어 집회의 자유를 침해한다. 01 02

[2] 헌법의 민주적 기본질서에 위배되는 집회 또는 시위를 금지하고 이에 위반한 자를 형사처벌하는 구 집시법 제3조 제1항 제3호 및 구 집시법 제14조 제1항 본문 중 제3조 제1항 제3호 부분은 집회의 자유를 침해한다.

01 재판에 영향을 미칠 염려가 있거나 미치게 하기 위한 집회 또는 시위를 금지하고 이를 위반한 자를 형사처벌하는 규정은 과잉금지원칙에 위배되지 않는다. 20 입시 (O / X)

02 재판에 영향을 미칠 염려가 있거나 미치게 하기 위한 집회 또는 시위를 금지하고 이를 위반한 자를 형사처벌하는 것은 어떠한 집회·시위가 규제대상에 해당하는지를 판단할 수 있는 아무런 기준도 제시하지 아니함으로써 사실상 재판과 관련된 집단적 의견표명 일체가 불가능하게 되어 집회의 자유를 실질적으로 박탈하는 결과를 초래하므로 집회의 자유를 침해한다. 19·17 변호사 (O / X)

정답 01 X 02 O

106 직사살수 사건 (헌재 2020.4.23. 2015헌마1149【인용(위헌확인), 각하】) ★★★

[1] 피청구인들이 2015.11.14. 19:00경 종로구청입구 사거리에서 살수차를 이용하여 물줄기가 일직선 형태로 청구인 백▽▽에게 도달되도록 살수한 행위에 대한 청구인 백▽▽의 배우자와 자녀들인 기존 청구인들의 심판청구에 관하여 기본권 침해의 자기관련성을 인정할 수 없다.

[2] '살수차 운용지침'에 대한 심판청구에 관하여 기본권 침해의 직접성을 인정할 수 없다.

[3] 청구인 백▽▽의 이 사건 직사살수행위에 대한 심판청구에 관하여 심판의 이익이 인정되고, 청구인 백▽▽의 사망에도 불구하고 예외적으로 심판절차가 종료된 것으로 볼 수 없다.

이 사건 직사살수행위는 이미 종료되었고, 청구인 백▽▽는 2016.9.25. 사망하였으므로, 청구인 백▽▽의 이 사건 직사살수행위에 대한 심판청구는 주관적 권리보호이익이 소멸하였다. 그러나 직사살수행위는 사람의 생명이나 신체에 중대한 위험을 초래할 수 있는 공권력 행사에 해당하고, 헌법재판소는 직사살수행위가 헌법에 합치하는지 여부에 대한 해명을 한 바 없으므로, 심판의 이익을 인정할 수 있다. 청구인 백▽▽가 침해받았다고 주장하는 기본권인 생명권, 집회의 자유 등은 일신전속적인 성질을 가지므로 승계되거나 상속될 수 없어, 기본권의 주체가 사망한 경우 그 심판절차가 종료되는 것이 원칙이다. 그러나 이 부분 심판청구의 심판의 이익이 인정되고, 청구인 백▽▽는 이 사건 직사살수행위로 인하여 이 사건 심판절차의 계속 중 사망에 이르렀으므로, 이 부분 심판청구는 예외적으로 심판의 이익이 인정되어 종료된 것으로 볼 수 없다.

[4] 이 사건 직사살수행위는 청구인 백▽▽의 생명권 및 집회의 자유를 침해한다.

이 사건 직사살수행위는 불법 집회로 인하여 발생할 수 있는 타인 또는 경찰관의 생명·신체의 위해와 재산·공공시설의 위험을 억제하기 위하여 이루어진 것이므로 그 목적이 정당하다. 한편, 이 사건 직사살수행위 당시 청구인 백▽▽는 살수를 피해 뒤로 물러난 시위대와 떨어져 홀로 경찰 기동버스에 매어 있는 밧줄을 잡아당기고 있었다. 따라서 이 사건 직사살수행위 당시 억제할 필요성이 있는 생명·신체의 위해 또는 재산·공공시설의 위험 자체가 발생하였다고 보기 어려우므로, 수단의 적합성을 인정할 수 없다.

DAY 06 경제적 기본권

미니노트

재산권

헌법 제23조	제1항	모든 국민의 재산권은 보장된다. 그 내용과 한계는 법률로 정한다.	· 기본권 형성적 법률유보 · 주체: 자연인, 법인
	제2항	재산권 행사는 공공복리에 적합하도록 한다. 공공복리는 공공필요보다 넓은 개념	무보상의 사회적 제약
	제3항	공공필요에 의한 재산권의 수용·사용, 제한 및 보상은 법률로서 하되, 정당한 보상을 지급하여야 한다.	· 요보상의 공공침해 대상 · 보상의 내용: 정당한 보상 원칙적 시가보상, 공시지가보상도 가능

보상기준에 대한 헌정사
- 건국헌법 ~ 제4차 개정헌법: 법률이 정하는 바에 의하여 상당한 보상
- 제5차 개정헌법 ~ 제6차 개정헌법: 법률로써 하되 정당한 보상
- 제7차 개정헌법: 공공필요에 의한 재산권의 수용·사용 또는 제한 및 그 보상기준과 방법은 법률로 정함
- 제8차 개정헌법: 보상은 공익 및 관계자의 이익을 정당하게 형량하여 법률로 정함

재산권의 요건 ☆☆☆

공법상 권리의 재산권 인정요건
① 사적 유용성 ┐
② 원칙적 처분가능성 ├ 사적 재산권의 요건 + ④ 수급자의 상당한 자기기여
③ 구체적 권리 ┘ + ⑤ 생존 확보에 기여

재산권 인정 여부 (헌법재판소 판례)

재산권 인정	재산권 부정
· 환매권, 환매권 소멸 후 다시 부여한 환매권 · 공무원 퇴직급여청구권 · 공무원의 (이미 형성된) 보수청구권 · 공무원연금법상 연금수급권, 국민연금수급권 · 의료보험수급권 · 적법한 공용사용에 대한 수용청구권 · 재산 그 자체 · 우편물 지연 배달에 따른 손해배상청구권 · 일본군 위안부 피해자들의 배상청구권	· 환매권 소멸 후의 우선매수권 · 공무원의 (기대 수준의) 보수청구권 · 의료급여(보호)수급권 · 의료보험조합의 적립금 · 불법사용에 대한 수용청구권 ☆☆☆ · 농지개량조합, 상공회의소의 재산 · 문화재에 대한 선의취득 · 고엽제유족의 등록 전 보상금청구권

경계이론과 분리이론

구분	경계이론(가치보장, 독일행정법원)	분리이론(존속보장, 우리 헌법재판소)
기준	침해의 강도	법률의 형식과 내용
내용	약 — 재동전환 — 강 사회적 제약(보상 X) ↔ 공공침해(보상 O) **양적 차이** 침해규정 있고, 보상규정 없으면, • 유추적용설로 해결 ➡ 법원 판결로 보상 • 결부조항 중시 X(유추적용으로 보상 가능)	일반적·추상적 법률(민법) ↔ 개별적·구체적 법률(토지수용법) 사회적 제약 ↔ 공공침해 **질적 차이** 수인한도를 초과하는 제약 • 예외적으로 보상을 요하는 사회적 제약 • 입법보상 ➡ 결부조항 중시(법률 X ➡ 보상 X)

가치보장과 존속보장
- 가치보장: 수용 자체는 다툴 수 없지만, 보상금액은 다툴 수 있음.
- 존속보장: 수용 자체를 다툴 수 있음.

- 헌법 제23조 제2항 (무보상) 사회적 제약
- 헌법 제23조 제3항 (요보상) 공공침해

재산권의 제한(헌법 제23조 제3항)

결부조항(= 불가분조항)

동일한 법률 안에 재산권의 제한과 보상의 방법·기준이 같이 존재
① 경계이론: 보상규정 없이도 보상 가능 ➡ 결부조항 중요 X
② 분리이론: 법이 있어야 보상 가능 ➡ 결부조항 중요

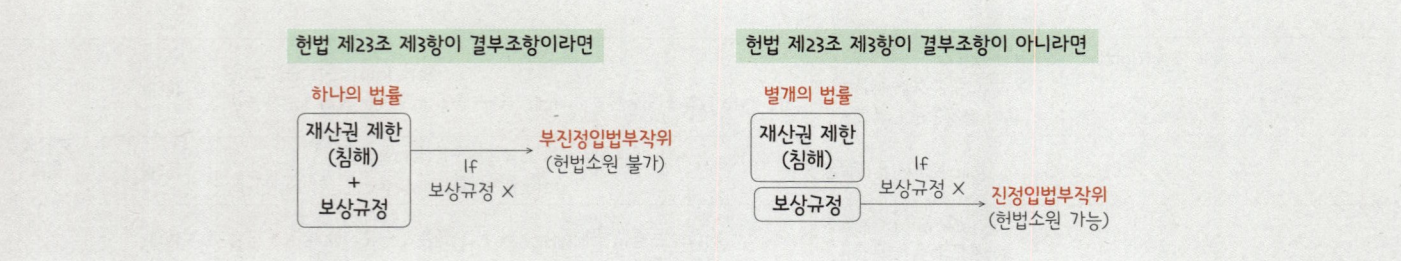

직업선택의 자유(제5차 개정헌법에서 처음 규정)

01 직업의 개념
① 생활의 기본적 수요 충족: 돈을 벌기 위한 수단
② 계속적 활동: 휴가 중의 일, 수습직도 포함
③ 공공무해성 불필요: 게임환전물, 성매매도 직업에 포함

02 주체
① 자연인(외국인은 제한적 인정)
② 법인
  ㉠ 사법인 O
  ㉡ 공법인(공공단체, 지방자치단체) X

03 내용
직업에 대한 포괄적인 권리(주관적 공권, 자유시장경제질서의 객관적 법질서 요소)
① 직업선택의 자유
② 직업행사(수행)의 자유
③ 직업교육장선택의 자유

> **문제 되는 경우**
> 무직업의 자유 인정(다수설), 겸직의 자유 인정
> · 헌법상 근로의무는 단순한 윤리적 의무에 불과하기 때문
> · 사회주의는 근로의 의무가 법적 의무이고, 무직업의 자유가 인정되지 않음.

직업선택의 자유의 제한과 그 한계

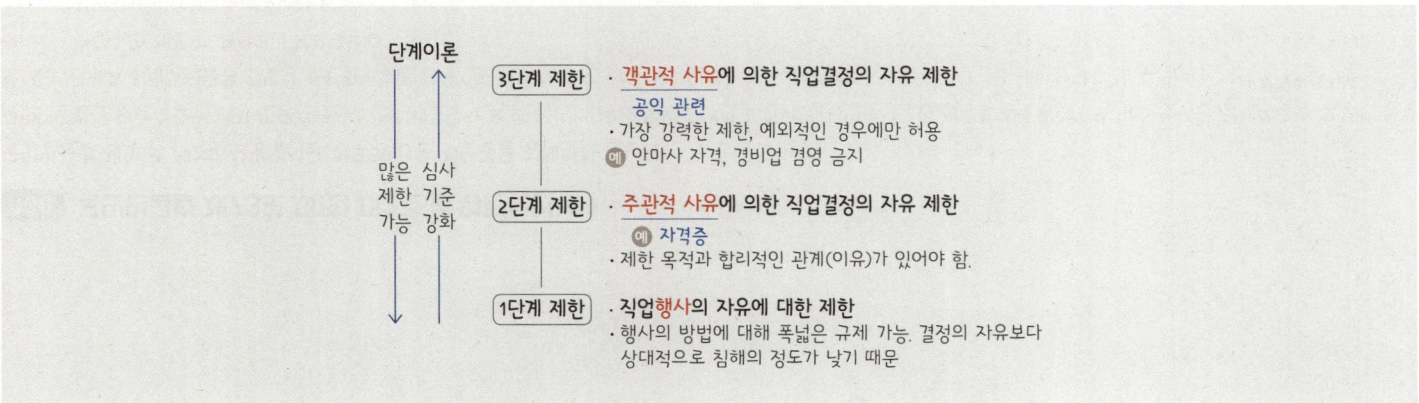

소비자의 권리

01 제8차 개정헌법에서 도입
소비자운동차원에서 규정 (헌법 제124조)

02 소비자불매운동
① 소비자보호운동의 일환 ← 헌법 제124조로 보장
② 모든 경우에 그 정당성이 인정될 수 없고, 헌법이나 법률규정에 비추어 정당하다고 평가되는 범위 내에서 형사·민사책임 면제

판례분석

107 공익사업을 위한 토지 등의 취득 및 보상에 관한 법률 제72조 위헌소원 (헌재 2005.7.21. 2004헌바57 【합헌】)

헌법이 보장하고 있는 재산권은 경제적 가치가 있는 모든 공법상·사법상의 권리를 뜻하며, 사적 유용성 및 그에 대한 원칙적인 처분권을 내포하는 재산가치 있는 구체적인 권리를 의미한다. 이 사건 조항을 통하여 인정되는 '수용청구권'은 사적 유용성을 지닌 것으로서 재산의 사용, 수익, 처분에 관계되는 법적 권리이므로 헌법상 재산권에 포함된다고 볼 것이다.[01] 다만, 불법적인 사용의 경우에 인정되는 '수용청구권'이란 재산권은 존재하지 않으므로, 이 사건 조항이 그러한 재산권을 제한할 수는 없다.

[01] '사업인정고시가 있은 후에 3년 이상 토지가 공익용도로 사용된 경우' 토지소유자에게 매수 혹은 수용청구권을 인정한 「공익사업을 위한 토지 등의 취득 및 보상에 관한 법률」의 조항을 통하여 인정되는 '수용청구권'은 사적 유용성을 지닌 것으로서 재산의 사용, 수익, 처분에 관계되는 법적 권리이므로 헌법상 재산권에 포함된다. 22 경찰승진 (O / X)

정답 01 O

108 국민연금법 제73조 제1항 제2호 등 위헌확인 (헌재 2019.2.28. 2017헌마432 【기각】)

국민연금법 제80조 제2항(사망일시금 한도조항)은 재산권을 침해하지 않는다.
국민연금법상 연금수급권 내지 연금수급기대권이 재산권의 보호대상인 사회보장적 급여라고 한다면 사망일시금은 사회보험의 원리에서 다소 벗어난 장제부조적·보상적 성격을 갖는 급여로 사망일시금은 헌법상 재산권에 해당하지 아니하므로,[01] 이 사건 사망일시금 한도조항이 청구인들의 재산권을 제한한다고 볼 수 없다. → 장례비용지원

[Point] · 연금수급(기대)권: 재산권의 보호대상 O
· 사망일시금: 재산권의 보호대상 X

[01] 「국민연금법」상 연금수급권 내지 연금수급기대권이 재산권의 보호대상인 사회보장적 급여라고 한다면 사망일시금은 헌법상 재산권에 해당한다. 22 경찰승진 (O / X)

정답 01 X

109 수산자원보호령 제17조 등 위헌확인 (헌재 2008.6.26. 2005헌마173 【기각】)

잠수기어업의 허가정수를 정한 구 수산자원보호령 조항은 재산권을 침해하지 않는다.
청구인이 잠수기어업허가를 받아 키조개 등을 채취하는 직업에 종사한다고 하더라도 이는 원칙적으로 자신의 계획과 책임하에 행동하면서 법제도에 의하여 반사적으로 부여되는 기회를 활용하는 것에 불과하므로 잠수기어업허가를 받지 못하여 상실된 이익 등 청구인 주장의 재산권은 헌법 제23조에서 규정하는 재산권의 보호범위에 포함된다고 볼 수 없다.[01]

[01] 잠수기어업허가를 받아 키조개 등을 채취하는 직업에 종사한다고 하더라도 이는 원칙적으로 자신의 계획과 책임하에 행동하면서 법제도에 의하여 반사적으로 부여되는 기회를 활용하는 것에 불과하므로 잠수기어업허가를 받지 못하여 상실된 이익 등 청구인 주장의 재산권은 헌법 제23조에서 규정하는 재산권의 보호범위에 포함된다고 볼 수 없다. 22 경찰승진 (O / X)

정답 01 O

110 지방의회의원에 대한 퇴직연금의 지급을 정지하는 공무원연금법 조항에 관한 위헌소원 사건 (헌재 2022.1.27. 2019헌바61 【헌법불합치】)

지방의회의원으로서 받게 되는 보수가 연금에 미치지 못하는 경우에도 연금 전액의 지급을 정지하는 것이 재산권을 과도하게 제한하여 헌법에 위반된다.

[1] 이 사건 구법 조항은 악화된 연금재정을 개선하여 공무원연금제도의 건실한 유지·존속을 도모하고 연금과 보수의 이중수혜를 방지하기 위한 것으로 입법목적의 정당성과 수단의 적합성이 인정된다. 퇴직공무원의 적정한 생계보장이라는 공무원연금제도의 취지에 비추어, 연금지급을 정지하기 위해서는 '연금을 대체할 만한 소득'이 전제되어야 한다. 지방의회의원이 받는 의정비 중 의정활동비는 의정활동 경비 보전을 위한 것이므로, 연금을 대체할 만한 소득이 있는지 여부는 월정수당을 기준으로 판단하여야 한다. 따라서 기본권을 덜 제한하면서 입법목적을 달성할 수 있는 다양한 방법이 있으므로 이 사건 구법 조항은 침해의 최소성요건을 충족하지 못하고, 법익의 균형성도 충족하지 못한다. 이 사건 구법 조항은 과잉금지원칙에 위배되어 청구인들의 재산권을 침해하므로 헌법에 위반된다.

[2] 이 사건 구법 조항이 헌법에 위반되지 아니한다고 판시한 헌법재판소 결정(헌재 2017.7.27. 2015헌마1052)은 이 결정취지와 저촉되는 범위 안에서 변경한다.

111 소송사건의 대리인인 변호사와 수형자의 접견 제한 사건 (헌재 2021.10.28. 2018헌마60 【위헌】)

소송사건의 대리인인 변호사가 수용자를 접견하고자 하는 경우 소송계속사실을 소명할 수 있는 자료를 제출하도록 요구하고 있는 '형의 집행 및 수용자의 처우에 관한 법률 시행규칙' 제29조의2 제1항 제2호 중 '수형자 접견'에 관한 부분은 변호사인 청구인의 직업수행의 자유를 침해하여 헌법에 위반된다.

[1] 심판대상조항은 소송계속사실 소명자료를 제출하지 못하는 경우 변호사접견이 아니라 일반접견만 가능하도록 규정하고 있어 변호사인 청구인의 직업수행의 자유를 제한한다.

[2] 심판대상조항은 소송계속사실 소명자료를 제출하도록 규정하여 집사 변호사가 접견권을 남용하여 수형자와 접견하는 것을 방지하고자 하나, 집사 변호사라면 소제기 여부를 진지하게 고민할 필요가 없으므로 얼마든지 불필요한 소송을 제기하고 변호사접견을 이용할 수 있다. 집사 변호사를 고용하는 수형자 역시 소송의 승패와 상관없이 변호사를 고용할 확실한 동기가 있고 이를 위한 자력이 있는 경우가 보통이므로 손쉽게 변호사접견을 이용할 수 있다. 그에 반해 진지하게 소제기 여부 및 변론방향을 고민해야 하는 변호사라면 일반접견만으로는 수형자에게 충분한 조력을 제공하기가 어렵고, 수형자 역시 소송의 승패가 불확실한 상황에서 접견마저 충분하지 않다면 변호사를 신뢰하고 소송절차를 진행하기가 부담스러울 수밖에 없다. 따라서 심판대상조항은 수단의 적합성이 인정되지 아니한다.

[3] 심판대상조항은 과잉금지원칙에 위배되어 변호사인 청구인의 직업수행의 자유를 침해한다.[01]

---

[01] 소송사건의 대리인인 변호사가 수형자를 접견하고자 하는 경우 소송계속사실을 소명할 수 있는 자료를 제출하도록 규정하고 있는 「형의 집행 및 수용자의 처우에 관한 법률 시행규칙」 중 '수형자접견'에 관한 부분은 변호사의 직업수행의 자유를 침해하지 않는다. 22 5급행시

(O / X)

정답 01 X

112 소송대리인이 되려는 변호사에 대한 소송대리인 접견신청 불허 사건 (헌재 2022.2.24. 2018헌마1010 [기각]) ★★★

접촉차단시설이 설치되지 않은 장소에서 수용자와 접견할 수 있는 예외대상의 범위에 소송대리인이 되려는 변호사를 포함시키지 않은 구 '형의 집행 및 수용자의 처우에 관한 법률 시행령' 제58조 제4항 제2호는 변호사인 청구인의 직업수행의 자유를 침해하지 않으므로 헌법에 위반되지 않는다.

[1] 심판대상조항은 소송대리인이 되려고 하는 변호사인 청구인이 접촉차단시설이 설치된 장소에서 일반접견의 형태로 수용자를 접견하도록 하여, 소송사건의 수임단계에서 자유로운 의사소통을 하며 업무를 진행할 수 없게 함으로써 직업수행의 자유를 제한한다.

[2] 소송대리인이 되려는 변호사의 수용자접견의 주된 목적은 소송대리인 선임 여부를 확정하는 것이고 소송준비와 소송대리 등 소송에 관한 직무활동은 소송대리인 선임 이후에 이루어지는 것이 일반적이므로 소송대리인 선임 여부를 확정하기 위한 단계에서는 접촉차단시설이 설치된 장소에서 접견하더라도 그 접견의 목적을 수행하는 데 필요한 의사소통이 심각하게 저해될 것이라고 보기 어렵다.

Point 직업수행의 자유 침해 X

Point
- 변호사가 접촉차단시설이 설치되어 있는 곳에서 수용자접견하는 것 【위헌】 — 변호사의 직업수행의 자유 제한
- 소송대리인이 되려는 변호사가 접촉차단시설이 설치되어 있는 곳에서 수용자접견하는 것 【합헌】 — 변호인의 조력을 받을 권리와 상관 X

113 안경사가 아닌 자의 안경업소 개설 등 금지 사건 (헌재 2021.6.24. 2017헌가31 【합헌】) ★★★

안경사 면허를 가진 자연인에게만 안경업소의 개설 등을 할 수 있도록 하여 자연인인 안경사가 법인을 설립하여 안경업소를 개설할 수 없게 하면서 이를 위반한 경우 이 사건 처벌조항에 의하여 형사처벌되는 심판대상조항은 과잉금지원칙에 반하지 아니하여 자연인 안경사와 법인의 직업의 자유를 침해하지 아니한다.

01 안경사 면허를 가진 자연인에게만 안경업소의 개설 등을 할 수 있도록 한 것은 안경사들로만 구성된 법인 형태의 안경업소 개설까지 허용하지 않으므로 과잉금지원칙에 반하여 자연인 안경사와 법인의 직업의 자유를 침해한다. 22 국회8급 (O / X)

02 안경사 면허를 가진 자연인에게만 안경업소의 개설 등을 할 수 있도록 하고 위반시 처벌하도록 규정한 구「의료기사 등에 관한 법률」조항은 자연인 안경사와 법인의 직업의 자유를 침해한다. 22 국가7급 (O / X)

정답 01 X 02 X

114 개발제한구역 사건 (헌재 1998.12.24. 89헌마214 등 【헌법불합치】)

[1] 개발제한구역의 지정으로 인한 개발가능성의 소멸과 그에 따른 지가의 하락이나 지가상승률의 상대적 감소는 토지소유자가 감수해야 하는 사회적 제약의 범주에 속하는 것으로 보아야 한다. 01 자신의 토지를 장래에 건축이나 개발목적으로 사용할 수 있으리라는 기대가능성이나 신뢰 및 이에 따른 지가 상승의 기회는 원칙적으로 재산권의 보호범위에 속하지 않는다. 구역 지정 당시의 상태대로 토지를 사용·수익·처분할 수 있는 이상, 구역 지정에 따른 단순한 토지 이용의 제한은 원칙적으로 재산권에 내재하는 사회적 제약의 범주를 넘지 않는다. 02 03

Point 구역 지정 당시의 상태대로 토지를 사용·수익·처분할 수 있는 경우, 개발제한구역의 지정이 사회적 제약의 범주 내에 속함.

[2] 도시계획법 제21조에 규정된 개발제한구역제도 그 자체는 원칙적으로 합헌적인 규정인데, 다만 개발제한구역의 지정으로 말미암아 일부 토지소유자에게 사회적 제약의 범위를 넘는 가혹한 부담이 발생하는 예외적인 경우(나대지)에 대하여 보상규정을 두지 않은 것에 위헌성이 있는 것이고, 04 05 보상의 구체적 기준과 방법은 헌법재판소가 결정할 성질의 것이 아니라 광범위한 입법형성권을 가진 입법자가 입법정책적으로 정할 사항이므로 입법자가 보상입법을 마련함으로써 위헌적인 상태를 제거할 때까지 위 조항을 형식적으로 존속케 하기 위하여 헌법불합치결정을 하는 것인바, 입법자는 되도록 빠른 시일 내에 보상입법을 하여 위헌적 상태를 제거할 의무가 있고, 행정청은 보상입법이 마련되기 전에는 새로 개발제한구역을 지정하여서는 아니 되며, 토지소유자는 보상입법을 기다려 그에 따른 권리 행사를 할 수 있을 뿐 개발제한구역의 지정이나 그에 따른 토지재산권의 제한 그 자체의 효력을 다투거나 위 조항에 위반하여 행한 자신들의 행위의 정당성을 주장할 수는 없다.

Point 개발제한구역의 지정으로 토지를 기존의 용도대로 사용·수익·처분할 수 없는 경우 보상규정을 두지 않는다면 위헌성이 있음.

---

01 헌법재판소는 구 「도시계획법」 제21조에 대한 위헌소원 사건(89헌마214 등)에서 개발제한구역 지정으로 인한 지가의 하락은 토지소유자가 감수해야 하는 사회적 제약의 범주 내라고 판시하였다. 14 변호사 (O / X)

02 개발제한구역 지정 당시의 상태대로 토지를 사용·수익·처분할 수 있는 이상, 구역 지정에 따른 단순한 토지이용의 제한은 원칙적으로 재산권에 내재하는 사회적 제약의 범주를 넘지 않는다. 16 변호사 (O / X)

03 헌법상의 재산권은 토지소유자가 이용 가능한 모든 용도로 토지를 사용할 권리나 가장 경제적 또는 효율적으로 사용할 수 있는 권리를 보장하는 것은 아니므로 입법자는 중요한 공익상의 이유로 토지를 일정 용도로 사용하는 권리를 제한하거나 제외할 수 있다. 16 지방7급 (O / X)

04 개발제한구역의 지정으로 말미암아 일부 토지소유자에게 사회적 제약의 범위를 넘는 가혹한 부담이 발생하는 예외적인 경우에 대하여 보상규정을 두지 않은 것은 위헌성이 있다. 13 지방7급, 12 국가7급 (O / X)

05 개발제한구역 지정으로 인하여 토지를 종래의 목적으로도 사용할 수 없거나 또는 더 이상 법적으로 허용된 토지이용의 방법이 없기 때문에 실질적으로 토지의 사용·수익의 길이 없는 경우에는 토지소유자가 수인해야 하는 사회적 제약의 한계를 넘는 것으로 보아야 한다. 09 국가7급 (O / X)

06 개발제한구역 지정으로 인하여 토지를 종래의 목적으로도 사용할 수 없거나 더 이상 법적으로 허용된 토지이용의 방법이 없기 때문에, 실질적으로 토지의 사용·수익의 길이 없는 경우 토지소유자에게 헌법 제23조 제3항에 의한 정당한 보상이 지급되어야 한다. 11 국회8급 (O / X)

정답 01 O 02 O 03 O 04 O 05 O 06 X

115 환매권 발생기간 제한 사건 (헌재 2020.11.26. 2019헌바131 【헌법불합치(적용중지)】)

환매권의 발생기간을 제한하고 있는 '공익사업을 위한 토지 등의 취득 및 보상에 관한 법률' 제91조 제1항 중 '토지의 협의취득일 또는 수용의 개시일부터 10년 이내에' 부분은 재산권을 침해한다.

[1] 토지수용 등 절차를 종료하였다고 하더라도 공익사업에 해당 토지가 필요 없게 된 경우에는 토지수용 등의 헌법상 정당성이 장래를 향하여 소멸한 것이므로, 이러한 경우 종전 토지소유자가 소유권을 회복할 수 있는 권리인 환매권은 헌법이 보장하는 재산권의 내용에 포함되는 권리이다. 환매권의 발생기간을 제한한 것은 사업시행자의 지위나 이해관계인들의 토지이용에 관한 법률관계 안정, 토지의 사회경제적 이용 효율 제고, 사회일반에 돌아가야 할 개발이익이 원소유자에게 귀속되는 불합리 방지 등을 위한 것인데, 그 입법목적은 정당하고 이와 같은 제한은 입법목적 달성을 위한 유효적절한 방법이라 할 수 있다. … 다른 나라의 입법례에 비추어 보아도 발생기간을 제한하지 않거나 더 길게 규정하면서 행사기간 제한 또는 토지에 현저한 변경이 있을 때 환매거절권을 부여하는 등 보다 덜 침해적인 방법으로 입법목적을 달성하고 있다. 이 사건 법률조항은 침해의 최소성원칙에 어긋난다. 01 02

[2] 이 사건의 쟁점은 이 사건 법률조항이 환매권 발생기간을 '취득일로부터 10년 이내'로 제한하여 청구인들의 헌법상 재산권을 침해하는지 여부이다. 청구인들은 평등권 침해 주장도 하고 있으나, 이는 청구인들의 재산권이 다른 경우에 비하여 과도하게 제한된다는 것이어서 재산권 침해 여부를 심사하는 과정에서 함께 판단되므로 별도로 판단하지 않는다.

01 환매권의 발생기간을 '취득일로부터 10년 이내'로 제한한 것은 토지수용 등의 원인이 된 공익사업의 폐지 등으로 공공필요가 소멸하였음에도 단지 10년이 경과하였다는 사정만으로 환매권이 배제되는 결과가 초래될 수 있으므로 재산권을 침해한다. 22 국회8급 (O / X)

02 「공익사업을 위한 토지 등의 취득 및 보상에 관한 법률」 제91조 제1항이 환매권의 발생기간을 '취득일로부터 10년 이내'로 제한한 것은 환매권의 구체적 행사를 위한 내용을 정한 것이라기보다는 환매권의 발생 여부 자체를 정하는 것이어서 사실상 원소유자의 환매권을 배제하는 결과를 초래할 수 있으므로, 침해의 최소성 및 법익의 균형성 등 기본권 제한입법의 한계를 준수하지 못하고 있어 헌법에 위반된다. 21 법무사 (O / X)

정답 01 O 02 O

116 구 세무사법 조항 등에 관한 위헌소원 사건 (헌재 2021.7.15. 2018헌마279 등【기각】)

변호사의 자격이 있는 자에게 더 이상 세무사 자격을 자동으로 부여하지 않는 구 세무사법, 이 사건 법률조항의 시행일과 변호사의 세무사 자격에 관한 경과조치를 정하고 있는 세무사법 부칙 제1조 중 세무사법 제3조에 관한 부분 및 제2조는 헌법에 위반되지 않는다.

[Point] 세무사 관련 정리 ─ 세무자 자격 보유 변호사 ─ 세무업무할 수 있지만, 명칭 사용 불가【합헌】
└ 세무업무 금지【위헌】
└ 변호사에게 더 이상 세무사 자격 부여하지 않는 것【합헌】

117 세무사 자격 보유 변호사의 세무대리금지 사건 (헌재 2018.4.26. 2015헌가19【헌법불합치(잠정적용)】)

세무사 자격 보유 변호사로 하여금 세무사로서 세무사의 업무를 할 수 없도록 규정한 세무사법 제6조 제1항 및 세무사법 제20조 제1항 본문 중 변호사에 관한 부분과 세무조정업무를 할 수 없도록 규정한 법인세법 제60조 제9항 제3호 및 소득세법 제70조 제6항 제3호는 헌법에 합치되지 아니한다.

[1] 법무법인은 심판대상조항에 의해 세무조정업무를 수행할 수 없는 것이 아니라, 법무법인의 구성원 등이 심판대상조항에 의해 세무조정업무를 수행할 수 없는 경우 결과적으로 세무조정업무를 수행할 수 없게 되는 것에 불과하므로, 청구인 법무법인 ○○은 기본권 침해의 자기관련성이 인정되지 않는다.

[2] 세법 및 관련 법령에 대한 해석·적용에 있어서는 일반 세무사나 공인회계사보다 법률사무 전반을 취급·처리하는 법률 전문직인 변호사에게 오히려 그 전문성과 능력이 인정된다. 그럼에도 불구하고 심판대상조항은 세무사 자격 보유 변호사로 하여금 세무대리 일체를 할 수 없도록 전면적으로 금지하고 있으므로, 수단의 적합성을 인정할 수 없다. 그렇다면 심판대상조항은 과잉금지원칙을 위반하여 세무사 자격 보유 변호사의 직업선택의 자유를 침해하므로 헌법에 위반된다. 01 02

01 세무사 자격 보유 변호사가 세무사로서 세무조정업무를 일체 수행할 수 없도록 한 규정은 이들에게 세무사 자격을 부여한 의미를 상실시키는 일일 뿐만 아니라 세무사 자격에 기한 직업선택의 자유를 지나치게 제한하는 것으로 헌법에 위반된다. 18 국가7급 (O / X)

02 세무사 자격 보유 변호사로 하여금 세무사로서 세무대리를 일체 할 수 없도록 전면적으로 금지한 「세무사법」 조항은 과잉금지원칙을 위반하여 세무사 자격 보유 변호사의 직업선택의 자유를 침해한다. 21 입시 (O / X)

정답 01 O 02 O

118 의료보험조합의 적립금 (헌재 2000.6.29. 99헌마289 [기각])

[1] 공법상의 권리가 헌법상의 재산권 보장의 보호를 받기 위해서는 다음과 같은 요건을 갖추어야 한다. 첫째, 공법상의 권리가 권리주체에게 귀속되어 개인의 이익을 위하여 이용가능해야 하며(사적 유용성), 둘째, 국가의 일방적인 급부에 의한 것이 아니라 권리주체의 노동이나 투자, 특별한 희생에 의하여 획득되어 자신이 행한 급부의 등가물에 해당하는 것이어야 하며(수급자의 상당한 자기기여), 셋째, 수급자의 생존의 확보에 기여해야 한다.[01] 이러한 요건을 통하여 사회부조와 같이 국가의 일방적인 급부에 대한 권리는 재산권의 보호대상에서 제외되고,[02] 단지 사회법상의 지위가 자신의 급부에 대한 등가물에 해당하는 경우에 한하여 사법상의 재산권과 유사한 정도로 보호받아야 할 공법상의 권리가 인정된다. 즉 공법상의 법적 지위가 사법상의 재산권과 비교될 정도로 강력하여 그에 대한 박탈이 법치국가원리에 반하는 경우에 한하여, 그러한 성격의 공법상의 권리가 재산권의 보호대상에 포함되는 것이다.

Point 공법상의 권리가 재산권의 보호대상이 되기 위한 요건
- 사적 유용성
- 수급자의 상당한 자기기여
- 수급자의 생존 확보에 기여

[2] 사회보험법상의 지위는 청구권자에게 구체적인 급여에 대한 법적 권리가 인정되어 있는 경우에 한하여 재산권의 보호대상이 된다. 그러나 이 사건 적립금의 경우, 법률이 조합의 해산이나 합병시 적립금을 청구할 수 있는 조합원의 권리를 규정하고 있지 않을 뿐만 아니라, 공법상의 권리인 사회보험법상의 권리가 재산권 보장의 보호를 받기 위해서는 법적 지위가 사적 이익을 위하여 유용한 것으로서 권리주체에게 귀속될 수 있는 성질의 것이어야 하는데, 적립금에는 사법상의 재산권과 비교될 만한 최소한의 재산권적 특성이 결여되어 있다. 따라서 의료보험조합의 적립금은 헌법 제23조에 의하여 보장되는 재산권의 보호대상이라고 볼 수 없다.[03] 그리고 의료보험수급권은 의료보험법상 재산권의 보장을 받는 공법상의 권리이다. 그러나 적립금의 통합이 의료보험수급권의 존속을 위태롭게 하거나 의료보험법 제29조 내지 제46조에 규정된 구체적인 급여의 내용을 직장가입자에게 불리하게 변경하는 것이 아니므로, 적립금의 통합에 의하여 재산권인 의료보험수급권이 제한되는 것은 아니다.

Point 재산권의 보호대상
- 사회부조 ✕
- 의료보험수급권: 공법상 재산권
- 의료보험조합의 적립금 ✕
- 의료급여(보호)수급권 ✕[04]

---

119 변호사시험에서 코로나19 확진환자의 응시를 금지하고, 자가격리자 및 고위험자의 응시를 제한한 법무부공고 제2020-360호 등 위헌확인 (헌재 2023.2.23. 2020헌마1736 [인용(위헌확인)])

'변호사시험 일시·장소 및 응시자준수사항 공고' 및 '코로나19 관련 제10회 변호사시험 응시자 유의사항 등 알림' 중 코로나19 확진환자의 응시를 금지하고, 자가격리자 및 고위험자의 응시를 제한한 부분은 청구인들의 직업선택의 자유를 침해하여 헌법에 위반된다.

[1] 코로나19 확진환자가 시험장 이외에 의료기관이나 생활치료센터 등 입원치료를 받거나 격리 중인 곳에서 이 사건 변호사시험을 치를 수 있도록 한다면 감염병 확산 방지라는 목적을 동일하게 달성하면서도 확진환자의 시험 응시 기회를 보장할 수 있다.

[2] 변호사시험은 법학전문대학원의 석사학위를 취득한 달의 말일부터 5년 내에만 응시할 수 있고 질병 등으로 인한 예외가 인정되지 않는데, 이 사건 응시제한으로 인해 확진환자 등은 적어도 1년간 변호사시험에 응시조차 할 수 없게 되므로 그에 따라 입게 되는 불이익은 매우 중대하다.

[3] 이 사건 응시제한은 과잉금지원칙을 위반하여 청구인들의 직업선택의 자유를 침해한다.

---

01 공법상의 권리가 헌법상의 재산권 보장의 보호를 받기 위해서는 첫째, 공법상의 권리가 권리주체에게 귀속되어 개인의 이익을 위하여 이용 가능해야 하며 둘째, 국가의 일방적인 급부에 의한 것이 아니라 권리주체의 노동이나 투자, 특별한 희생에 의하여 획득되어 자신이 행한 급부의 등가물에 해당하는 것이어야 하며 셋째, 수급자의 생존의 확보에 기여해야 한다. 10 국회8급 (O / ✕)

02 국가의 일방적인 급부인 사회부조는 헌법상 보호되는 재산권이 아니다. 15 법원직 (O / ✕)

03 헌법재판소는 「국민건강보험법」상 의료보험조합의 적립금이 헌법상 재산권으로 보호받을 수 있다고 판시한 바 있다. 12 국가9급 (O / ✕)

04 의료급여수급권은 저소득 국민에 대한 국가의 지원정책이고 국가에 대한 공법적 청구권이므로 헌법상 재산권에 해당한다. 13 지방7급, 10 국가7급 (O / ✕)

정답 01 O 02 O 03 ✕ 04 ✕

120 경비원의 비경비업무 수행금지 및 위반시 경비업 허가취소 사건 (헌재 2023.3.23. 2020헌가19 [헌법불합치(적용중지)])

시설경비업을 허가받은 경비업자로 하여금 허가받은 경비업무 외의 업무에 경비원을 종사하게 하는 것을 금지하고, 이를 위반한 경비업자에 대한 허가를 취소하도록 정하고 있는 경비업법 제7조 제5항 중 '시설경비업무'에 관한 부분과 경비업법 제19조 제1항 제2호 중 '시설경비업무'에 관한 부분은 헌법에 합치되지 아니한다.

[1] 심판대상조항은 시설경비업을 허가받은 경비업자로 하여금 허가받은 경비업무 외의 업무에 경비원을 종사하게 하는 것을 금지하고, 이를 위반한 경비업자에 대한 허가를 취소함으로써 시설경비업무에 종사하는 경비원으로 하여금 경비업무에 전념하게 하여 국민의 생명·신체 또는 재산에 대한 위험을 방지하고자 하는 것으로 입법목적의 정당성 및 수단의 적합성은 인정된다.

[2] 비경비업무의 수행이 경비업무의 전념성을 직접적으로 해하지 아니하는 경우가 있음에도 불구하고, 심판대상조항은 경비업무의 전념성이 훼손되는 정도를 고려하지 아니한 채 경비업자가 경비원으로 하여금 비경비업무에 종사하도록 하는 것을 일률적·전면적으로 금지하고 있는 점, 경비업자가 허가받은 시설경비업무 외의 업무에 경비원을 종사하게 한 때에는 필요적으로 경비업의 허가를 취소하도록 규정하고 있는 점, 누구든지 경비원으로 하여금 경비업무의 범위를 벗어난 행위를 하게 하여서는 아니 된다며 이에 대한 제재를 규정하고 있는 경비업법 제15조의2 제2항, 제19조 제1항 제7호 등을 통해서도 경비업무의 전념성을 충분히 확보할 수 있는 점 등에 비추어 볼 때, 심판대상조항은 침해의 최소성에 위배된다.

[3] 경비업무의 전념성을 중대하게 훼손하지 않는 경우에조차 경비원에게 비경비업무를 수행하도록 하기만 하면 허가받은 경비업 전체를 취소하도록 하여 경비업을 전부 영위할 수 없도록 하는 것은 법익의 균형성에도 반한다.

[4] 심판대상조항은 과잉금지원칙에 위반하여 <mark>시설경비업을 수행하는 경비업자의 직업의 자유를 침해한다.</mark>

121 성매매알선 등 행위의 처벌에 관한 법률 제21조 제1항 위헌제청 (헌재 2016.3.31. 2013헌가2 [합헌])

성매매를 한 자를 형사처벌하도록 규정한 성매매알선 등 행위의 처벌에 관한 법률 제21조 제1항은 헌법에 위반되지 않는다.

[1] 심판대상조항은 성매매를 형사처벌하여 성매매당사자(성판매자와 성구매자)의 성적 자기결정권, 사생활의 비밀과 자유 및 성판매자의 직업선택의 자유를 제한하고 있다. [01]
→ 성매매도 직업으로 인정

[2] <mark>성매매는 그 자체로 폭력적, 착취적 성격을 가진 것으로 경제적 약자인 성판매자의 신체와 인격을 지배하는 형태를 띠므로 대등한 당사자 사이의 자유로운 거래행위로 볼 수 없다.</mark>

　[Point] 직업의 자유 제한 O ➡ 침해 X [02]

[3] 불특정인을 상대로 한 성매매와 특정인을 상대로 한 성매매는 건전한 성풍속 및 성도덕에 미치는 영향, 제3자의 착취 문제 등에 있어 다르다고 할 것이므로, <mark>불특정인에 대한 성매매만을 금지대상으로 규정하고 있는 것이 평등권을 침해한다고 볼 수도 없다.</mark> [03]

　[Point] · 성매매: 성적 자기결정권, 직업의 자유 제한 O
　　　　· 성매매알선: 성적 자기결정권 제한 X, 직업의 자유 제한 O

---

[01] 성매매도 직업의 내용으로 인정된다. 20 변호사 (O / X)

[02] 헌법 제15조에서 보장하는 직업이란 생활의 기본적 수요를 충족시키기 위하여 행하는 계속적인 소득활동을 의미하고, 성매매는 그것이 가지는 사회적 유해성과는 별개로 성판매자의 입장에서 생활의 기본적 수요를 충족하기 위한 소득활동에 해당함을 부인할 수 없으나, 성매매자를 처벌하는 것은 과잉금지원칙에 반하지 않는다. 20 서울·지방7급 (O / X)

[03] 불특정인을 상대로 한 성매매와 특정인을 상대로 한 성매매를 달리 취급하여 불특정인에 대한 성매매만을 금지대상으로 하는 법률규정은 평등권을 침해하지 않는다. 17 국회8급 (O / X)

정답 01 O 02 O 03 O

122 외국인 근로자의 사업장 변경 횟수 제한 사건 (헌재 2011.9.29. 2007헌마1083 등 [기각])

[1] 이 사건 법률조항이 입법자의 재량의 범위를 넘어 명백히 불합리하다고 할 수는 없다. 따라서 이 사건 법률조항은 청구인들의 직장선택의 자유를 침해하지 아니한다.

[2] 직장 변경의 횟수를 제한하고 있는 이 사건 법률조항은 근로의 권리를 제한하지 않는다. [01]

Point 직장 변경 횟수의 제한 ─ 직장선택의 자유 제한 O ➡ 침해 X
　　　　　　　　　　　　　└ 근로의 권리 제한 X

[3] 자유로운 직업을 선택·결정할 자유는 외국인도 누릴 수 있는 인간의 권리로서의 성질을 지닌다고 볼 것이다.

직업의 자유 중 이 사건에서 문제되는 직장선택의 자유는 인간의 존엄과 가치 및 행복추구권과도 밀접한 관련을 가지는 만큼 단순히 국민의 권리가 아닌 인간의 권리로 보아야 할 것이므로 권리의 성질상 참정권, 사회권적 기본권, 입국의 자유 등과 같이 외국인의 기본권 주체성을 전면적으로 부정할 수는 없고, 외국인도 제한적으로라도 직장선택의 자유를 향유할 수 있다고 보아야 한다. [02][03][04] 한편, 외국인에게 직장선택의 자유에 대한 기본권 주체성을 인정한다는 것이 곧바로 이들에게 우리 국민과 동일한 수준의 직장선택의 자유가 보장된다는 것을 의미하는 것은 아니라고 할 것이다. [05]

Point 외국인: 직장선택의 자유의 제한적 주체

🔍 비교판례

의료인의 면허된 의료행위 이외의 의료행위를 금지하고 처벌하는 의료법 규정에 관한 부분에 대한 심판청구에 대하여 외국인인 청구인의 직업의 자유 및 평등권에 관한 기본권 주체성은 인정되지 않는다. (헌재 2014.8.28. 2013헌마359)

---

[01] 외국인근로자의 사업장변경을 원칙적으로 3회를 초과할 수 없도록 하는 규정은 외국인근로자에게 일단 형성된 근로관계를 포기하는 것을 제한하기 때문에 직업선택의 자유에 대한 제한이 아니라 근로자의 자유에 대한 제한으로 보아야 한다. 20 국회8급
(O / X)

[02] 직장선택의 자유는 인간의 존엄과 가치, 행복추구권과 밀접한 관련을 가지므로 외국인도 제한적으로 직장선택의 자유를 향유할 수 있다. 17 법원직, 15 지방7급, 14 국가7급
(O / X)

[03] 적법하게 고용허가를 받아 적법하게 입국하여 우리나라에서 일정한 생활관계를 형성·유지하는 외국인은 직업선택의 자유의 주체가 될 수 있다. 16 국회8급, 15 서울7급, 13 지방7급
(O / X)

[04] 직장선택의 자유는 국민의 권리가 아닌 인간의 권리로 보아야 할 것이므로, 적법하게 고용허가를 받아 우리 사회에서 정당한 노동인력으로서의 지위를 부여받은 외국인에게도 직장선택의 자유에 대한 기본권 주체성을 인정할 수 있다. 22 국회8급, 19 변호사
(O / X)

[05] 외국인에게 직장선택의 자유에 대한 기본권 주체성을 인정한다는 것은 곧바로 이들에게 우리 국민과 동일한 수준의 직장선택의 자유가 보장된다는 것을 의미한다. 22 국회8급
(O / X)

정답 01 X　02 O　03 O　04 O　05 X

DAY 07 정치적 기본권

미니노트

참정권

01 주체
① 국민: 일정한 연령(18세)에 달하여야 함(법적 요건 충족 필요).
② 외국인: 공직선거법 제15조 제2항 제2호 '제한된 범위 내' 참정권 인정(주민의 지위) ➡ 지방의회의원 선거권, 지방자치단체장 선거권, 주민투표권, 주민소환권 등(기본권 ×, 법률상 권리)

02 직접참정권
① 민발안권: 국민이 헌법개정안·법률안 제안
　제2차 개정헌법에서 규정 ➡ 제6차 개정헌법까지 지속 ➡ 제7차 개정헌법에서 폐지
② 국민투표제: 중요한 법안·정책을 투표로 결정
③ 국민소환제: 헌법의 명문규정 필요 ≒ 청원권
④ 주민소환권: 직접민주주의의 수단 ~~헌법상의 기본권~~ 법률상의 권리

03 간접참정권
① 선거권
　㉠ 보통선거: 선거권 유무의 문제, 일정 연령 이상 모든 국민
　　　　　　　　　　　　　　　　　　　→ 선거권의 연령: ~~헌법~~ 공직선거법
　㉡ 평등선거: 선거 내용의 평등, 1인 1표제
　㉢ 직접선거: 중간선거인 부인
　㉣ 비밀선거: 출구조사는 비밀선거원칙 위배 ×
　㉤ 자유선거: 선거 전과정에서 필요, 선거운동의 자유도 포함, 명문규정 ×
② 공무담임권
　㉠ 선거를 통해 공직에 선출될 수 있는 피선거권
　㉡ 공직취임권(공직에 임명), 신분보유권, 승진의 기회균등
　　　　　　　　　　　　　　승진가능성은 공무담임권 ×

현행헌법과 직접참정권

01 헌법개정안에 대한 국민투표권(필수적 국민투표)

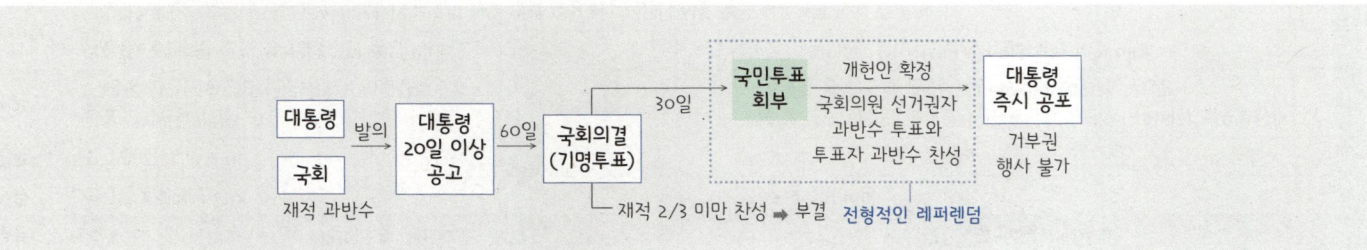

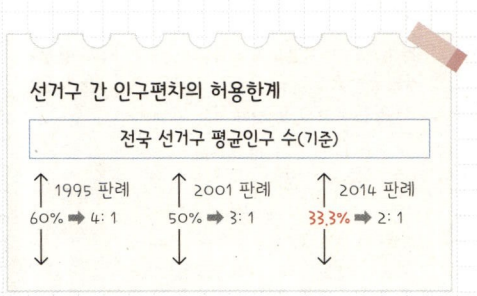

선거구 간 인구편차의 허용한계

전국 선거구 평균인구 수(기준)
↑1995 판례   ↑2001 판례   ↑2014 판례
60% ➡ 4:1   50% ➡ 3:1   33.3% ➡ 2:1
↓   ↓   ↓

02 중요정책에 대한 국민투표권(임의적 투표권)

헌법 제72조	대통령은 필요하다고 인정할 때 외교·국방·통일 기타 국가안위에 관한 중요 정책을 국민투표에 붙일 수 있다.	· 국민투표의 최초 도입: 제2차 개정헌법(주권의 제약 또는 영토 변경의 경우) · 헌법개정에 국민투표 도입: 제5차 개정헌법

보궐선거의 실시문제

대통령 선거	· 궐위사유 발생일로부터 60일 이내 실시(선거일 공고주의) · 잔임기간 1년 이내라도 반드시 실시, 임기는 새로 시작
지역구국회의원 선거, 지방자치단체장 선거	· 선거일 ~ 임기만료일 기간이 1년 미만: 실시하지 않을 수 있음. · 임기: 전임자의 잔여임기
비례대표국회의원 선거, 비례대표지방의회의원 선거	· 궐원 통지받은 후 10일 이내에, 선거 당시 비례대표 후보자명부 기재 순위에 따라 의석을 승계할 자를 결정 · 정당해산, 임기만료일 전 120일 이내의 궐원시: 실시 X
지역구지방의회의원 선거	· 지방의회의원 정수 1/4 이상 궐원 X: 실시 X · 지방의회의원 정수 1/4 이상 궐원: 궐원된 의원 전원에 실시

피선거권이 있는 자

대통령 피선거권	국회의원 피선거권	지방자치단체, 지방의회의원 피선거권
· 5년 이상 국내 거주(공직선거법) · 40세 이상(헌법, 변경시 개정 필요)	· 헌법상 규정 X · 18세 이상(공직선거법)	· 지방자치단체 관할에 60일 이상 거주 · 18세 이상

대표제와 선거구제

대표제	다수대표제	· 절대다수대표제: 50% 이상의 득표를 한 1명 선출 · 상대다수대표제: 1표라도 많은 득표를 한 1명 선출
	소수대표제	한 선거구에서 2명 이상의 대표를 선출
	비례대표제	정당의 득표율에 따라 의석을 배분
	직능대표제	직업별로 선거인단을 조직하여 그 대표를 의회에 보냄.
선거구제	소선거구	1선거구에서 1명의 대표를 선출
	중선거구	1선거구에서 2명 이상 4명(또는 5명)의 대표를 선출, 기초의회, 제7차 개정헌법
	대선거구	1선거구에서 5명(또는 6명) 이상의 대표를 선출(제3차 개정헌법 참의원)

후보자가 1명일 때의 당선인 결정

구분	후보자가 1명	최고득표자가 2명 이상
대통령	선거권자 총수 1/3 이상 득표	국회 재적 과반수 출석 공개회의에서 다수표를 얻은 자
지역구국회의원	· 후보자등록 마감시각~투표 마감시각 ➡ 무투표 당선 · 투표 마감시각 후 당선인 결정 전까지 ➡ 사퇴·사망하거나 등록이 무효로 된 자가 유효투표의 다수를 얻은 경우 당선인은 없는 것으로 함.	연장자
지방의회의원	지역구국회의원과 동일(무투표 당선 가능)	
지방자치단체장		

선거소송과 당선소송(공직선거법 규정)

구분	선거소송 (제222조)	당선소송 (제223조)
사유	선거의 효력에 관하여 이의	당선의 효력에 이의
원고	선거인, 정당, 후보자	정당, 후보자
피고	관할 선거관리위원회 위원장 (대통령 선거는 중앙선거관리위원회 위원장)	· 대통령 선거: 당선인, 중앙선거관리위원회 위원장, 국회의장, 법무부장관 · 국회의원 선거: 관할 중앙선거관리위원회 위원장, 당선인
제소기일	대통령·국회의원 선거: 선거일로부터 30일 이내	대통령·국회의원 선거: 당선인 결정일로부터 30일 이내
	지방의회의원·지방자치단체장 선거: 선거일로부터 14일 이내 소청 ➡ 소청결정서를 받은 날로부터 10일 내 소제기	
제소법원	· 대통령, 국회의원 선거: 대법원 ─┐ · 시·도지사, 비례대표 시·도의원: 선거소청 거친 후 대법원 ─┴➡ 단심제 · 그 외의 지방선거: 선거소청 거친 후 고등법원 ➡ 대법원 ── 이심제	

다수대표제의 장·단점

장점	선거관리가 쉽고 비용이 적게 들며 양당제의 확립이 용이
단점	사표가 많고 바이어스(Bias) 현상이 일어나기 쉬움.

비례대표제의 장·단점

장점	· 사표 방지 ➡ 투표의 결과가치 평등 구현 ➡ 다원적 국민대표 선출 · 평등선거원칙과의 조화, 소수보호에 유리 · 선거비용의 절감, 유능한 인물 선출에 용이 · 정당 위주의 선거, 선거구획정문제의 해결
단점	· 선거권자(주권자)의 소외(정당이 주도하기 때문) · 정당지도부의 횡포 우려 · 대의민주주의 기능과의 조화가 어려움. · 유권자와 후보자 간 유대감이 약함. · 군소정당 출현시 정국이 불안정 저지조항: 비례대표의 단점인 군소정당의 출현을 방지하기 위하여 일정 비율의 득표를 하지 못한 정당에게는 의석을 배분하지 않음.

저지조항 정리

국회의원 선거	· 임기만료에 따른 비례대표국회의원 선거에서 전국 유효투표총수의 100분의 3 이상을 득표한 정당 · 임기만료에 따른 지역구국회의원 선거에서 5 이상의 의석을 차지한 정당
지방의회의원 선거	비례대표지방의회의원 선거에 있어서는 당해 선거구선거관리위원회가 유효투표총수의 100분의 5 이상을 득표한 각 정당에 배분

현행헌법과 정당제도

헌법 제8조	제1항	정당의 설립은 자유이며 복수정당제가 보장된다.	정당설립의 자유(정당설립에 대한 허가제는 위헌)
	제2항	정당은 그 목적·조직과 활동이 민주적이어야 하며, 국민의 정치적 의사형성에 참여하는 데 필요한 조직을 가져야 한다.	목적의 민주성: 현행헌법에서 도입
	제3항	정당은 법률이 정하는 바에 의하여 국가의 보호를 받으며, 국가는 법률이 정하는 바에 의하여 정당운영에 필요한 자금을 보조할 수 있다.	• 운영자금규정: 제8차 개정헌법 • 선거경비규정: 헌법 제116조 제2항(선거공영제)
	제4항	정당의 목적이나 활동이 민주적 기본질서에 위배될 때에는 정부는 헌법재판소에 그 해산을 제소할 수 있고, 정당은 헌법재판소의 심판에 의하여 해산된다.	• 목적과 활동 중 하나만 해당에도 해산 가능 • 해산: 창설적 효력 • 민주적 기본질서: 자유민주적 기본질서(다수설)

정당의 기능과 조직

01 지위
사적 단체(조직면), 공적 기능 수행(기능면), 법인격 없는 사단(소유재산의 귀속관계)

02 기본권 주체성
인정 ➡ 헌법소원심판 청구능력 인정 vs 교섭단체: 기본권 주체성 부정

03 공권력 행사 주체성
부정 ➡ 권한쟁의심판청구능력 부정

04 조직 구성(정당법)

중앙당(수도에 소재) / 시·도당(특별시·광역시·도)
- 정당은 5 이상의 시·도당을 필요로 함.
- 시·도당은 1천 명 이상의 당원
- 시·도당은 관할 구역 내 주소
→ 정당의 자유 침해 X

• 중앙당이 중앙선거관리위원회에 등록함으로써 성립
• 지구당 폐지는 합헌, 당원협의회는 둘 수 있지만 협의회를 위한 사무소는 둘 수 없음.

관련조문

정당법 제15조(등록신청의 심사)
등록신청을 받은 관할 선거관리위원회는 형식적 요건을 구비하는 한 이를 거부하지 못한다. 다만, 형식적 요건을 구비하지 못한 때에는 상당한 기간을 정하여 그 보완을 명하고, 2회 이상 보완을 명하여도 응하지 아니할 때에는 그 신청을 각하할 수 있다. 아직 출제 X

당원의 자격(정당법 제22조)

정당의 당원 가능	정당의 당원 불가
• 대한민국 국민으로서 국회의원 선거권이 있는 자 • 대통령, 국무총리, 국무위원, 국회의원, 지방의회의원, 지방자치단체의 장 • 국회부의장의 수석비서관·비서관·비서·행정보조요원 • 국회 상임위원회·예산결산특별위원회·윤리특별위원회의 위원장 • 국회의원의 보좌관·비서관·비서 • 국회 교섭단체 대표의원의 행정비서관, 정책연구위원·행정보조요원 • 국·공립대학 교수와 사립대학 교수 • 퇴직한 검찰총장	• 국가공무원법 제2조 또는 지방공무원법 제2조에 규정된 공무원 • 초·중·고등학교 교사 • 헌법상 정당가입금지: 헌법재판소 재판관, 선거관리위원회 위원

관련조문 — 출제가능성 ↑

정당법 제22조(발기인 및 당원의 자격) ☒☒☒☒
① **16세 이상**의 국민은 공무원 그 밖에 그 신분을 이유로 정당가입이나 정치활동을 금지하는 다른 법령의 규정에 불구하고 누구든지 정당의 발기인 및 당원이 될 수 있다. 다만, 다음 각 호의 어느 하나에 해당하는 자는 그러하지 아니하다.
<각 호 생략>

제23조(입당)
① 당원이 되고자 하는 자는 다음 각 호의 어느 하나에 해당하는 방법으로 시·도당 또는 그 창당준비위원회에 입당신청을 하여야 한다. 이 경우 **18세 미만인 사람이 입당신청을 하는 때에는 법정대리인의 동의서를 함께 제출하여야 한다.**
<각 호 생략>

정당 소속 국회의원의 제명

01 정당 소속 국회의원 제명
① 당헌이 정하는 절차
② 소속 국회의원 전원의 1/2 이상 찬성
→ 제명 → 의원 신분 상실 ✕

02 국회에서의 제명
재적의원 2/3 이상 찬성(헌법 규정) → 제명 → 의원 신분 상실

03 무자격결정
재적의원 2/3 이상 찬성(국회법 규정) → 제명 → 의원 신분 상실

위헌정당해산절차

정부의 제소 → 헌법재판소의 심리·결정 → 선거관리위원회

- 정부의 제소: 국무회의 심의 필요
- 헌법재판소의 심리·결정:
  • 7명 이상 출석·심리
  • 6명 이상 찬성 의결
  • 구두변론, 공개주의
  • 가처분결정 가능
  • 일사부재리원칙
- 선거관리위원회:
  • 정당 등록 말소
  • 지체 없이 공고
  → 잔여재산 국고 귀속

해산 대상 정당 및 사유

1. 기성정당, 결성 중인 정당
   • 하부조직·내부조직 포함
   • 방계조직·위장조직 제외(행정명령으로 해산 가능)
2. 자유민주적 기본질서 위배

정당과 정치자금

01 당비
① 명목 여하에 불구하고 당헌·당규에 의하여 당원이 부담하는 금전, 유가증권 등
② 타인의 명의나 가명으로 납부된 당비는 국고 귀속

02 후원금
① 후원회(후원회 지정권자 X)에 기부하는 금전, 유가증권 등
② 후원금은 연간 2천만 원 초과 X
③ 1회 10만 원 이하, 연간 120만 원 이하의 후원금 ➡ 익명으로 기부 가능

03 기탁금
① 정당에 기부하고자 하는 개인이 선거관리위원회에 기탁하는 금전, 유가증권 등
② 당원이 될 수 없는 공무원과 사립학교 교원도 기탁 가능 아직 출제 X
  ↳ 선거관리위원회에 내는 것이기 때문에 정치적 중립이 훼손되지 않기 때문

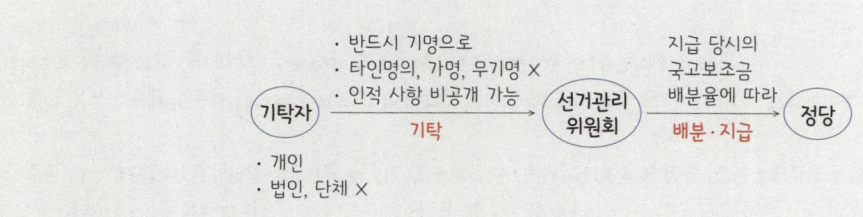

04 보조금
① 정당의 보호·육성을 위하여 국가가 정당에 지급하는 금전, 유가증권
② 선거지원보조금, 정당운영보조금, 여성추천보조금, 장애인추천보조금

관련조문

정치자금법 제6조(후원회지정권자)
다음 각 호에 해당하는 자(이하 '후원회지정권자'라 한다)는 각각 하나의 후원회를 지정하여 둘 수 있다.
1. 중앙당(중앙당창당준비위원회를 포함한다)
2. 국회의원(국회의원 선거의 당선인을 포함한다)
2의2. 대통령 선거의 후보자 및 예비후보자(이하 '대통령후보자 등'이라 한다)
3. 정당의 대통령 선거 후보자 선출을 위한 당내경선후보자(이하 '대통령 선거 경선후보자'라 한다)
4. 지역선거구(이하 '지역구'라 한다)국회의원 선거의 후보자 및 예비후보자(이하 '국회의원후보자 등'이라 한다). 다만, 후원회를 둔 국회의원의 경우에는 그러하지 아니하다.
5. 중앙당 대표자 및 중앙당 최고 집행기관(그 조직 형태와 관계없이 당헌으로 정하는 중앙당 최고 집행기관을 말한다)의 구성원을 선출하기 위한 당내경선후보자(이하 '당대표경선후보자 등'이라 한다)
6. 지역구지방의회의원 선거의 후보자 및 예비후보자(이하 '지방의회의원후보자 등'이라 한다)
7. 지방자치단체의 장 선거의 후보자 및 예비후보자(이하 '지방자치단체장후보자 등'이라 한다)

↳ 비례대표의원은 후원회 둘 수 없음.

↳ 당선 후 후원회 가능: 국회의원만(지역구+비례대표)

판례분석

123 지방의회의원의 후원회지정금지 사건 (헌재 2022.11.24. 2019헌마528 등 [헌법불합치])

국회의원을 후원회지정권자로 정하면서 지방자치법 제2조 제1항 제1호의 '도'의회의원과 같은 항 제2호의 '시'의회의원을 후원회지정권자에서 제외하고 있는 정치자금법 제6조 제2호는 지방의회의원인 청구인들의 평등권을 침해한다.

[Point] 선거에 출마하는 경우 비례대표국회의원·지방의회의원은 후보자 때는 후원회를 둘 수 없고 당선되면 후원회를 둘 수 있음. 지역구국회의원·지방의회의원은 예비후보자, 후보자 때도 후원회를 둘 수 있고 당선 후에도 둘 수 있음. 그 외의 모든 선거에서는 예비후보자와 후보자 때는 후원회를 둘 수 있지만 당선 후에는 둘 수 없음.

124 공무원 징계에 따른 승진, 승급, 정근수당 제한 사건 (헌재 2022.3.31. 2020헌마211 [기각])

[1] 공무원이 징계처분을 받은 경우 대통령령 등으로 정하는 기간 동안 승진임용 및 승급을 제한하는 국가공무원법 제80조 제6항 본문은 포괄위임금지원칙에 위반되지 않는다.

[2] 공무원이 감봉처분을 받은 경우 12월간 승진임용을 제한하는 이 사건 법률조항 중 '승진임용'에 관한 부분 및 공무원임용령 제32조 제1항 제2호 나목은 공무담임권을 침해하지 않는다.

[3] 공무원이 감봉처분을 받은 경우 12월간 승급을 제한하는 이 사건 법률조항 중 '승급'에 관한 부분 및 공무원보수규정 제14조 제1항 제2호 나목, 정근수당을 지급하지 않는 '공무원수당 등에 관한 규정' 제7조 제2항 중 '감봉처분을 받은 공무원'에 관한 부분은 재산권을 침해하지 않는다.

125 아동 성적 학대행위자에 대한 공무원 결격사유 사건 (헌재 2022.11.24. 2020헌마181 [헌법불합치])

국가공무원법 제33조 제6호의4 나목 중 아동복지법 제17조 제2호 가운데 '아동에게 성적 수치심을 주는 성희롱 등의 성적 학대행위로 형을 선고받아 그 형이 확정된 사람은 국가공무원법 제2조 제2항 제1호의 일반직공무원으로 임용될 수 없도록 한 것'에 관한 부분 및 군인사법 제10조 제2항 제6호의4 나목 중 아동복지법 제17조 제2호 가운데 '아동에게 성적 수치심을 주는 성희롱 등의 성적 학대행위로 형을 선고받아 그 형이 확정된 사람은 부사관으로 임용될 수 없도록 한 것'에 관한 부분은 공무담임권을 침해한다.

아동에 대한 성희롱 등의 성적 학대행위로 인하여 형을 선고받아 확정된 사람을 공직에 진입할 수 없도록 하는 것은 위와 같은 입법목적 달성에 기여할 수 있으므로, 수단의 적합성도 인정된다. 심판대상조항은 영구적으로 임용을 제한하고, 아무리 오랜 시간이 경과하더라도 결격사유가 해소될 수 있는 어떠한 가능성도 인정하지 않는다. 아동에 대한 성희롱 등의 성적 학대행위로 형을 선고받은 경우라고 하여도 범죄의 종류, 죄질 등은 다양하므로, 개별 범죄의 비난가능성 및 재범 위험성 등을 고려하여 상당한 기간 동안 임용을 제한하는 덜 침해적인 방법으로도 입법목적을 충분히 달성할 수 있다. 따라서 심판대상조항은 과잉금지원칙에 위반되어 청구인의 공무담임권을 침해한다.

126 피성년후견인 국가공무원 당연퇴직 사건 (헌재 2022.12.22. 2020헌가8 [위헌])

국가공무원이 피성년후견인이 된 경우 당연퇴직되도록 한 구 국가공무원법 제69조 제1호 중 제33조 제1호 가운데 '피성년후견인'에 관한 부분, 구 국가공무원법 제69조 제1항 중 제33조 제1호 가운데 '피성년후견인'에 관한 부분 및 국가공무원법 제69조 제1항 중 제33조 제1호에 관한 부분은 공무담임권을 침해한다.

심판대상조항은 직무수행의 하자를 방지하고 국가공무원제도에 대한 국민의 신뢰를 보호하기 위한 것으로서, 그 입법목적이 정당하다. 이러한 목적을 달성하기 위해 정신적 제약으로 사무를 처리할 능력이 지속적으로 결여되어 성년후견이 개시된 국가공무원을 개시일자로 퇴직시키는 것은 수단의 적합성도 인정된다. 결국 심판대상조항과 같은 정도로 입법목적을 달성하면서도 공무담임권의 침해를 최소화할 수 있는 대안이 있으므로, 심판대상조항은 침해의 최소성에 반한다.

127 총장임용후보자 선거에서 후보자가 기탁금을 납부하도록 하고 납부된 기탁금의 일부만을 반환하도록 한 대학 규정에 관한 사건
(헌재 2021.12.23. 2019헌마825 [위헌, 기각])

[1] 대구교육대학교 총장임용후보자선거에서 후보자가 제1차 투표에서 최종 환산득표율의 100분의 15 이상을 득표한 경우에만 기탁금의 반액을 반환하도록 하고 나머지 기탁금은 발전기금에 귀속되도록 규정한 '대구교육대학교 총장임용후보자 선정규정' 제24조 제2항은 헌법에 위반된다.

[2] 위 선거에서 후보자가 되려는 사람은 1,000만 원의 기탁금을 납부하도록 규정한 같은 규정 제23조 제1항 제2호 및 제24조 제1항은 헌법에 위반되지 않는다.

> Point · 15% 득표한 경우 기탁금의 반액 반환 [위헌]
>
> · 1,000만 원 기탁금 [합헌]

128 공직선거법상 선거운동기간 제한 및 처벌조항 사건 (헌재 2022.2.24. 2018헌바146 [위헌]) ☆☆☆

선거운동기간을 제한하고 이를 위반한 사전선거운동을 형사처벌하도록 규정한 구 공직선거법 제59조 중 선거운동기간 전에 개별적으로 대면하여 말로 하는 선거운동에 관한 부분, 공직선거법 제254조 제2항 중 '그 밖의 방법'에 관한 부분 가운데 개별적으로 대면하여 말로 하는 선거운동을 한 자에 관한 부분은 헌법에 위반된다.

[1] '그 밖의 방법' 또한 불확정적인 개념이기는 하나, 이 사건 처벌조항이 예로 들고 있는 방법은 모두 특정 후보자의 당선 또는 낙선을 위하여 활용되는 선거운동의 유형에 해당하므로, '그 밖의 방법'이 선거운동의 개념표지를 갖춘 모든 방법을 뜻하는 것임을 충분히 알 수 있다. 따라서 죄형법정주의 명확성원칙에 위반되지 아니한다.

[2] 이 사건 선거운동기간조항은 선거의 과열경쟁으로 인한 사회·경제적 손실을 방지하고 후보자 간의 실질적인 기회균등을 보장하기 위하여 선거운동기간을 제한하고 있는바, 이러한 입법목적은 정당하고 수단의 적정성 또한 인정된다. 그러므로 이 사건 선거운동기간조항이 선거운동기간을 제한하는 것 자체가 정치적 표현의 자유를 과도하게 제한한다고 보기 어렵다. 그러나 … 이 사건 선거운동기간조항은 그 입법목적을 달성하는 데 지장이 없는 선거운동방법, 즉 돈이 들지 않는 방법으로서 후보자 간 경제력 차이에 따른 불균형 문제나 사회·경제적 손실을 초래할 위험성이 낮은 개별적으로 대면하여 말로 지지를 호소하는 선거운동까지 포괄적으로 금지함으로써 선거운동 등 정치적 표현의 자유를 과도하게 제한하고 있고, 기본권 제한과 공익목적 달성 사이에 법익의 균형성도 갖추지 못하였다. 결국 이 사건 선거운동기간조항 중 각 선거운동기간 전에 개별적으로 대면하여 말로 하는 선거운동에 관한 부분은 과잉금지원칙에 반하여 선거운동 등 정치적 표현의 자유를 침해한다.

129 공직선거법 제218조의16 제3항 부진정입법부작위 위헌확인 사건 (헌재 2022.1.27. 2020헌마895 【헌법불합치】)

공직선거법 제218조의16 제3항 중 '재외투표기간 개시일 전에 귀국한 재외선거인 등'에 대해 선거권을 인정하지 않는 것은 헌법에 합치되지 아니한다.

재외선거 국내선거
2.20 3.9
귀국
재외선거도 못하고
국내선거도 못함.

130 대통령의 재신임투표 가능성 (헌재 2004.5.14. 2004헌나1 【기각】)

[1] 대통령에게 국민투표 부의권을 부여하는 헌법 제72조는 가능하면 대통령에 의한 국민투표의 정치적 남용을 방지할 수 있도록 엄격하고 축소적으로 해석되어야 한다. 이러한 관점에서 볼 때, 헌법 제72조의 국민투표의 대상인 '중요정책'에는 대통령에 대한 '국민의 신임'이 포함되지 않는다. 대통령은 헌법상 국민에게 자신에 대한 신임을 국민투표의 형식으로 물을 수 없을 뿐만 아니라, 특정 정책을 국민투표에 붙이면서 이에 자신의 신임을 결부시키는 대통령의 행위도 위헌적인 행위로서 헌법적으로 허용되지 않는다. 01 02 03 물론, 대통령이 특정 정책을 국민투표에 붙인 결과 그 정책의 실시가 국민의 동의를 얻지 못한 경우, 이를 자신에 대한 불신임으로 간주하여 스스로 물러나는 것은 어쩔 수 없는 일이나 정책을 국민투표에 붙이면서 "이를 신임투표로 간주하고자 한다."라는 선언은 국민의 결정행위에 부당한 압력을 가하고 국민투표를 통하여 간접적으로 자신에 대한 신임을 묻는 행위로서 대통령의 헌법상 권한을 넘어서는 것이다.

[Point] 헌법 제72조의 '중요정책' ➡ 대통령에 대한 '국민의 신임' 포함 X

[Point] 대통령의 신임을 묻는 행위 ─ 국민투표의 형식 X
                              └ 특정 정책 국민투표시 결부 X

[2] 헌법은 대통령에게 국민투표를 통하여 직접적이든 간접적이든 자신의 신임 여부를 확인할 수 있는 권한을 부여하지 않는다. 뿐만 아니라, 헌법은 명시적으로 규정된 국민투표 외에 다른 형태의 재신임국민투표를 허용하지 않는다. 이는 주권자인 국민이 원하거나 또는 국민의 이름으로 실시하더라도 마찬가지이다. 국민은 선거와 국민투표를 통하여 국가권력을 직접 행사하게 되며, 국민투표는 국민에 의한 국가권력의 행사방법의 하나로서 명시적인 헌법적 근거를 필요로 한다. 따라서 국민투표의 가능성은 국민주권주의나 민주주의원칙과 같은 일반적인 헌법원칙에 근거하여 인정될 수 없으며, 헌법에 명문으로 규정되지 않는 한 허용되지 않는다.

[Point] 국민투표 ➡ 명시적인 헌법적 근거 필요

[3] 헌법상 허용되지 않는 재신임국민투표를 국민들에게 제안한 것은 그 자체로서 헌법 제72조에 반하는 것으로 헌법을 실현하고 수호해야 할 대통령의 의무를 위반한 것이다. 04 05 06

[Point] 대통령의 재신임투표 제안 ─ 제안 그 자체로 헌법 위반(탄핵 사건)
                              └ 헌법소원의 대상이 되는 공권력의 행사 X

---

01 대통령이 자신에 대한 재신임을 국민투표의 형태로 묻고자 하는 것은 헌법 제72조에 의하여 부여받은 국민투표 부의권을 위헌적으로 행사하는 경우에 해당한다. 18 서울7급
(O / X)

02 대통령은 통일과 관련한 중요정책에 대하여 자신의 신임과 연계하여 국민투표에 부칠 수 있다. 20 5급행시
(O / X)

03 특정 정책을 국민투표에 부치면서 자신의 신임을 결부시키는 대통령의 행위는 헌법에 위반되지 않는다. 22 변호사
(O / X)

04 대통령이 자신에 대한 재신임을 국민투표의 형태로 묻고자 하는 것은 국민투표제도를 자신의 정치적 입지를 강화하기 위한 정치적 도구로 남용해서는 안 된다는 헌법적 의무를 위반한 것이다. 15 국가7급
(O / X)

05 대통령이 자신에 대한 재신임국민투표를 제안하는 것은 그 자체로 헌법 제72조에 반하는 것으로 헌법을 실현하고 수호해야 할 대통령의 의무를 위반한 것이다. 22 변호사
(O / X)

06 대통령이 자신에 대한 재신임을 국민투표의 형태로 묻고자 한다면 그것은 헌법 제72조에서 규정한 국민투표 부의권을 위헌적으로 행사하는 경우에 해당하지만, 단지 그러한 제안 자체만으로는 헌법 제72조에 반하는 것이 아니다. 11 지방7급
(O / X)

정답 01 O 02 X 03 X 04 O 05 O 06 X

131 선거구를 획정함에 있어 허용되는 인구편차 기준에 관한 사건 (헌재 2014.10.30. 2012헌마192 등)

국회의원 선거구 편차가 2 : 1을 넘는 것은 헌법에 위반된다.

[1] 인구편차 상하 33⅓%를 넘어 인구편차를 완화하는 것은 지나친 투표가치의 불평등을 야기하는 것으로, 이는 대의민주주의의 관점에서 바람직하지 아니하고, 국회를 구성함에 있어 국회의원의 지역대표성이 고려되어야 한다고 할지라도 이것이 국민주권주의의 출발점인 투표가치의 평등보다 우선시될 수는 없다.[01] 특히, 현재는 지방자치제도가 정착되어 지역대표성을 이유로 헌법상 원칙인 투표가치의 평등을 현저히 완화할 필요성이 예전에 비해 크지 아니하다. 또한 인구편차의 허용기준을 완화하면 할수록 과대대표되는 지역과 과소대표되는 지역이 생길 가능성 또한 높아지는데, 이는 지역정당구조를 심화시키는 부작용을 야기할 수 있다. 같은 농·어촌 지역 사이에서도 나타날 수 있는 이와 같은 불균형은 농·어촌 지역의 합리적인 변화를 저해할 수 있으며, 국토의 균형발전에도 도움이 되지 아니한다. 나아가 인구편차의 허용기준을 점차로 엄격하게 하는 것이 외국의 판례와 입법추세임을 고려할 때, 우리도 인구편차의 허용기준을 엄격하게 하는 일을 더 이상 미룰 수 없다. 이러한 사정들을 고려할 때, 현재의 시점에서 헌법이 허용하는 인구편차의 기준을 인구편차 상하 33⅓%를 넘어서지 않는 것으로 봄이 타당하다. 따라서 심판대상 선거구 구역표 중 인구편차 상하 33⅓%의 기준을 넘어서는 선거구에 관한 부분은 위 선거구가 속한 지역에 주민등록을 마친 청구인들의 선거권 및 평등권을 침해한다.[02][03]

Point 선거구 간 인구편차의 기준 ─ 전국 선거구 평균인구 수
　　　　　　　　　　　　　　　└ 최대선거구 ✗, 최소선거구 ✗

Point 국회의원 선거 평균인구 수 기준 ➡ 상하 33⅓%의 편차(인구편차 2 : 1)

🔍 **비교판례**
01 자치구·시·군의원 선거구획정과 관련하여 헌법이 허용하는 인구편차 상하 50%(인구비례 3 : 1)로 변경하는 것이 타당하다. (헌재 2018.6.28. 2014헌마166【기각】)
02 공직선거법 제26조 제1항 [별표 2] 시·도의회의원 지역선거구 구역표 중 '인천광역시 서구 제3선거구', '경상북도 경주시 제1선거구' 부분은 인구편차 상하 50%를 벗어나 선거권과 평등권 침해한다. (헌재 2019.2.28. 2018헌마415 등【헌법불합치(잠정적용)】)

[2] 선거구 구역표의 일부에 위헌적 요소가 있는 경우 선거구 구역표 전체를 위헌이라고 할 수 있다.[04]

Point 선거구의 일부가 위헌이면, 전체가 위헌

---

01 선거구획정에 있어 인구편차 상하 33⅓%, 인구비례 2 : 1의 기준을 넘어 인구편차를 완화하는 것은 지나친 투표가치의 불평등을 야기하는 것으로, 이는 대의민주주의의 관점에서 바람직하지 아니하고, 국회를 구성함에 있어 국회의원의 지역대표성이 고려되어야 한다고 할지라도 이것이 국민주권주의의 출발점인 투표가치의 평등보다 우선시될 수는 없다. 16 변호사 (O/X)

02 인구편차 상하 50%의 기준을 적용하게 되면 1명의 투표가치가 다른 1명의 투표가치에 비하여 세 배의 가치를 가지는 경우도 발생하는데, 이는 지나친 투표가치의 불평등이므로 현재의 시점에서 헌법이 허용하는 인구편차의 기준을 인구편차 상하 33⅓%, 인구비례 2 : 1을 넘어서지 않는 것으로 변경하는 것이 타당하다. 19 국회8급 (O/X)

03 국회의원 지역선거구에 있어, 전국선거구의 최대인구 수와 최소인구 수의 비율이 3 : 1 이하로 유지되면 평등선거의 원칙에 위배되지 않는다. 15 법원직 (O/X)

04 선거구 구역표는 전체가 불가분의 일체를 이루는 것으로서 유기적으로 관련이 있기 때문에 어느 한 부분에 위헌적 요소가 있다면 선거구 구역표 전체가 위헌적 하자가 있는 것으로 보는 것이 상당하다. 15 법원직, 12 국회8급 (O/X)

정답 01 O　02 O　03 X　04 O

132 성범죄자의 교원 임용결격 사건 (헌재 2019.7.25. 2016헌마754【기각】)

교육공무원법 제10조의4 중 미성년자에 대하여 성범죄를 범하여 형을 선고받아 확정된 자와 성인에 대한 성폭력범죄를 범하여 벌금 100만 원 이상의 형을 선고받아 확정된 자는 초·중등교육법상의 교원에 임용될 수 없도록 한 부분은 청구인의 공무담임권을 침해하지 않는다.
　　　　　　　　　　　　교원 지위의 특수성 때문

133 공직선거 및 선거부정방지법 제146조 제2항 위헌확인 (헌재 2001.7.19. 2000헌마91 등 [한정위헌])

공직선거법에서 1인 1표제를 채택하여 정당에 대한 별도의 투표 없이 개인에 대한 투표를 정당에 대한 투표로 의제하는 것은 위헌이다.

[1] 공직선거법은 이른바 1인 1표제를 채택하여 유권자에게 별도의 정당투표를 인정하지 않고 있으며, 지역구 선거에서 표출된 유권자의 의사를 그대로 정당에 대한 지지의사로 의제하여 비례대표 의석을 배분토록 하고 있는바, 국민의 자유로운 선택권을 보장할 것 등을 요구하는 민주주의원리에 부합하지 않는다.

[2] 현행 1인 1표제하에서의 비례대표 의석 배분방식에서 지역구 후보자에 대한 투표는 지역구 의원의 선출에 기여함과 아울러 그가 속한 정당의 비례대표의원의 선출에도 기여하는 이중의 가치를 지니게 되는 데 반하여, 무소속 후보자에 대한 투표는 그 무소속 후보자의 선출에만 기여할 뿐 비례대표의원의 선출에는 전혀 기여하지 못하므로 투표가치의 불평등이 발생하는바, … 이는 합리적 이유 없이 무소속 후보자에게 투표하는 유권자를 차별하는 것이라 할 것이므로 평등선거의 원칙에 위배된다. [01]

[3] 고정명부식을 채택한 것 자체가 직접선거원칙에 위반된다고는 할 수 없다. [02] 그러나 1인 1표제하에서의 비례대표 후보자명부에 대한 별도의 투표 없이 지역구 후보자에 대한 투표를 정당에 대한 투표로 의제하여 비례대표 의석을 배분하는 것은 직접선거의 원칙에 반하는 것이다. [03] [04] [05] [06]

> [Point] 고정명부식 자체는 직접선거원칙에 위반되지 않음.
> [Point] 비례대표제를 채택하는 경우, 직접선거의 원칙이 정당의 비례적인 의사 확보도 선거권자의 투표에 의하여 직접 결정될 것을 요구함.
> [Point] 비례대표국회의원 의석의 배분방식 및 1인 1표제: 민주주의원리, 평등선거원칙, 직접선거원칙 위반

---

[01] 1인 1표제하에서의 비례대표 의석 배분방식은 직접선거의 원칙과 평등선거의 원칙에 위반된다. 21 국회8급 (O / X)

[02] 비례대표 후보자를 유권자들이 직접 선택할 수 있는 이른바 자유명부식이나 가변명부식과 달리 고정명부식에서는 후보자와 그 순위가 전적으로 정당에 의하여 결정되므로 직접선거의 원칙에 위반된다. 13 국회8급 (O / X)

[03] 정당명부에 대한 별도의 투표가 없는 1인 1표제하에서의 비례대표제는 선거권자의 투표행위가 아니라 정당의 명부 작성행위가 최종적·결정적인 의미를 갖게 되므로 직접선거의 원칙에 위배된다. 16 국회8급 (O / X)

[04] 비례대표제하에서 선거 결과의 결정에는 정당의 의석배분이 필수적인 요소를 이루게 되므로 비례대표제를 채택하는 한 직접선거의 원칙은 의원의 선출뿐만 아니라 정당의 비례적인 의석 확보도 선거권자의 투표에 의하여 직접 결정될 것을 요구한다. 21 입시 (O / X)

[05] 직접선거의 원칙의 핵심적 요소는 '선거 결과가 선거권자에 의하여 직접 결정되어야 한다'는 것인데, 여기서 선거권자에 의하여 직접 결정되어야 할 선거 결과는 개별 의원의 선출만을 의미할 뿐이지, 정당의 비례적 의석 확보는 포함하지 않는다. 10 국회8급 (O / X)

[06] 비례대표제를 채택하는 경우 직접선거의 원칙은 의원의 선출뿐만 아니라 정당의 비례적인 의석 확보도 선거권자의 투표에 의하여 직접 결정될 것을 요구하는바, 비례대표의원의 선거는 지역구의원의 선거와는 별도의 선거이므로 이에 관한 유권자의 별도의 의사표시, 즉 정당명부에 대한 별도의 투표가 있어야 한다. 20 법원직 (O / X)

정답 01 O   02 X   03 O   04 O   05 X   06 O

134 인권위원회 1인 시위 징계 사건 (대판 2017.4.13. 2014두8469) 시험에 한 번 출제됨.

구 국가공무원법 제66조 제1항이 금지하는 '공무 외의 일을 위한 집단행위'의 의미 및 위 규정은 명확성의 원칙과 과잉금지의 원칙에 위반되지 않는다. 한편, 이 사건 행위 중 릴레이 1인 시위, 릴레이 언론기고, 릴레이 내부 전산망 게시는 모두 후행자가 선행자에 동조하여 동일한 형태의 행위를 각각 한 것에 불과하고, 여럿이 같은 시간에 한 장소에 모여 집단의 위세를 과시하는 방법으로 의사를 표현하거나 여럿이 단체를 결성하여 그 단체 명의로 의사를 표현하는 경우, 여럿이 가담한 행위임을 표명하는 경우 또는 정부활동의 능률을 저해하기 위한 집단적 태업행위에 해당한다거나 이에 준할 정도로 행위의 집단성이 있다고 보기 어렵다. 다만, 원고 1 등 7명의 피켓 전시는 위 원고들이 1인 시위에 사용하였던 피켓을 모아서 함께 전시하였다는 점에서 행위의 집단성을 인정할 수 있다고 보인다.

[1] 공무가 아닌 어떤 일을 위하여 공무원들이 하는 모든 집단행위를 의미하는 것이 아니라, 언론·출판·집회·결사의 자유를 보장하고 있는 헌법 제21조 제1항, 공무원에게 요구되는 헌법상의 의무 및 이를 구체화한 국가공무원법의 취지, 국가공무원법상의 성실의무 및 직무전념의무 등을 종합적으로 고려하여 '공익에 반하는 목적을 위한 행위로서 직무전념의무를 해태하는 등의 영향을 가져오는 집단적 행위'라고 해석된다. 01

[Point] 공무 외의 일을 위한 집단행위: 명확성원칙, 과잉금지원칙 위반 X 02

[2] 국가공무원법 제63조에서 정한 품위 유지의 의무에서 '품위'는 명확성의 원칙과 과잉금지의 원칙에 위배되지 않는다. 여기서 '품위'는 공직의 체면, 위신, 신용을 유지하고, 주권자인 국민의 수임을 받은 국민 전체 봉사자로서의 직책을 다함에 손색이 없는 몸가짐을 뜻하는 것으로서, 직무의 내외를 불문하고, 국민의 수임자로서의 직책을 맡아 수행해 나가기에 손색이 없는 인품을 말한다.

[3] 공무원들의 어느 행위가 국가공무원법 제66조 제1항에 규정된 '집단행위'에 해당하기 위한 요건

공무원들의 어느 행위가 국가공무원법 제66조 제1항에 규정된 '집단행위'에 해당하려면, 그 행위가 반드시 같은 시간, 장소에서 행하여져야 하는 것은 아니지만, 공익에 반하는 어떤 목적을 위한 다수인의 행위로서 집단성이라는 표지를 갖추어야만 한다고 해석함이 타당하다. 03 따라서 여럿이 같은 시간에 한 장소에 모여 집단의 위세를 과시하는 방법으로 의사를 표현하거나 여럿이 단체를 결성하여 그 단체 명의로 의사를 표현하는 경우, 실제 여럿이 모이는 형태로 의사표현을 하는 것은 아니지만 발표문에 서명날인을 하는 등의 수단으로 여럿이 가담한 행위임을 표명하는 경우 또는 일제 휴가나 집단적인 조퇴, 초과근무 거부 등과 같이 정부활동의 능률을 저해하기 위한 집단적 태업행위로 볼 수 있는 경우에 속하거나 이에 준할 정도로 행위의 집단성이 인정되어야 국가공무원법 제66조 제1항에 해당한다고 볼 수 있다. 04

[4] 공무원이 외부에 자신의 상사 등을 비판하는 의견을 발표하는 행위는 공무원으로서의 체면이나 위신을 손상시키는 행위에 해당한다.

---

01 「국가공무원법」이 '공무 외의 일을 위한 집단행위'라고 포괄적이고 광범위하게 규정하고 있다 하더라도, 이는 공무가 아닌 어떤 일을 위하여 공무원들이 하는 모든 집단행위를 의미하는 것이 아니라, '공익에 반하는 목적을 위한 행위로서 직무전념의무를 해태하는 등의 영향을 가져오는 집단적 행위'라고 해석된다. 19 법원직   (O/X)

02 집단행위의 의미에 관한 이러한 해석이 수범자인 공무원이 구체적으로 어떠한 행위가 여기에 해당하는지를 충분히 예측할 수 없을 정도로 그 적용범위가 모호하다거나 불분명하다고 할 수 없으므로 공무원의 집단행위금지규정이 명확성의 원칙에 반한다고 볼 수 없고, 또한 위 규정이 그 적용범위가 지나치게 광범위하거나 포괄적이어서 공무원의 표현의 자유를 과도하게 제한한다고 볼 수 없으므로, 위 규정이 과잉금지의 원칙에 반한다고 볼 수도 없다. 19 법원직   (O/X)

03 공무원들의 어느 행위가 「국가공무원법」 제66조 제1항에 규정된 '집단행위'에 해당하려면, 그 행위가 반드시 같은 시간, 장소에서 행하여져야 하는 것은 아니지만, 공익에 반하는 어떤 목적을 위한 다수인의 행위로서 집단성이라는 표지를 갖추어야만 한다고 해석함이 타당하므로, 공무원들이 순차적으로 각각 다른 시간대에 릴레이 1인 시위를 하거나 여럿이 단체를 결성하여 그 단체 명의로 의사를 표현하는 경우에는 「국가공무원법」 제66조 제1항이 금지하는 집단행위에 해당한다. 19 법원직   (O/X)

04 실제 여럿이 모이는 형태로 의사표현을 하는 것은 아니지만 발표문에 서명날인을 하는 등의 수단으로 여럿이 가담한 행위임을 표명하는 경우 또는 일제 휴가나 집단적인 조퇴, 초과근무 거부 등과 같이 정부활동의 능률을 저해하기 위한 집단적 태업행위로 볼 수 있는 경우에 속하거나 이에 준할 정도로 행위의 집단성이 인정되어야 「국가공무원법」 제66조 제1항에 해당한다. 19 법원직   (O/X)

정답 01 O 02 O 03 X 04 O

135 집행유예자·수형자 선거권 제한 사건 (헌재 2014.1.28. 2012헌마409 등 [위헌, 헌법불합치])

[1] 공직선거법 제18조 제1항 제2호 중 '유기징역 또는 유기금고의 선고를 받고 그 집행유예기간 중인 자'에 관한 부분, 형법 제43조 제2항 중 유기징역 또는 유기금고의 판결을 받아 그 형의 수형 중인 자의 '공법상의 선거권'에 관한 부분은 헌법에 위반된다.

심판대상조항은 집행유예자와 수형자에 대하여 전면적·획일적으로 선거권을 제한하고 있다. 심판대상조항의 입법목적에 비추어 보더라도, 구체적인 범죄의 종류나 내용 및 불법성의 정도 등과 관계없이 일률적으로 선거권을 제한하여야 할 필요성이 있다고 보기는 어렵다. 범죄자가 저지른 범죄의 경중을 전혀 고려하지 않고 수형자와 집행유예자 모두의 선거권을 제한하는 것은 침해의 최소성원칙에 어긋난다. 특히 집행유예자는 집행유예선고가 실효되거나 취소되지 않는 한 교정시설에 구금되지 않고 일반인과 동일한 사회생활을 하고 있으므로, 그들의 선거권을 제한해야 할 필요성이 크지 않다. 따라서 심판대상조항은 청구인들의 선거권을 침해하고, 보통선거원칙에 위반하여 집행유예자와 수형자를 차별취급하는 것이므로 평등원칙에도 어긋난다. 01 02 03 04 05 06

[Point] 집행유예자의 선거권 부정 【위헌】
[Point] 집행유예자와 수형자의 선거권 제한 ➡ 보통선거원칙에 기초하여 필요 최소한의 정도에 그쳐야 함.
[Point] 지금은 공직선거법이 개정되어 '1년 이상의 징역 또는 금고의 형의 선고를 받고 그 집행이 종료되지 아니하거나 그 집행을 받지 아니하기로 확정되지 아니한 사람'은 선거권이 없지만, 1년 미만의 형이나 집행유예자에게는 선거권이 인정됨.

[2] 심판대상조항 중 수형자에 관한 부분의 위헌성은 지나치게 전면적·획일적으로 수형자의 선거권을 제한한다는 데 있다. 그런데 그 위헌성을 제거하고 수형자에게 헌법합치적으로 선거권을 부여하는 것은 입법자의 형성재량에 속하므로 심판대상조항 중 수형자에 관한 부분에 대하여 헌법불합치결정을 선고한다. 07

[Point] 수형자의 선거권 부정 ➡ 입법자의 입법형성 재량에 속함. 【헌법불합치】

---

01 집행유예기간 중인 사람의 선거권을 제한하는 것은 그의 선거권을 침해하고, 보통선거원칙에 위반하여 평등원칙에 어긋난다. 18 법원직 (O / X)

02 평등선거의 원칙과 선거권 보장의 중요성을 감안할 때, 범죄자의 선거권을 제한할 필요가 있다 하더라도 그가 저지른 범죄의 경중을 전혀 고려하지 않고 수형자와 집행유예자 모두의 선거권을 제한하는 것은 침해의 최소성 원칙에 어긋난다. 17 국회8급 (O / X)

03 집행유예기간 중에 있는 자와 수형자의 선거권을 전면적으로 제한하는 것은 헌법에 위반되지 않는다. 17 법무사 (O / X)

04 집행유예자에 대하여 선거권을 제한한다고 하여 보통선거의 원칙에 위반되는 것은 아니다. 16 국회8급 (O / X)

05 집행유예기간 중에 있는 자에 대해 「공직선거법」상의 선거권을 부인한 것은 과잉금지의 원칙에 위배되나, 형의 집행이 종료되지 않은 수형자에 대한 선거권을 부인하는 것은 형벌집행의 실효성 확보차원에서 헌법에 위배되지 않는다. 15 법원직 (O / X)

06 유기징역 또는 유기금고의 선고를 받고 그 집행유예기간 중인 자에 대하여 전면적·획일적으로 선거권을 제한한 「공직선거법」 조항은 위와 같이 집행유예기간 중인 자의 선거권을 침해하고 보통선거원칙에 위반된다. 15 변호사 (O / X)

07 집행유예자의 경우와 달리 수형자는 그 범행의 불법성이 크다고 보아 그들에 대해 격리된 기간 동안 통치조직의 구성과 공동체의 나아갈 방향을 결정짓는 선거권을 정지시키는 것은 입법목적의 달성에 필요한 정도를 벗어난 과도한 것이 아니다. 15 국가7급 (O / X)

정답 01 O 02 X 03 X 04 X 05 X 06 O 07 X

136 지방자치단체장 선거에서 후보자가 1명일 경우 무투표 당선을 규정한 공직선거법 조항 위헌확인 사건 (헌재 2016.10.27. 2014헌마797 【위헌】)

지방자치단체의 장 선거권은 헌법상 보장되는 기본권이다.

[1] 지방자치단체의 장에 대해서는 헌법 제118조 제2항에서 "… 지방자치단체의 장의 '선임방법' … 관한 사항은 법률로 정한다."라고만 규정하여 지방의회의원의 '선거'와는 문언상 구별하고 있으므로, 지방자치단체의 장 선거권이 헌법상 보장되는 기본권인지 여부가 문제된다. 헌법에서 지방자치제를 제도적으로 보장하고 있고, 지방자치는 지방자치단체가 독자적인 자치기구를 설치해서 그 자치단체의 고유사무를 국가기관의 간섭 없이 스스로의 책임 아래 처리하는 것을 의미한다는 점에서 지방자치단체의 대표인 단체장은 지방의회의원과 마찬가지로 주민의 자발적 지지에 기초를 둔 선거를 통해 선출되어야 한다는 것은 지방자치제도의 본질에서 당연히 도출되는 원리이다. 이에 따라 공직선거 관련 법상 지방자치단체의 장 선임방법은 '선거'로 규정되어 왔고, 지방자치단체의 장을 선거로 선출하여온 우리 지방자치제의 역사에 비추어 볼 때 지방자치단체의 장에 대한 주민직선제 이외의 다른 선출방법을 허용할 수 없다는 관행과 이에 대한 국민적 인식이 광범위하게 존재한다고 볼 수 있다. 주민자치제를 본질로 하는 민주적 지방자치제도가 안정적으로 뿌리내린 현 시점에서 지방자치단체의 장 선거권을 지방의회의원 선거권, 더 나아가 국회의원 선거권 및 대통령 선거권과 구별하여 하나는 법률상의 권리로, 나머지는 헌법상의 권리로 이원화하는 것은 허용될 수 없다. 그러므로 지방자치단체의 장 선거권 역시 다른 선거권과 마찬가지로 헌법 제24조에 의해 보호되는 헌법상의 권리로 인정하여야 할 것이다. 01 02 03 04

Point 지방자치단체의 장 선거권 ➡ 헌법상 보장되는 기본권

관련조문

헌법 제118조
① 지방자치단체에 의회를 둔다.
② 지방의회의 조직·권한·의원 선거와 지방자치단체의 장의 선임방법 기타 지방자치단체의 조직과 운영에 관한 사항은 법률로 정한다.

[2] 선거의 대상이 되는 대통령과 지방자치단체의 장은 둘 다 선거에 의해 취임한 공직자의 신분이라 하더라도 그 지위와 성격, 기관의 직무 및 기능에서 본질적인 차이가 있다.

---

137 비례대표국회의원 선거 기탁금 등 사건 (헌재 2016.12.29. 2015헌마1160 등 【헌법불합치(잠정중지)】)

비례대표 기탁금조항은 과잉금지원칙을 위반하여 청구인들의 공무담임권 등을 침해한다.

정당에 대한 선거로서의 성격을 가지는 비례대표국회의원 선거는 인물에 대한 선거로서의 성격을 가지는 지역구국회의원 선거와 근본적으로 그 성격이 다르고, 비례대표 기탁금조항은 공직선거법상 허용된 선거운동을 통하여 선거의 혼탁이나 과열을 초래할 여지가 지역구국회의원 선거보다 훨씬 적다고 볼 수 있음에도 지역구국회의원 선거에서의 기탁금과 동일한 고액의 기탁금을 설정하고 있다. 이는 후보자 추천의 진지성과 선거관리의 효율성 확보 등의 입법목적을 달성하기 위해 필요한 최소한의 액수보다 지나치게 과다한 액수라 하지 않을 수 없다. 다음으로 과태료 및 행정대집행비용의 사전확보 입법목적과 관련하여 제17대부터 제19대까지의 비례대표국회의원 선거에서 실제 정당에게 부과된 전체 과태료 및 행정대집행비용의 액수는 후보자 1명에 할당된 기탁금 액수인 1천 500만 원에도 현저히 미치지 못하고 있다. 따라서 위 기탁금은 위 과태료 등 사전확보목적을 달성하기에도 지나치게 과다한 금액에 해당한다. 01 02 … 이상을 종합하면, 비례대표 기탁금조항은 침해의 최소성원칙에 위반된다.

Point 비례대표 기탁금조항: 과잉금지원칙 위반 ➡ 공무담임권 침해

Point 비례대표국회의원 선거의 경우 후보자 1명마다 1,500만 원이라는 기탁금액을 정한 것 【위헌】

---

01 헌법 제118조 제2항에서 지방자치단체의 장의 '선임방법'에 관한 사항은 법률로 정한다고 규정하고 있으므로 지방자치단체의 장 선거권은 다른 공직선거권과 달리 헌법상 보장되는 기본권으로 볼 수 없다. 22 국가급 (O / X)

02 헌법재판소는 지방자치단체의 장 선거권은 헌법상 보장된 기본권이라고 판시하였다. 20 5급행시 (O / X)

03 주민자치제를 본질로 하는 민주적 지방자치제도가 안정적으로 뿌리내린 현 시점에서 지방자치단체의 장 선거권을 지방의회의원 선거권, 나아가 국회의원 선거권 및 대통령 선거권과 구별하여 하나는 법률상의 권리로, 나머지는 헌법상의 권리로 이원화하는 것은 허용될 수 없으므로 지방자치단체의 장 선거권 역시 다른 선거권과 마찬가지로 헌법 제24조에 의해 보호되는 기본권으로 인정하여야 한다. 17 변호사 (O / X)

04 헌법 제24조의 선거권은 지방자치단체장과 지방의회의원에 관한 선거권도 포함한다. 17 법무사 (O / X)

정답 01 X 02 O 03 O 04 O

---

01 비례대표국회의원에 입후보하기 위하여 기탁금으로 1,500만 원을 납부하도록 한 규정은 그 액수가 고액이라 거대정당에게 일방적으로 유리하고, 다양해진 국민의 목소리를 제대로 대표하지 못하여 사표를 양산하는 다수대표제의 단점을 보완하기 위하여 도입된 비례대표제의 취지에도 반하는 것이다. 18 국가급 (O / X)

02 비례대표국회의원 선거의 경우 후보자 1명마다 1,500만 원이라는 기탁금액은 비례대표제의 취지를 실현하기 위해 필요한 최소한의 액수보다 지나치게 과다한 액수이다. 17 국회8급 (O / X)

정답 01 O 02 O

DAY 07 정치적 기본권 119

138 국가공무원법 제69조 위헌소원 (헌재 2013.7.25. 2012헌바409 등 [합헌])

[1] 수뢰죄를 범하여 금고 이상의 형의 선고유예를 받은 국가공무원을 당연퇴직하도록 한 국가공무원법 제69조 단서 중 '형법 제129조 제1항'에 관한 부분은 과잉금지원칙에 반하여 청구인의 공무담임권을 침해하지 않는다. 01

[Point] · 집행유예로 당연퇴직 [합헌]
· 선거유예만으로 당연퇴직 [위헌]
· '수뢰죄를 범하여' 선고유예받은 경우 당연퇴직 [합헌]

[2] 심판대상조항은 경찰공무원이나 군인에 비하여 일반공무원을 불합리하게 차별하지 않으므로 평등원칙에 위반되지 않는다.

[3] 별도의 징계절차를 거치지 아니하고 당연퇴직하도록 규정한 심판대상조항은 적법절차원칙에 위반되지 않는다.

[Point] · 공무담임권 침해 ✕
· 평등원칙, 적법절차원칙 위반 ✕

01 수뢰죄를 범하여 금고 이상의 형의 선고유예를 받은 국가공무원을 당연퇴직하도록 한 「국가공무원법」 조항은 과잉금지원칙에 반하여 공무담임권을 침해한다. 17 지방7급, 15 국회8급 (O / X)

정답 01 X

139 공직선거법 제200조 제2항 단서 위헌확인 (헌재 2009.6.25. 2008헌마413 [헌법불합치])

임기 만료일 전 180일 이내에 비례대표국회의원에 궐원이 생긴 때를 비례대표국회의원 의석승계 제한사유로 규정한 공직선거법 규정은 대의제 민주주의원리에 위배된다.

[1] 심판대상조항은 임기 만료일 전 180일 이내에 비례대표국회의원에 궐원이 생긴 때에는 정당의 비례대표국회의원 후보자명부에 의한 의석승계를 인정하지 아니함으로써 결과적으로 그 정당에 비례대표국회의원 의석을 할당받도록 한 선거권자들의 정치적 의사표명을 무시하고 왜곡하는 결과가 된다. … 따라서 심판대상조항은 선거권자의 의사를 무시하고 왜곡하는 결과를 낳을 수 있고, 의회의 정상적인 기능수행에 장애가 될 수 있다는 점에서 헌법의 기본원리인 대의제 민주주의원리에 부합되지 않는다. 01 02

[Point] 대의제 민주주의원리 위배

[2] 비례대표국회의원의 전체 임기(4년)의 1/8 정도에 해당하는 180일이라는 기간은 비례대표국회의원으로서 국정을 수행함에 있어 결코 짧지 않은 기간이라 할 수 있고, 잔여임기가 180일 이내인 경우에 궐원된 비례대표국회의원의 의석승계 일체를 허용하지 아니하는 것은 그 입법목적에 비추어 지나친 것이어서 침해의 최소성원칙에도 위배된다. 따라서 심판대상조항은 과잉금지원칙에 위배하여 청구인들의 공무담임권을 침해한다. 03

[Point] 과잉금지원칙 위배 ➡ 공무담임권 침해

01 임기만료 전 180일 이내에 비례대표국회의원에 궐원이 생긴 때 정당의 비례대표국회의원 후보자명부에 의한 의석승계를 허용하지 않는 것은 정당에 비례대표국회의원 의석을 할당받도록 한 선거권자들의 정치적 의사표현을 무시하고 왜곡하는 결과를 낳을 수 있고 대의제 민주주의원리에 부합하지 않는다. 13 변호사 (O / X)

02 선거범죄로 인하여 당선이 무효로 된 때를 비례대표지방의회의원의 의석승계 제한사유로 규정하는 것은 대의제 민주주의원리에 위배되지만, 임기만료일 전 180일 이내에 비례대표국회의원에 궐원이 생긴 때를 비례대표국회의원 의석승계 제한사유로 규정하는 것은 대의제 민주주의원리에 위배되지 아니한다. 10 국회8급 (O / X)

03 비례대표국회의원 당선인이 선거범죄로 비례대표국회의원직을 상실하여 비례대표국회의원에 궐원이 생긴 경우에 소속 정당의 비례대표국회의원 후보자명부상 차순위자의 의원직 승계를 인정하지 않는 「공직선거법」 조항은 과잉금지원칙에 위배되어 그 정당의 비례대표국회의원 후보자명부상의 차순위 후보자의 공무담임권을 침해한다. 15 국가7급, 14 변호사 (O / X)

정답 01 O 02 X 03 O

DAY 08 청구권적 기본권

미니노트

청구권

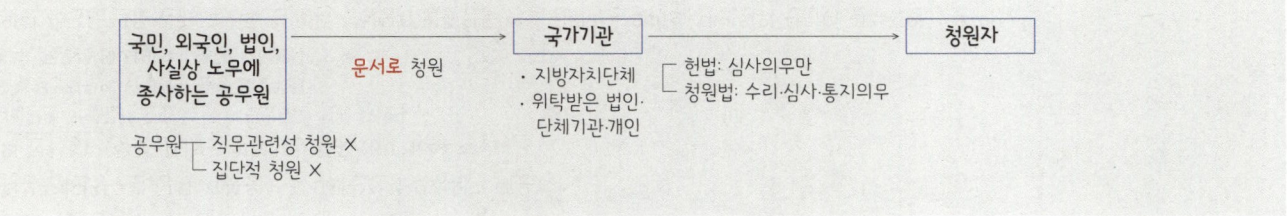

공무원 ― 직무관련성 청원 X
　　　 ― 집단적 청원 X

01 청원사항
① 피해의 구제
② 공무원의 위법·부당한 행위에 대한 시정, 징계요구
③ 법률·명령·조례·규칙 등의 제정·개정·폐지
④ 공공의 제도 또는 시설의 운영
⑤ 자신과 이해관계 없는 사항 가능

02 국회와 지방의회에 대한 청원

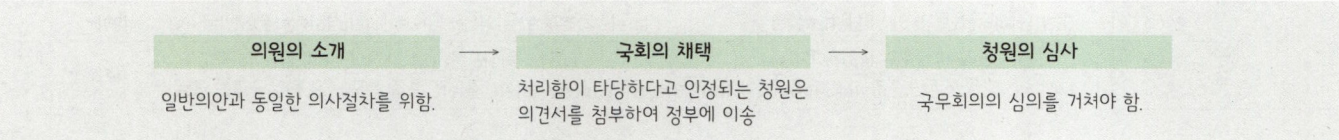

관련조문

국회법 제123조(청원서의 제출)
① 국회에 청원을 하려는 자는 의원의 소개를 받거나 국회규칙으로 정하는 기간 동안 국회규칙으로 정하는 일정한 수 이상의 국민의 동의를 받아 청원서를 제출하여야 한다.

재판청구권 ✦✦✦

헌법 제27조	제1항	모든 국민은 헌법과 법률이 정한 법관에 의하여 법률에 의한 재판을 받을 권리를 가진다.	• 한 번 이상 사실심·법률심을 받을 권리 • 예외: 군사재판 　군사법원은 특수법원이 아니라 예외법원임. 법관이 아닌 　일반장교가 심판관으로 들어가기 때문
	제2항	군인 또는 군무원이 아닌 국민은 대한민국의 영역 안에서는 중대한 군사상 기밀·초병·초소·유독음식물공급·포로·군용물에 관한 죄 중 법률이 정한 경우와 비상계엄이 선포된 경우를 제외하고는 군사법원의 재판을 받지 아니한다.	• 일반 국민도 군사재판을 받는 경우 있음. • 비상계엄의 경우만으로 한정되지 않음.
	제3항	모든 국민은 신속한 재판을 받을 권리를 가진다. 형사피고인은 상당한 이유가 없는 한 지체 없이 공개재판을 받을 권리를 가진다.	공정한 재판: 명문규정 X 헌법상 당연히 인정되는 권리
	제4항	형사피고인은 유죄의 판결이 확정될 때까지는 무죄로 추정된다.	무죄추정원칙: 제8차 개정헌법에서 도입
	제5항	형사피해자는 법률이 정하는 바에 의하여 당해 사건의 재판절차에서 진술할 수 있다.	재판절차진술권: 현행헌법에서 도입

01 재판청구권의 주체
① 기본권의 주체가 되는 누구나
② 외국인, 법인, 법인 아닌 재단·사단, 국가, 지방자치단체

02 재판청구권의 내용
① 헌법과 법률이 정한 법관에 의한 재판
　㉠ 해당 여부: 즉결심판·가사심판·보호심판·약식절차 O / 군사재판 X
　㉡ 통고처분: 재판청구권 침해 X(불응시 정식재판절차 보장되기 때문)
　㉢ 재판의 전심절차(행정심판): 사법절차의 준용 (헌법 제107조 제3항)
　　• 전심절차에 사법절차 준용 X ➡ 재판청구권 침해【위헌】
　　• 필요적 행정심판에 사법절차 준용 X【위헌】
　　• 임의적 행정심판에 사법절차 준용 X【합헌】
② 법률에 의한 재판을 받을 권리: 적어도 한 번의 사실심과 법률심을 받을 권리라는 의미로, 대법원의 판단이 필수적인 것은 아님.

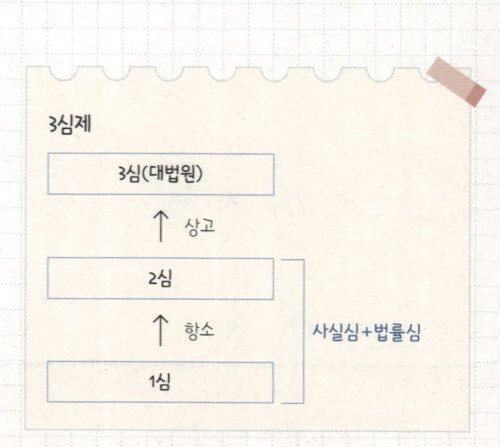

국가배상청구권

헌법 제29조	제1항	공무원의 직무상 불법행위로 손해를 받은 국민은 법률이 정하는 바에 의하여 국가 또는 공공단체에 정당한 배상을 청구할 수 있다. 이 경우 공무원 자신의 책임은 면제되지 아니한다.	• 공무원: 최광의 개념 • 직무: 외형을 객관적으로 관찰, 피해자가 직무행위 아님을 알았어도 가능
	제2항	군인·군무원·경찰공무원 기타 법률이 정하는 자가 전투·훈련 등 직무집행과 관련하여 받은 손해에 대하여는 법률이 정하는 보상 외에 국가 또는 공공단체에 공무원의 직무상 불법행위로 인한 배상은 청구할 수 없다.	• 이중배상금지의 헌법적 도입(제7차 개정헌법) • 공익과 경비교도대원: 이중배상 가능 • 소집 중인 예비군과 전경: 이중배상금지

01 국가배상 관련 헌법과 국가배상법 비교

구분	헌법	국가배상법
배상의 유형	• 공무원의 직무상 불법행위로 인한 배상만을 규정 • 영조물책임에 대한 규정 X	• 공무원의 직무상 불법행위로 인한 배상과 영조물책임에 대한 규정 • 영조물책임은 무과실책임
배상책임의 주체	국가 또는 공공단체(지방자치단체, 사단, 재단, 영조물법인)	국가 또는 지방자치단체
공공단체의 불법행위	헌법과 국가배상법의 규정 차이 때문에 공공단체의 불법행위에 대해서는 민법이 적용되고 민사소송으로 처리 ➡ 한국토지공사는 국가배상법상 공무원 X	

02 공무원 자신의 책임

대외적 책임 (선택적 청구가능성)	피해자가 공무원을 상대로 손해배상을 청구할 수 있는가?	• 경과실: 국가만 책임 • 고의·중과실: 선택적 청구 가능
대내적 책임 (구상권)	국가가 배상한 후에 공무원을 상대로 구상할 수 있는가?	• 경과실: 구상 불가 • 고의·중과실: 구상 가능

형사보상청구권

> **관련조문**
>
> 헌법 제28조
> 형사피의자 또는 형사피고인으로서 구금되었던 자가 법률이 정하는 불기소처분을 받거나 무죄판결을 받은 때에는 법률이 정하는 바에 의하여 국가에 정당한 보상을 청구할 수 있다.

범죄피해자구조청구권

> **관련조문**
>
> 헌법 제30조
> 타인의 범죄행위로 인하여 생명·신체에 대한 피해를 받은 국민은 법률이 정하는 바에 의하여 국가로부터 구조를 받을 수 있다.
> 제9차 개정헌법

범죄피해자 보호법
금전보상과 사생활보호를 위한 조치 가능

판례분석

140 교원소청심사결정에 대한 공공단체(총장)의 행정소송 제소권한 부인 사건 (헌재 2022.10.27. 2019헌바117 [합헌])

'교원, 사립학교법 제2조에 따른 학교법인 등 당사자'의 범위에 포함되지 않는 공공단체인 한국과학기술원의 총장이 교원소청심사결정에 대하여 행정소송을 제기할 수 없도록 규정한 구 '교원의 지위 향상 및 교육활동 보호를 위한 특별법' 제10조 제3항 및 공공단체를 명시적으로 행정소송 제기권자의 범위에서 제외한다고 규정하여 공공단체인 한국과학기술원의 총장 및 공공단체인 광주과학기술원이 교원소청심사결정에 대하여 행정소송을 제기할 수 없도록 규정한 '교원의 지위 향상 및 교육활동 보호를 위한 특별법' 제10조 제4항은 한국과학기술원 총장 또는 광주과학기술원의 재판청구권을 침해하지 아니하여 헌법에 위반되지 아니한다.

141 긴급조치 제9호 위반 혐의로 수사 및 유죄판결을 받은 사람들 또는 그 유족들이 대통령과 수사기관, 법원의 불법행위를 이유로 국가배상을 청구한 사안 (대판 2022.8.25. 2018다212610 전원합의체)

긴급조치 제9호는 위헌·무효임이 명백하고 긴급조치 제9호 발령으로 인한 국민의 기본권 침해는 그에 따른 강제수사와 공소제기, 유죄판결의 선고를 통하여 현실화되었다. 이러한 경우 긴급조치 제9호의 발령부터 적용·집행에 이르는 일련의 국가작용은 전체적으로 보아 공무원이 직무를 집행하면서 객관적 주의의무를 소홀히 하여 그 직무행위가 객관적 정당성을 상실한 것으로서 위법하다고 평가되고, 긴급조치 제9호의 적용·집행으로 강제수사를 받거나 유죄판결을 선고받고 복역함으로써 개별 국민이 입은 손해에 대해서는 국가배상책임이 인정될 수 있다.

142 가습기살균제 제품의 표시·광고에 관한 공정거래위원회의 사건처리 위헌확인 사건 (헌재 2022.9.29. 2016헌마773 [인용(위헌확인)])

구 □□ 주식회사가 제조하고 △△ 주식회사가 판매하였던 가습기살균제 제품인 '○○'의 표시·광고에 관한 사건처리에 있어서, 피청구인이 이 사건 제품 관련 인터넷 신문기사 3건을 심사대상에서 제외한 행위는 청구인의 평등권과 재판절차진술권을 침해한다.

143 영상물에 수록된 19세 미만 성폭력범죄 피해자 진술에 관한 증거능력 특례조항 사건 (헌재 2021.12.23. 2018헌바524 【위헌】)

19세 미만 성폭력범죄 피해자의 진술이 수록된 영상물에 관하여 조사과정에 동석하였던 신뢰관계인 등이 그 성립의 진정함을 인정한 경우 이를 증거로 할 수 있도록 정한 '성폭력범죄의 처벌 등에 관한 특례법' 제30조 제6항 중 "제1항에 따라 촬영한 영상물에 수록된 피해자의 진술은 공판준비기일 또는 공판기일에 조사과정에 동석하였던 신뢰관계에 있는 사람 또는 진술조력인의 진술에 의하여 그 성립의 진정함이 인정된 경우에 증거로 할 수 있다." 부분 가운데 19세 미만 성폭력범죄 피해자에 관한 부분은 ==과잉금지원칙을 위반하여 청구인의 공정한 재판을 받을 권리를 침해한다.==
　　　　　　　　　반대심문권이 보장되지 않기 때문

144 배심원 연령 제한에 관한 사건 (헌재 2021.5.27. 2019헌가19【합헌】)

국민참여재판 배심원의 자격을 만 20세 이상으로 정한 국민의 형사재판 참여에 관한 법률 제16조 중 '만 20세 이상' 부분은 헌법에 위반되지 않는다. 01 02

> 01 국민참여재판 배심원의 자격을 만 20세 이상으로 정한 것은 「민법」상 성년 연령이 만 19세로 개정된 점이나 선거권 연령이 만 18세로 개정된 점을 고려해 볼 때, 만 19세 및 만 18세의 국민을 합리적인 이유 없이 차별취급하는 것이다. 22 5급행시 (O / X)

> 02 국민참여재판 배심원의 자격을 만 20세 이상으로 규정한 것은 국민참여재판제도의 취지와 배심원의 권한 및 의무 등 여러 사정을 종합적으로 고려하여 만 20세에 이르기까지 교육 및 경험을 쌓은 자로 하여금 배심원의 책무를 담당하도록 한 것이므로 만 20세 미만의 자를 자의적으로 차별한 것은 아니다. 22 변호사 (O / X)

정답 01 X 02 O

145 5·18민주화운동과 관련하여 재판상 화해 간주사유를 규정하고 있는 5·18보상법 조항에 관한 위헌제청 (헌재 2021.5.27. 2019헌가17【위헌】)

5·18민주화운동과 관련하여 재판상 화해 간주사유를 규정하고 있는 구 '광주민주화운동 관련자 보상 등에 관한 법률' 제16조 제2항 가운데 '광주민주화운동과 관련하여 입은 피해' 중 '정신적 손해'에 관한 규정이 없는 것은 ==국가배상청구권을 침해한다.==
　　　　　　　　　　　　　　　　　　　→ 재판청구권 침해 X

[1] 제한되는 기본권 및 심사기준

　　심판대상조항은 보상심의위원회의 보상금 등 지급결정에 신청인이 동의한 때에는 5·18민주화운동과 관련하여 입은 피해에 대하여 민사소송법의 규정에 의한 재판상 화해가 성립된 것으로 간주하여, 국가배상청구권의 행사를 제한하고 있다. 따라서 심판대상조항이 기본권 제한입법의 한계인 헌법 제37조 제2항을 준수하였는지 여부, 즉 과잉금지원칙을 준수하고 있는지 여부를 살펴보아야 한다.

[2] 과잉금지원칙 위반 여부

　가. 입법목적의 정당성 및 수단의 적합성은 인정된다.

　나. 심판대상조항은 적극적·소극적 손해의 배상에 상응하는 보상금 등 지급결정에 동의하였다는 사정만으로 정신적 손해에 대해서까지 재판상 화해가 성립한 것으로 간주하고 있는바, 이는 국가배상청구권에 대한 과도한 제한으로서 침해의 최소성에 위반된다.

146 특수임무수행자 재판상 화해 간주 사건 (헌재 2021.9.30. 2019헌가28 【합헌】)

특수임무수행자 등이 보상금등 지급결정에 동의한 경우 특수임무수행 또는 이와 관련한 교육훈련으로 입은 피해에 대하여 재판상 화해가 성립된 것으로 보는 특수임무수행자 보상에 관한 법률 제17조의2 가운데 특수임무수행 또는 이와 관련한 교육훈련으로 입은 피해 중 '정신적 손해'에 관한 부분은 헌법에 위반되지 아니한다.

이번 결정은 심판대상조항이 재판청구권과 국가배상청구권을 침해하지 않는다고 본 것으로서, 민주화운동 관련자 명예회복 및 보상 등에 관한 법률 및 5·18민주화운동 관련자 보상 등에 관한 법률 조항과 달리 '특수임무수행자 보상에 관한 법률'의 보상금 산정 관련 조항에는 정신적 손해배상에 상응하는 항목이 존재한다는 점이 중요하게 고려되었다.

[Point] 재판상 화해
- 국가배상심의회의 결정에 재판상 화해와 동일한 효력을 인정하는 것: 재판청구권 침해
- 민주화 보상법에 정신적 보상을 규정하지 않은 것: 국가배상청구권 침해 ─┐
- 5·18 민주화 특별법상 재판상 화해를 인정하는 것: 국가배상청구권 침해 ─┤ 재판청구권 침해 X
- 학교안전공제회의 결정에 재결과 동일한 효력을 인정하는 것: 재판청구권 침해 ─┘
- 세월호 사건 배상에 대해 일체의 이의를 제기하지 못하게 하는 것: 일반적 행동자유권 침해
- 특수임무수행자 보상에 재판상 화해와 동일한 효력을 인정하는 것 【합헌】

147 디엔에이감식시료채취영장 발부 절차 사건 (헌재 2018.8.30. 2016헌마344 등 【헌법불합치(잠정적용)】)

디엔에이감식시료채취영장 발부과정에서 채취대상자가 자신의 의견을 진술하거나 영장 발부에 대하여 **불복하는 등의 절차를 두지 아니한** 디엔에이신원확인정보의 이용 및 보호에 관한 법률 제8조는 과잉금지원칙을 위반하여 청구인들의 **재판청구권을 침해한다.**

[1] **목적의 정당성 및 수단의 적합성은 인정된다.**

[2] 디엔에이감식시료채취영장에 따른 디엔에이감식시료채취 및 등록과정에서 채취대상자는 신체의 자유, 개인정보자기결정권 등 기본권을 제한받게 된다. 그럼에도 불구하고 이 사건 영장절차조항이 디엔에이감식시료채취영장 발부과정에서 자신의 의견을 진술할 기회를 절차적으로 보장하고 있지 않을 뿐만 아니라, 발부 후 그 영장 발부에 대하여 불복할 수 있는 기회를 주거나 채취행위의 위법성 확인을 청구할 수 있도록 하는 구제절차를 마련하고 있지 않음으로써, 채취대상자의 재판청구권은 형해화되고 채취대상자는 범죄수사 내지 예방의 객체로만 취급받게 된다. 이상의 사정들을 종합하면, 이 사건 영장절차조항은 채취대상자인 청구인들의 재판청구권을 과도하게 제한하므로, **침해의 최소성원칙에 위반된다.** 01 02 03

---

01 디엔에이(DNA)감식시료채취영장청구는 그 대상자에게 구속영장청구시와 같이 엄격한 절차적 권리가 보장되어야 하거나 영장 발부 후 반드시 구제절차를 두어야 하는 것은 아니므로 재판청구권을 침해하지 않는다. 21 국회8급 (O / X)

02 디엔에이감식시료채취영장 발부과정에서 형이 확정된 채취대상자에게 자신의 의견을 밝히거나 영장 발부 후 불복할 수 있는 절차 등에 관하여 규정하지 않은 것은 재판청구권을 침해하지 않는다. 19 서울7급 (O / X)

03 디엔에이감식시료채취영장 발부과정에서 채취대상자에게 자신의 의견을 밝히거나 영장 발부 후 불복할 수 있는 절차 등에 관하여 규정하지 아니한 「디엔에이신원확인정보의 이용 및 보호에 관한 법률」의 조항은 채취대상자들의 재판청구권을 침해한다. 21 서울·지방7급 (O / X)

정답 01 X 02 X 03 O

148 소송대리인이 되려는 변호사에 대한 소송대리인 접견신청 불허 사건 (헌재 2022.2.24. 2018헌마1010 [기각])

접촉차단시설이 설치되지 않은 장소에서 수용자와 접견할 수 있는 예외대상의 범위에 소송대리인이 되려는 변호사를 포함시키지 않은 구 형의 집행 및 수용자의 처우에 관한 법률 시행령 제58조 제4항 제2호는 변호사인 청구인의 직업수행의 자유를 침해하지 않으므로 헌법에 위반되지 않는다.

149 수용자가 변호사와 접견할 때도 접촉차단시설이 설치된 장소에서 하도록 한 사건 (헌재 2013.8.29. 2011헌마122 [헌법불합치(잠정적용)])

변호사와 접견하는 경우에도 수용자의 접견은 원칙적으로 접촉차단시설이 설치된 장소에서 하도록 규정하고 있는 형의 집행 및 수용자의 처우에 관한 법률 시행령 제58조 제4항은 재판청구권을 침해한다.

이 사건 접견조항에 따르면 수용자는 효율적인 재판 준비를 하는 것이 곤란하게 되고, 특히 교정시설 내에서의 처우에 대하여 국가 등을 상대로 소송을 하는 경우에는 소송의 상대방에게 소송자료를 그대로 노출하게 되어 무기대등의 원칙이 훼손될 수 있다. 변호사 직무의 공공성, 윤리성 및 사회적 책임성은 변호사접견권을 이용한 증거인멸, 도주 및 마약 등 금지물품 반입 시도 등의 우려를 최소화시킬 수 있으며, 변호사접견이라 하더라도 교정시설의 질서 등을 해할 우려가 있는 특별한 사정이 있는 경우에는 예외를 두도록 한다면 악용될 가능성도 방지할 수 있다. 따라서 이 사건 접견조항은 과잉금지원칙에 위배하여 청구인의 재판청구권을 지나치게 제한하고 있으므로, 헌법에 위반된다. 01 02

[Point] 변호인의 조력을 받을 권리를 제한하는 것은 아님.

01 수용자가 변호사와 접견하는 경우에도 접촉차단시설이 설치된 접견실에서만 접견하도록 하는 것은 수용자의 재판청구권을 침해한다. 15 서울7급 (O / X)

02 변호사접견권을 악용하는 수형자들로 인한 부작용을 배제하기 위하여 수용자 일반을 접촉차단시설이 설치된 장소에서 변호인을 접견하게 하는 행위는 정당화된다. 14 국회8급 (O / X)

정답 01 O 02 X

150 범죄인 인도법 제3조 위헌소원 (헌재 2003.1.30. 2001헌바95 [합헌])

범죄인 인도심사를 서울고등법원의 전속관할로 하고 대법원에의 상소를 허용하지 않는 것이 적법절차에 위배되거나 재판청구권을 침해하는 것은 아니다.

[1] 법원에 의한 범죄인 인도심사는 국가형벌권의 확정을 목적으로 하는 형사절차와 같은 전형적인 사법절차의 대상에 해당되는 것은 아니며, 법률(범죄인 인도법)에 의하여 인정된 특별한 절차라 볼 것이다. 그렇다면 심급제도에 대한 입법재량의 범위와 범죄인 인도법에서의 심사절차에 관한 규정 등을 종합할 때, 이 사건 법률조항이 범죄인 인도심사를 서울고등법원의 단심제로 하고 있다고 해서 적법절차원칙에서 요구되는 합리성과 정당성을 결여한 것이라 볼 수 없다. 01 02

[2] 범죄인 인도 여부에 관한 법원의 결정은 법원이 범죄인을 해당 국가에 인도하여야 할 것인지 아닌지를 판단하는 것일 뿐 그 자체가 형사처벌이라거나 그에 준하는 처벌로 보기 어렵다. 그렇다면 애초에 재판청구권의 보호대상이 되지 않는 사항에 대하여 법원의 심사를 인정한 경우, 이에 대하여 상소할 수 없다고 해서 재판청구권이 새로이 제한될 수 있다고는 통상 보기 어려울 것이다. 03

[Point] 범죄인 인도심사 ➡ 서울고등법원 전속관할, 단심제

01 심급제도에 대한 입법재량의 범위와 범죄인 인도심사의 법적 성격, 그리고 「범죄인 인도법」에서의 심사절차에 관한 규정 등을 종합할 때, 범죄인 인도심사를 서울고등법원의 단심제로 정하고 있는 것은 적법절차원칙에서 요구되는 합리성과 정당성을 결여한 것이라고 볼 수 없다. 18 변호사 (O / X)

02 「범죄인 인도법」 제3조가 법원의 범죄인 인도심사를 서울고등법원의 전속관할로 하고 그 심사결정에 대한 불복절차를 인정하지 않은 것은 재판절차로서의 형사소송절차에서 상급심에의 불복절차를 자의적으로 배제하는 것으로 적법절차원칙에 위배된다. 19 국회8급 (O / X)

03 법원의 범죄인 인도심사를 서울고등법원의 전속관할로 하고 그 심사결정에 대한 불복절차를 인정하지 않는 「범죄인 인도법」 조항은 재판청구권을 침해한다. 13 국회8급 (O / X)

정답 01 O 02 X 03 X

151 국회의 퇴임한 헌법재판소 재판관 후임자 선출 부작위 사건 (헌재 2014.4.24. 2012헌마2 [각하])

재판청구권에는 공정한 헌법재판을 받을 권리도 포함된다. 그렇다면 국회가 선출하여 임명된 헌법재판소 재판관 중 공석이 발생한 경우, 국회는 공석인 재판관의 후임자를 선출하여야 할 헌법상 작위의무가 있다.

헌법 제27조가 보장하는 재판청구권에는 공정한 헌법재판을 받을 권리도 포함되고, ⁰¹ ⁰² 헌법 제111조 제2항은 헌법재판소가 9명의 재판관으로 구성된다고 명시하여 다양한 가치관과 헌법관을 가진 9명의 재판관으로 구성된 합의체가 헌법재판을 담당하도록 하고 있으며, 같은 조 제3항은 재판관 중 3명은 국회에서 선출하는 자를 임명한다고 규정하고 있다. 그렇다면 헌법 제27조, 제111조 제2항 및 제3항의 해석상 피청구인이 선출하여 임명된 재판관 중 공석이 발생한 경우, 국회는 공정한 헌법재판을 받을 권리의 보장을 위하여 공석인 재판관의 후임자를 선출하여야 할 구체적 작위의무를 부담한다고 할 것이다. ⁰³

01 재판청구권에는 민사재판, 형사재판, 행정재판뿐만 아니라 헌법재판을 받을 권리도 포함되므로, 헌법상 보장되는 기본권인 '공정한 재판을 받을 권리'에는 '공정한 헌법재판을 받을 권리'도 포함된다. 21 국가7급 (O / X)

02 헌법상 보장되는 기본권인 '공정한 재판을 받을 권리'에는 '공정한 헌법재판을 받을 권리'도 포함된다. 21 법원직 (O / X)

03 헌법해석상 국회가 선출하여 임명된 헌법재판소의 재판관 중 공석이 발생한 경우에 국회가 공정한 헌법재판을 받을 권리의 보장을 위하여 공석인 재판관의 후임자를 선출하여야 할 구체적 작위의무를 부담한다고 볼 수는 없다. 21 서울·지방7급 (O / X)

정답 01 O 02 O 03 X

152 형사소송법상 즉시항고 제기기간 3일 제한 사건 (헌재 2018.12.27. 2015헌바77 등 [헌법불합치(잠정적용)])

즉시항고의 제기기간을 3일로 제한하고 있는 구 형사소송법 제405조는 재판청구권을 침해하여 헌법에 합치되지 아니한다. ⁰¹

형사재판절차의 당사자가 구속되어 있지 않더라도, 법원에 즉시항고장을 제출하기 어려운 상황은 발생할 수 있고, 형사소송법 제344조의 재소자 특칙규정은 개별적으로 준용규정이 있는 경우에만 적용을 받을 뿐만 아니라, 형사소송법상의 법정기간 연장조항이나 상소권회복청구에 관한 조항들만으로는 3일이라는 지나치게 짧은 즉시항고 제기기간의 도과를 보완하기에는 미흡하다.

[Point] 즉시항고 정리
- 인신보호법상 즉시항고를 3일로 제한 【위헌】
- 형사소송법상 즉시항고를 3일로 제한 【헌법불합치】
- 형사보상청구기간을 1년으로 제한 【헌법불합치】
- 비용보상청구기간을 6개월로 제한 【합헌】

01 즉시항고의 제기기간을 3일로 제한하고 있는 「형사소송법」 조항은 변호인의 조력을 받을 권리를 침해하여 헌법에 합치되지 아니한다. 예상 (O / X)

정답 01 X

153 형사보상결정에 대한 불복금지 (헌재 2010.10.28. 2008헌마514 등【위헌, 기각】)

[1] 형사보상청구권은 헌법 제28조에 따라 '법률이 정하는 바에 의하여' 행사되므로 그 내용은 법률에 의해 정해지는바, 형사보상의 구체적 내용과 금액 및 절차에 관한 사항은 입법자가 정하여야 할 사항이다. … 보상금액의 구체화·개별화를 추구할 경우에는 개별적인 보상금액을 산정하는 데 상당한 기간의 소요 및 절차의 지연을 초래하여 형사보상제도의 취지에 반하는 결과가 될 위험이 크고 나아가 그로 인하여 형사보상금의 액수에 지나친 차등이 발생하여 오히려 공평의 관념을 저해할 우려가 있는바, 이 사건 보상조항 및 이 사건 보상금 시행령조항은 청구인들의 형사보상청구권을 침해한다고 볼 수 없다. 01 【기각】

Point
- 형사보상청구금액의 상한제 【합헌】
- 형사보상결정에 대한 불복금지 【위헌】
- 형사보상청구의 기간을 무죄판결을 받은 날로부터 1년으로 하는 것 【헌법불합치】
- 비용보상청구의 기간을 무죄판결을 받은 날로부터 6개월로 하는 것 【합헌】

[2] 헌법 제28조는 형사보상청구권자에게 '정당한 보상'을 인정하고 있는바, '정당한 보상'이란 완전한 보상을 가리키고, 이는 곧 구금으로 인한 상태를 만회하여 구금 전의 상태로 회복시킬 수 있는 보상을 말한다. 02

[3] 형사보상의 청구에 대하여 한 보상의 결정에 대하여는 불복을 신청할 수 없도록 하여 형사보상의 결정을 단심재판으로 규정한 형사보상법 제19조 제1항은 청구인들의 형사보상청구권 및 재판청구권을 침해한다. 03 04 【위헌】

---

01 형사보상의 구체적 내용과 금액 및 절차에 관한 사항은 입법자가 정하여야 할 사항으로 형사보상금을 일정한 범위 내로 한정하고 있는 「형사보상법」 조항은 형사보상청구권을 침해한다고 볼 수 없다. 21 법원직 (O / X)

02 헌법이 명하는 정당한 보상이라 함은 구금 중에 받은 적극적인 재산상의 손실과 구금으로 인한 정신적·물질적 피해에 대한 보상을 요구할 수 있다는 것이며, 구금되지 않았더라면 얻을 수 있었던 소극적인 이익이나 기대이익의 상실 등은 청구할 수 없다. 13 국회8급 (O / X)

03 형사보상결정에 대하여 불복을 신청할 수 없도록 하는 것은 형사보상청구권 및 재판청구권을 침해한다. 16 법원직, 13 국회8급 (O / X)

04 형사보상의 청구에 대한 보상결정에 불복을 신청할 수 없도록 하여 형사보상의 결정을 단심재판으로 하는 것은 형사보상청구인의 재판청구권을 침해한다. 21 변호사 (O / X)

05 형사보상은 과실책임의 원리에 의하여 고의·과실로 인한 위법행위와 인과관계 있는 모든 손해를 배상하는 손해배상과는 달리, 형사사법절차에 내재하는 불가피한 위험에 대하여 형사사법기관의 귀책사유를 따지지 않고 형사보상청구권자가 입은 손실을 보상하는 제도이다. 17 법무사 (O / X)

정답 01 O 02 X 03 O 04 O 05 O

154 이중배상 (대판 2017.2.3. 2015두60075)

[1] 군인 등이 직무집행과 관련하여 공상을 입는 등의 이유로 보훈보상대상자 지원에 관한 법률(이하 '보훈보상자법'이라 한다)이 정한 보훈보상대상자요건에 해당하여 보상금 등 보훈급여금을 지급받을 수 있는 경우, 국가를 상대로 국가배상을 청구할 수 없다.

[2] 직무집행과 관련하여 공상을 입은 군인 등이 먼저 국가배상법에 따라 손해배상금을 지급받은 다음 보훈보상자법이 정한 보상금 등 보훈급여금의 지급을 청구하는 경우, 국가배상법에 따라 손해배상을 받았다는 이유로 그 지급을 거부할 수 없다.

보훈보상자법은 국가배상법에 따른 손해배상금을 지급받은 자를 보상금 등 보훈급여금의 지급대상에서 제외하는 규정을 두고 있지 않은 점, 국가배상법 제2조 제1항 단서의 입법취지 및 보훈보상자법이 정한 보상과 국가배상법이 정한 손해배상의 목적과 산정방식의 차이 등을 고려하면 국가배상법 제2조 제1항 단서가 보훈보상자법 등에 의한 보상을 받을 수 있는 경우 국가배상법에 따른 손해배상청구를 하지 못한다는 것을 넘어 국가배상법상 손해배상금을 받은 경우 보훈보상자법상 보상금 등 보훈급여금의 지급을 금지하는 것으로 해석하기는 어려운 점 등에 비추어, 국가보훈처장은 국가배상법에 따라 손해배상을 받았다는 사정을 들어 보상금 등 보훈급여금의 지급을 거부할 수 없다. 01

[Point] · 보훈보상대상자 지원에 관한 법률상 보훈급여를 받고 국가배상법상 국가배상청구 ➡ 불가
· 국가배상법상 국가배상을 받고 보훈보상대상자 지원에 관한 법률상 보훈급여청구 ➡ 가능

01 이중배상금지원칙상 직무집행과 관련하여 공상을 입은 군인 등이 먼저 「국가배상법」에 따라 손해배상금을 지급받은 다음 「보훈보상대상자 지원에 관한 법률」이 정한 보상금 등 보훈급여금의 지급을 청구하는 경우, 「국가배상법」에 따라 손해배상을 받았다는 이유로 그 지급을 거부할 수 있다. 예상 (O / X)

정답 01 X

155 약식명령의 고지대상자 및 정식재판청구권자에서 형사피해자를 제외한 조항에 관한 사건 (헌재 2019.9.26. 2018헌마1015 [기각])

형사피해자에게 약식명령을 고지하지 않고, 정식재판청구권도 인정하지 않는 형사소송법 제452조 및 제453조 제1항은 모두 헌법에 위반되지 않는다.

[1] 형사피해자가 약식명령을 고지받지 못한다고 하여 형사재판절차에서의 참여기회가 완전히 봉쇄되어 있다고 볼 수 없다. 따라서 이 사건 고지조항은 형사피해자의 재판절차진술권을 침해하지 않는다. 01 02

[2] 형사피해자는 자신의 진술을 기재한 진술서나 탄원서 등을 법원에 제출함으로써 재판절차에 참여할 기회를 가지며, 법관은 약식명령으로 하는 것이 적당하지 않다고 인정하는 경우 정식재판절차에 회부할 수 있으므로, 약식명령이 청구되었다고 하여 형사피해자의 공판정에서의 진술권이 완전히 배제되는 것은 아니다. 따라서 이 사건 정식재판청구조항은 형사피해자의 재판절차진술권을 침해하지 않는다.

01 약식명령은 경미하고 간이한 사건을 대상으로 하지만 형사피해자가 약식명령을 고지받지 못하는 것은 형사재판절차에서의 참여기회를 봉쇄하는 것이므로 형사피해자의 재판절차진술권을 침해하는 것이다. 22 입시 (O / X)

02 형사피해자에게 약식명령을 고지하지 않도록 규정한 것은 형사피해자의 재판절차진술권과 정식재판청구권을 침해하는 것으로서, 입법자가 입법재량을 일탈·남용하여 형사피해자의 재판을 받을 권리를 침해하는 것이다. 21 국가7급 (O / X)

정답 01 X 02 X

DAY 09 사회적 기본권

미니노트

사회적 기본권 체계

인간다운 생활을 할 권리 (헌법 제34조 제1항)	• 제5차 개정헌법 • 국민기초생활 보장법에 의해 실현: 일정한 경우 외국인에게도 급부 실시 • 이분설(판례): '최소한의 물질적인 생활' 유지에 필요한 급부를 요구할 수 있는 구체적인 권리가 상황에 따라 직접 도출될 수 있음. 그러나 직접 그 이상의 급부를 내용으로 하는 구체적인 권리를 발생케 하는 것은 아님. 이러한 구체적 권리는 법률을 통해 구체화할 때 비로소 인정되는 법률적 권리임. • 구속 정도 ─ 입법부·행정부: 최대한의 요구 ➡ 행위지침 또는 행위규범 └ 헌법재판: 최소한의 조치를 다하였는지에 대한 심사 ➡ 통제규범
교육을 받을 권리 (헌법 제31조)	• 평생교육(제8차 개정헌법) → 부모의 자녀교육권: 천부적 권리, 부과된 의무 • **교육을 받을 권리**와 **교육을 받게 할 의무**로 구성 ┌ 자유권적 측면: 국가로부터 방해받지 않을 권리 └ 사회권적 측면: 국가의 적극적인 배려를 요구할 권리(주된 성격) • 헌법 제31조 제1항 '**능력**에 따라 균등하게 **교육을 받을 권리**'의 해석 ┌ 능력: 일신전속적 성격 ➡ 재산·가정·성별 등에 따른 교육 차별 허용 X ├ 균등하게: 기회의 균등 ➡ 실질적 평등교육을 위한 적극적 정책 실현 └ 교육받을 권리: 평생교육, 무상의무교육[초등(헌법규정), 중등(법률규정)]
근로의 권리 (헌법 제32조)	• 제8차 개정헌법: 적정임금·국가유공자 등 우선취업 • 제9차 개정헌법: 최저임금·여성근로자 차별금지·연소자 특별보호 • 일할 **자리**에 관한 권리: 사회권(국민의 권리) ➡ 본질적 성격 • 일할 **환경**에 관한 권리: 자유권(외국인도 인정) • 법인은 근로의 권리의 주체 X
근로3권 (헌법 제33조)	• 건국헌법 때부터 규정 • 자유권 성격 강조: 사회적 보호기능 담당 + 사회권적 성격의 자유권
환경권 (헌법 제35조)	• 제8차 개정헌법, 쾌적한 주거생활권(제9차 개정헌법) • 국민의 권리인 동시에 의무 • 추상적 권리(대법원): 명문규정 X ➡ 직접 방해배제청구권 인정 X • 환경: 헌법재판소[자연환경 + 인공환경(생활환경)] + 대법원(사회·문화적 환경)
혼인, 가족, 모성보호, 보건 (헌법 제36조)	• 혼인과 가족은 헌법이 특별히 평등을 요구하는 경우 • 헌법 제36조 제1항 ┌ 자유권적 성격 + 제도적 보장 성격 └ 공·사법 모든 영역에 영향을 미치는 헌법원리 내지 원칙규범의 성격 • 모성보호(제9차 개정헌법)

📑 관련조문

국민기초생활 보장법 제5의2조(외국인에 대한 특례)
국내에 체류하고 있는 외국인 중 대한민국 국민과 혼인하여 본인 또는 배우자가 임신 중이거나 대한민국 국적의 미성년 자녀를 양육하고 있거나 배우자의 대한민국 국적인 직계존속과 생계나 주거를 같이하고 있는 사람으로서 대통령령으로 정하는 사람이 이 법에 따른 급여를 받을 수 있는 자격을 가진 경우에는 수급권자가 된다.

근로3권의 주체

구분	단결권	단체교섭권	단체행동권
주체 인정	근로자 개인, 단체	노동조합	근로자 개인, 노동조합
주체 부정	사용자	근로자 개인	-

사회보장수급권(추상적 권리 ➡ 개별법의 규정 필요)

사회보험	공적 부조	사회보상	사회복지
· 강제가입 · 보험료: 소득, 재산에 비례 · 이질 부담: 회사가 절반 부담 · 소득재분배 예 국민건강보험, 양로보험, 실업보험, 퇴직연금보험 등(사회연대의 원리에 의해 정당화)	생계유지가 곤란한 사람에게 최저생활에 필요한 (현금)급여 제공 예 국민기초생활 보장법	국가유공자가 사망·상해로 노동력을 상실, 생활이 곤궁할 때 보장 예 국가유공자 등 예우 및 지원에 관한 법률	· 현금·현물 제공 X · 자립에 필요한 공적 서비스(생활·교육지도) 제공 예 노인복지법, 장애인복지법

생활보호를 받을 권리
(사회부조청구권)

사보험
· 임의가입
· 보험료: 보험급여에 비례

근로의 권리의 내용

본질적 내용	보충적 내용
· 고용증진을 위한 사회·경제적 정책요구 · 일자리청구권 X · 생계비지급청구권 X · 직장존속청구권 X · 장애인의 근로: 명문규정 X 단, 장애인에 대한 국가의 보호는 규정 있음.	· 해고 제한: 정당한 이유 없이 해고 X · 적정임금·최저임금·평균임금 · 무노동·무임금원칙 · 근로조건기준 법정주의 (헌법 제32조 제3항) · 여자·연소자 근로의 특별보호 (헌법 제32조 제4항·제5항) · 국가유공자 등의 근로기회 우선 보장

근로3권의 내용

단결권	단체교섭권	단체행동권
· 적극적: 노동조합 결성·가입 · 소극적: 가입하지 않을 권리 · 충돌시: 적극적 > 소극적	· 단체협약체결권 · 근로조건과 무관한 사항 X · 경영권·인사권·이윤취득권 X	· 파업, 태업, 불매운동 · 사용자측의 직장폐쇄 · 순수한 정치파업 X

판례분석

156 재혼으로 인한 유족연금수급권 상실 사건 (헌재 2022.8.31. 2019헌가31 【합헌】)

재혼을 유족연금수급권 상실사유로 규정한 구 공무원연금법 제59조 제1항 제2호 중 '유족연금'에 관한 부분은 헌법에 위반되지 않는다.

157 안장대상자 배우자의 국립묘지 합장 사건 (헌재 2022.11.24. 2020헌바463 【합헌】)

국립묘지 안장대상자의 배우자 가운데 안장대상자 사후에 재혼한 자를 합장대상에서 제외하는 내용의 국립묘지의 설치 및 운영에 관한 법률 제5조 제3항 본문 제1호 단서 중 "안장대상자가 사망한 후에 다른 사람과 혼인한 배우자는 제외한다." 부분은 합헌이다.

158 자녀의 이름에 사용할 수 있는 한자 제한 규정 (헌재 2016.7.28. 2015헌마964 【기각】)

부모가 자녀의 이름을 지을 자유는 헌법상 보호된다.

[1] '부모의 자녀의 이름을 지을 자유'가 헌법에 의하여 보호받는 것인지에 관하여 보건대, 자녀의 양육은 부모에게 부여된 권리이자 의무로서 자녀가 정상적인 사회적 인격체로 성장할 수 있도록 돌보는 것이고, 자녀의 사회적 인격상의 첫 단추가 이름을 가지게 되는 것인 만큼, 부모가 자녀의 이름을 지어주는 것은 자녀의 양육과 가족생활을 위하여 필수적인 것이며, 가족생활의 핵심적 요소라 할 수 있다. 따라서 <mark>비록 헌법에 명문으로 규정되어 있지는 않지만, '부모의 자녀의 이름을 지을 자유'는 혼인과 가족생활을 보장하는 헌법 제36조 제1항과 행복추구권을 보장하는 헌법 제10조에 의하여 보호받는다</mark>고 할 수 있다. 01 02

Point 헌법적 근거 ─ 헌법 제36조 제1항 혼인과 가족생활을 보장
　　　　　　　　└ 헌법 제10조 행복추구권

[2] 출생신고시 자녀의 이름에 사용할 수 있는 한자를 '통상 사용되는 한자'로 제한하고 있는 가족관계의 등록 등에 관한 법률 제44조 제3항 중 '통상 사용되는 한자' 부분 및 가족관계의 등록 등에 관한 규칙 제37조는 청구인의 자녀의 이름을 지을 권리를 침해하지 않는다.

---

01 부모가 자녀의 이름을 지어주는 것은 자녀의 양육과 가족생활을 위하여 필수적인 것이고, 가족생활의 핵심적 요소라 할 수 있으므로, '부모가 자녀의 이름을 지을 자유'는 혼인과 가족생활을 보장하는 헌법 제36조 제1항과 행복추구권을 보장하는 헌법 제10조에 의하여 보호받는다. 22 법원직, 19 국가7급, 18 지방7급 (O / X)

02 이름(성명)은 개인의 정체성과 개별성을 나타내는 인격의 상징으로서 개인이 사회 속에서 자신의 생활영역을 형성하고 발현하는 기초가 되므로, 부모가 자녀의 이름을 지을 자유는 혼인과 가족생활을 보장하는 헌법 제36조 제1항이 아니라 일반적 인격권 및 행복추구권을 보장하는 헌법 제10조에 의하여 보호받는다. 20 변호사 (O / X)

정답 01 O 02 X

159 사회적 약자에 대한 의료보험 혜택의 제공 (헌재 2000.6.29. 99헌마289 [기각])

[1] 국고지원에 있어서 지역가입자와 직장가입자의 차별취급

국가가 저소득층 지역가입자를 대상으로 소득수준에 따라 보험료를 차등지원하는 것은 사회국가원리에 의하여 정당화된다. [01] 국고지원에 있어서의 지역가입자와 직장가입자의 차별취급은 사회국가원리의 관점에서 합리적인 차별에 해당하는 것으로서 평등원칙에 위반되지 아니한다. [02]

Point 평등원칙 위배 X

[2] 보험료의 법적 성격 및 사회보험료 형성의 원칙

사회보험료는 기존의 공과금체계에 편입시킬 수 없는 독자적 성격을 가진 공과금이다. … 사회보험료를 형성하는 2가지 중요한 원리는 '보험의 원칙'과 '사회연대의 원칙'이다. [03] 보험의 원칙이란 소위 등가성의 원칙이라고도 하는데, 이는 보험료와 보험급여 간의 등가원칙을 말한다. 물론, 사회보험에서는 사보험에서와 달리 각 피보험자에 대한 개별 등가원칙이 적용되는 것은 아니지만, 사회보험 또한 보험료를 주된 재원으로 하는 보험의 성격을 가지고 있기 때문에 보험자의 전체적 재정과 관련하여 보험자의 수입이 보험급여를 포함한 전체 지출을 충당할 수 있도록 개인의 보험료가 산정되어야 한다. 한편, 사회보험은 사회국가원리를 실현하기 위한 중요한 수단이라는 점에서 사회연대의 원칙은 국민들에게 최소한의 인간다운 생활을 보장해야 할 국가의 의무를 부과하는 사회국가원리에서 나온다. 보험료의 형성에 있어서 사회연대의 원칙은 보험료와 보험급여 사이의 개별적 등가성의 원칙에 수정을 가하는 원리일 뿐만 아니라, 사회보험체계 내에서의 소득의 재분배를 정당화하는 근거이며, 보험의 급여수혜자가 아닌 제3자인 사용자의 보험료 납부의무(소위 '이질 부담')를 정당화하는 근거이기도 하다. 또한 사회연대의 원칙은 사회보험에의 강제가입의무를 정당화하며, 재정구조가 취약한 보험자와 재정구조가 건전한 보험자 사이의 재정조정을 가능하게 한다. [04] … 그러나 보험료 부담의 평등이 보장되지 않는 상황에서의 재정통합은 사회보험의 중요한 형성원칙인 사회연대의 원칙에 의해서도 정당화하기 어렵다. … 재정이 통합되는 2002.1.1. 이후에도, 지역가입자의 소득이 합리적이고 신뢰할 만한 방안을 통하여 파악 또는 추정될 때까지 직장가입자와 지역가입자 모두의 이익을 함께 적절하게 고려하는 재정운영위원회의 민주적 운영을 통하여 직장·지역가입자 사이의 보험료 분담율을 조정할 수 있고, 이로써 보험료를 직장가입자에게 불리하지 않도록 정할 수 있으므로 법 제33조 제2항은 헌법에 위반되지 아니한다.

Point 사회연대의 원칙
- 사회국가원리에서 도출
- 등가성의 원칙에 수정을 가하는 원리
- 소득 재분배의 정당화 근거
- '이질 부담'을 정당화하는 근거
- 사회보험에의 강제가입의무 정당화

160 가사사용인에 대한 근로자퇴직급여 보장법 적용제외 사건 (헌재 2022.10.27. 2019헌바454 [합헌])

'가구 내 고용활동'에 대해서는 근로자퇴직급여 보장법을 적용하지 않도록 규정한 근로자퇴직급여 보장법 제3조 단서 중 '가구 내 고용활동' 부분은 헌법에 위반되지 아니한다

---

01 국가가 저소득층 지역가입자를 대상으로 소득수준에 따라 「국민건강보험법」의 보험료를 차등지원하는 것은 사회국가원리에 의하여 정당화된다. 17 국가7급 (O / X)

02 「국민건강보험법」상 보험료의 국고지원에 있어서 지역가입자와 직장가입자의 차별취급은 사회국가원리의 관점에서 합리적인 차별이 아니므로 평등원칙에 위반된다. 17 지방7급 (O / X)

03 사회보험료를 형성하는 두 가지 중요한 원리는 '보험의 원칙'과 '사회연대의 원칙'이다. 13 국회9급 (O / X)

04 사회국가원리에서 도출되는 사회연대의 원칙은 사회보험에의 강제가입의무를 정당화하며, 재정구조가 취약한 보험자와 재정구조가 건전한 보험자 사이의 재정조정을 가능하게 한다. 12 국가7급 (O / X)

정답 01 O 02 X 03 O 04 O

161. 현역병의 보수를 규정한 구 공무원보수규정 제5조 중 [별표 13] 등에 관한 사건 (헌재 2012.10.25. 2011헌마307 [기각])

[1] 최저임금을 청구할 수 있는 권리가 바로 헌법 제32조 제1항의 근로의 권리에 의하여 보장된다고 보기는 어려우므로, 이 사건 병의 봉급표가 청구인의 근로의 권리를 침해한다고 할 수 없다.

헌법 제32조 제1항 후단은 "국가는 사회적·경제적 방법으로 근로자의 고용증진과 적정임금의 보장에 노력하여야 하며, 법률이 정하는 바에 의하여 최저임금제를 시행하여야 한다."라고 규정하고 있어서 최저임금을 청구할 수 있는 권리가 바로 헌법 제32조 제1항의 근로의 권리에 의하여 보장된다고 보기는 어려우므로, 01 02 이 사건 병의 봉급표가 청구인의 근로의 권리를 침해한다고 할 수 없다.

[2] 공무원이 국가 또는 지방자치단체에 대하여 어느 수준의 보수를 청구할 수 있는 권리는 단순한 기대이익에 불과하여 재산권의 내용에 포함된다고 볼 수 없으므로 청구인이 주장하는 특정한 보수 수준이 법령에 의하여 구체적으로 형성된 바 없는 이상, 이 사건 병의 봉급표가 그 보수 수준보다 낮은 봉급월액을 규정하고 있다고 하여 청구인의 재산권을 침해한다고 볼 수는 없다.

[3] 군복무를 직업으로 선택한 직업군인에게는 생활의 기본적 수요를 충당할 정도의 상당한 보수를 지급할 필요가 있는 반면, 병역의무를 이행하기 위하여 비교적 단기간 군복무를 하는 현역병은 의무복무기간 동안 병영에서 생활하도록 하는 한편, 의무복무에 필요한 급식비, 피복비 등의 모든 의식주 비용을 국고에서 지급하도록 하고 있어서 현역병의 의무복무에 대하여 지급하는 보수는 직업군인들과는 달리 생활의 기본적 수요를 충족할 정도에 이를 필요는 없다. 그러므로 이 사건 병의 봉급표가 이러한 차이점을 고려하여 '직업군인'으로 임용되어 복무하는 자와 '현역병'으로 복무하는 자의 보수를 다르게 규정한 것은 합리적 이유가 있는 것이어서 청구인의 평등권을 침해하지 아니한다.

> **Point** 이 사건 병의 봉급: 근로의 권리, 재산권, 평등권 침해 X

---

01 근로자가 최저임금을 청구할 수 있는 권리는 헌법에서 직접 도출된다. 15 법원직 (O / X)

02 최저임금제는 법률이 정하는 바에 의하여 보장되는 것이므로, 근로자가 최저임금을 청구할 수 있는 권리가 헌법상 근로의 권리로서 바로 보장되는 것은 아니다. 21 법무사 (O / X)

정답 01 X 02 O

---

162. 고용노동부장관의 전국교직원노동조합에 대한 법외노조 통보처분의 적법성이 문제된 사건 (대판 2020.9.3. 2016두32992 전원합의체)

노동조합 및 노동관계조정법 시행령 제9조 제2항이 법률의 위임 없이 법률이 정하지 아니한 법외노조 통보에 관하여 규정함으로써 헌법상 노동3권을 본질적으로 제한하여 그 자체로 무효이다.

법외노조 통보는 적법하게 설립된 노동조합의 법적 지위를 박탈하는 중대한 침익적 처분으로서 원칙적으로 국민의 대표자인 입법자가 스스로 형식적 법률로써 규정하여야 할 사항이고, 행정입법으로 이를 규정하기 위하여는 반드시 법률의 명시적이고 구체적인 위임이 있어야 한다. 그런데 노동조합 및 노동관계조정법 시행령 제9조 제2항은 법률의 위임 없이 법률이 정하지 아니한 법외노조 통보에 관하여 규정함으로써 헌법상 노동3권을 본질적으로 제한하고 있으므로 그 자체로 무효이다. 구체적인 이유는 아래와 같다.

법외노조 통보는 이미 법률에 의하여 법외노조가 된 것을 사후적으로 고지하거나 확인하는 행위가 아니라 그 통보로써 비로소 법외노조가 되도록 하는 형성적 행정처분이다. 이러한 법외노조 통보는 단순히 노동조합에 대한 법률상 보호만을 제거하는 것에 그치지 않고 헌법상 노동3권을 실질적으로 제약한다. 그런데 노동조합 및 노동관계조정법은 법상 설립요건을 갖추지 못한 단체의 노동조합 설립신고서를 반려하도록 규정하면서도, 그보다 더 침익적인 설립 후 활동 중인 노동조합에 대한 법외노조 통보에 관하여는 아무런 규정을 두고 있지 않고, 이를 시행령에 위임하는 명문규정도 두고 있지 않다. 더욱이 법외노조 통보제도는 입법자가 반성적 고려에서 폐지한 노동조합 해산명령제도와 실질적으로 다를 바 없다. 결국 노동조합 및 노동관계조정법 시행령 제9조 제2항은 법률이 정하고 있지 아니한 사항에 관하여, 법률의 구체적이고 명시적인 위임도 없이 헌법이 보장하는 노동3권에 대한 본질적인 제한을 규정한 것으로서 법률유보원칙에 반한다.

163 노동조합 운영비 원조 부당노동행위 금지조항 사건 (헌재 2018.5.31. 2012헌바90 [헌법불합치])

사용자가 노동조합의 운영비를 원조하는 행위를 부당노동행위로 금지하는 노동조합 및 노동관계조정법 제81조 제4호 중 '노동조합의 운영비를 원조하는 행위'에 관한 부분은 헌법에 합치되지 아니한다. [01]

운영비 원조행위가 노동조합의 자주성을 저해할 위험이 없는 경우에는 이를 금지하더라도 노동조합의 자주성을 확보하고자 하는 입법목적의 달성에 아무런 도움이 되지 않는다. 그런데 운영비 원조금지조항은 단서에서 정한 두 가지 예외(근로자의 후생자금 또는 경제상의 불행 기타 재액의 방지와 구제 등을 위한 기금의 기부와 최소한의 규모의 노동조합사무소의 제공)를 제외한 일체의 운영비 원조행위를 금지함으로써 노동조합의 자주성을 저해할 위험이 없는 경우까지 금지하고 있으므로, 입법목적 달성을 위한 적합한 수단이라고 볼 수 없다. 따라서 운영비 원조금지조항은 과잉금지원칙을 위반하여 청구인의 단체교섭권을 침해하므로 헌법에 위반된다.

> **01** 사용자가 노동조합의 운영비를 원조하는 행위를 부당노동행위로 금지하는 「노동조합 및 노동관계조정법」 조항 중 '노동조합의 운영비를 원조하는 행위'에 관한 부분은 헌법에 합치된다. 예상 (O / X)
>
> 정답 01 X

164 부당노동행위에 대한 형사처벌 사건 (헌재 2022.5.26. 2019헌바341 [합헌])

[1] 노동조합을 지배·개입하는 행위를 금지하는 노동조합 및 노동관계조정법 제81조 제4호 본문 중 '근로자가 노동조합을 조직 또는 운영하는 것을 지배하거나 이에 개입하는 행위' 부분은 죄형법정주의의 명확성원칙에 위배되지 않는다.

[2] 노조전임자의 급여를 지원하는 행위를 금지하는 노동조합 및 노동관계조정법 제81조 제4호 본문 중 '노동조합의 전임자에게 급여를 지원하는 행위' 부분은 과잉금지원칙에 위배되지 않는다.

165 노동조합 및 노동관계조정법 제81조 제2호 단서 위헌소원 (헌재 2005.11.24. 2002헌바95 등 [합헌])

소극적 단결권은 헌법 제33조에 의하여 보호되지 않는다.

[1] 헌법 제33조 제1항은 "근로자는 근로조건의 향상을 위하여 자주적인 단결권·단체교섭권 및 단체행동권을 가진다."라고 규정하고 있다. 여기서 헌법상 보장된 근로자의 단결권은 단결할 자유만을 가리킬 뿐이고, 단결하지 아니할 자유 이른바 소극적 단결권은 이에 포함되지 않는다. 그렇다면 근로자가 노동조합을 결성하지 아니할 자유나 노동조합에 가입을 강제당하지 아니할 자유, 그리고 가입한 노동조합을 탈퇴할 자유는 근로자에게 보장된 단결권의 내용에 포섭되는 권리로서가 아니라 헌법 제10조의 행복추구권에서 파생되는 일반적 행동의 자유 또는 제21조 제1항의 결사의 자유에서 그 근거를 찾을 수 있다. [01] [02] 이와 같이 근로자의 단결하지 아니할 자유와 노동조합의 적극적 단결권이 충돌하는 경우 단결권 상호 간의 충돌은 아니라고 하더라도 여전히 헌법상 보장된 일반적 행동의 자유 또는 결사의 자유와 적극적 단결권 사이의 기본권 충돌의 문제가 제기될 수 있다.

Point 소극적 단결권의 헌법적 근거 ─ 근로자의 단결권에 포함 X
└ 일반적 행동의 자유(헌법 제10조) 또는 결사의 자유(헌법 제21조 제1항)

[2] 근로자에게 보장되는 적극적 단결권이 단결하지 아니할 자유보다 특별한 의미를 갖고 있고, 노동조합의 조직강제권도 이른바 자유권을 수정하는 의미의 생존권(사회권)적 성격을 함께 가지는 만큼 근로자 개인의 자유권에 비하여 보다 특별한 가치로 보장되는 점 등을 고려하면, 노동조합의 적극적 단결권은 근로자 개인의 단결하지 않을 자유보다 중시된다. [03] [04]

Point 노동조합의 적극적 단결권이 근로자 개인의 단결권(소극적 단결권)보다 중시됨.

> **01** 근로자의 단결권에는 노동자가 노동조합을 결성하지 아니할 자유나 노동조합을 탈퇴할 자유도 포함된다. 13 국회9급 (O / X)
>
> **02** 헌법상 보장된 근로자의 단결권은 단결할 자유만을 의미하므로 근로자가 노동조합을 결성하지 아니할 자유는 헌법상 근거를 찾을 수 없다. 12 국회8급 (O / X)
>
> **03** 헌법재판소가 사업장에 종사하는 근로자의 3분의 2 이상을 대표하는 노동조합의 경우 단체협약을 매개로 조직강제를 용인하는 법률조항을 합헌으로 본 것은 노동조합의 적극적 단결권을 근로자 개인의 단결하지 않을 자유보다 중시한 것이다. 17 법무사 (O / X)
>
> **04** 근로자의 단결하지 아니할 자유와 노동조합의 적극적 단결권이 충돌하게 되는 경우 후자가 전자보다 중시된다. 12 국회8급 (O / X)
>
> 정답 01 X 02 X 03 O 04 O

166 청원경찰 근로3권 전면 제한 사건 (헌재 2017.9.28. 2015헌마653 【헌법불합치】)

청원경찰의 복무에 관하여 국가공무원법 제66조 제1항을 준용하여 노동운동을 금지하는 구 청원경찰법 제5조 제4항 중 국가공무원법 제66조 제1항 가운데 '노동운동' 부분을 준용하는 부분은 헌법에 합치되지 아니하고, 위 법률조항은 2018.12.31.을 시한으로 개정될 때까지 계속적용한다.

[1] 목적의 정당성 및 수단의 적합성은 인정된다. 01

[2] 청원경찰은 청원주와의 고용계약에 의한 근로자일 뿐, 국민 전체에 대한 봉사자로서 국민에 대하여 책임을 지며 그 신분과 정치적 중립성이 법률에 의해 보장되는 공무원 신분이 아니므로, 기본적으로 헌법 제33조 제1항에 따라 근로3권을 보장받아야 한다. 02 국가기관이나 지방자치단체 이외의 곳에서 근무하는 청원경찰은 근로조건에 관하여 공무원뿐만 아니라 국가기관이나 지방자치단체에 근무하는 청원경찰에 비해서도 낮은 수준의 법적 보장을 받고 있으므로, 이들에 대해서는 근로3권이 허용되어야 할 필요성이 더욱 크다. 03 이들이 청원주와 실질적으로 동등한 지위에서 근로조건을 결정하기 위해서는 근로3권이 일률적으로 부정되어서는 아니 된다. 이상을 종합하여 보면, 심판대상조항이 모든 청원경찰의 근로3권을 전면적으로 제한하는 것은 입법목적 달성을 위해 필요한 범위를 넘어선 것으로서 침해의 최소성원칙에 위배된다. 04

[Point] 청원경찰의 근로3권을 모두 부정하는 것은 침해의 최소성원칙에 위반됨.

[3] 입법자는 청원경찰의 구체적 직무 내용, 근무장소의 성격, 근로조건이나 신분보장 등을 고려하여 심판대상조항의 위헌성을 제거할 재량을 가진다. 만약 심판대상조항에 대해 단순위헌결정을 하여 즉시 효력을 상실시킨다면, 근로3권의 제한이 필요한 청원경찰까지 근로3권 모두를 행사하게 되는 혼란이 발생할 우려가 있으므로 심판대상조항에 대하여 잠정적용 헌법불합치결정을 선고하되, 늦어도 2018.12.31.까지 개선입법을 하여야 한다.

[Point] 심판대상조항의 위헌성은 모든 청원경찰에 대해 획일적으로 근로3권 전부를 제한하는 점에 있음.

---

01 심판대상조항은 청원경찰의 근로3권을 제한함에 목적의 정당성 및 수단의 적합성이 인정되지 않는다. 18 법원직
(O / X)

02 청원경찰은 청원주와의 고용계약에 의한 근로자일 뿐, 국민 전체에 대한 봉사자로서 국민에 대하여 책임을 지며 그 신분과 정치적 중립성이 법률에 의해 보장되는 공무원 신분이 아니므로, 기본적으로 헌법 제33조 제1항에 따라 근로3권을 보장받아야 한다. 18 법원직
(O / X)

03 국가기관이나 지방자치단체 이외의 곳에서 근무하는 청원경찰은 근로조건에 관하여 공무원뿐만 아니라 국가기관이나 지방자치단체에 근무하는 청원경찰에 비해서도 낮은 수준의 법적 보장을 받고 있으므로, 이들에 대해서는 근로3권이 허용되어야 할 필요성이 더욱 크다. 18 법원직
(O / X)

04 청원경찰은 일반근로자일 뿐 공무원이 아니므로, 이들의 근로3권을 전면적으로 제한하는 것은 헌법에 위반된다. 20 5급행시
(O / X)

정답 01 X 02 O 03 O 04 O

167 전국교수노동조합 사건 (헌재 2018.8.30. 2015헌가38 【헌법불합치】)

교원의 노동조합 설립 및 운영 등에 관한 법률의 적용대상을 초·중등교육법 제19조 제1항의 교원이라고 규정함으로써 고등교육법에서 규율하는 대학 교원의 단결권 일체를 인정하지 않는 교원의 노동조합 설립 및 운영 등에 관한 법률 제2조 본문이 대학 교원들의 단결권을 침해한다.

[1] 교육공무원 아닌 대학 교원의 단결권 침해 여부

교원노조를 설립하거나 가입하여 활동할 수 있는 자격을 초·중등 교원으로 한정함으로써 교육공무원이 아닌 대학 교원에 대해서는 근로기본권의 핵심인 단결권조차 전면적으로 부정한 측면에 대해서는 그 입법목적의 정당성을 인정하기 어렵고, 수단의 적합성 역시 인정할 수 없다. 그러므로 심판대상조항은 과잉금지원칙에 위배되어 공무원 아닌 대학 교원의 단결권을 침해한다.

[2] 교육공무원인 대학 교원의 단결권 침해 여부

교육공무원에게 근로3권을 일체 허용하지 않고 전면적으로 부정하는 입법형성은 합리성을 상실한 과도한 것으로 허용되지 않는다. … 이러한 점들을 종합할 때, 공무원인 대학 교원의 단결권을 전면적으로 부정하고 있는 심판대상조항은 입법형성의 범위를 벗어난 입법이다.

> 01 교육공무원이 아닌 대학 교원의 단결권을 인정하지 않는 것은 헌법에 위배되지만, 교육공무원인 대학 교원의 단결권을 인정하지 않는 것은 헌법에 위배되지 않는다. 21 입시 (O / X)
>
> 02 교육공무원에게 근로3권을 일체 허용하지 않고 전면적으로 부정하는 것은 입법형성권의 범위를 벗어난다. 19 입시 (O / X)
>
> **정답** 01 X 02 O

168 8촌 이내 혈족 사이의 혼인금지 및 무효 사건 (헌재 2022.10.27. 2018헌바115 【헌법불합치, 합헌】)

[1] 8촌 이내의 혈족 사이에서는 혼인할 수 없도록 하는 민법 제809조 제1항은 혼인의 자유를 침해하지 아니하므로 헌법에 위반되지 아니한다. 【합헌】

[2] 재판관 전원의 일치된 의견으로, 민법 제809조 제1항을 위반한 혼인을 무효로 하는 민법 제815조 제2호는 혼인의 자유를 침해하므로 헌법에 합치되지 아니한다.

【헌법불합치(잠정적용)】

가. 이 사건 무효조항은 이 사건 금혼조항의 실효성을 보장하기 위한 것으로서 정당한 입법목적 달성을 위한 적합한 수단에 해당한다.

나. 혼인관계의 형성과 유지를 신뢰한 당사자나 그 자녀의 법적 지위를 보호하기 위한 예외조항을 두고 있지 않으므로, 입법목적 달성에 필요한 범위를 넘는 과도한 제한으로서 침해의 최소성을 충족하지 못한다.

> 01 8촌 이내의 혈족 사이에서는 혼인할 수 없도록 하는 「민법」 조항은 혼인의 자유를 침해하지 않는다. 예상 (O / X)
>
> 02 8촌 이내의 혈족 사이에 혼인할 수 없도록 하고, 이를 위반한 혼인을 무효로 하는 「민법」 조항은 혼인의 자유를 침해하지 않는다. 예상 (O / X)
>
> **정답** 01 O 02 X

DAY 10 국회

미니노트

의원내각제와 대통령제 구성방법 ✗✗✗ 이건 알고 넘어가야 함!

구분	의원내각제	대통령제
민주적 정당성	일원화	이원화
행정부 구조	이원화(군주와 수상)	일원화(대통령 중심)
행정부 성립	상호의존과 권력균형	상호독립
책임	정치적 책임(내각불신임과 의회해산)	법적 책임(탄핵)
탄핵	인정	인정
불신임	인정	부정
의회해산	인정	부정
정부의 법률안제출권	인정	부정(우리나라는 인정)
정부의 법률안거부권	부정	인정
각료회의	의결기구	자문기구(우리나라는 심의기구)
각료의 의원직 겸직	인정	부정(우리나라는 인정)
각료의 의회출석·발언권	인정	부정(우리나라는 인정)

통치구조 7~9문제
대부분 암기 문제 ➡ 양을 줄여야 함!

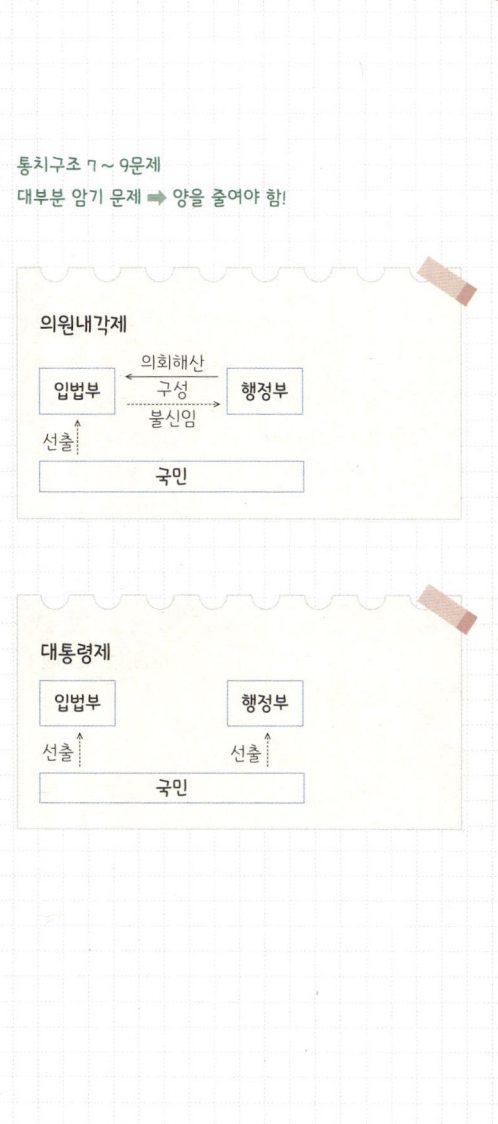

국회의 조직

01 국회의장과 부의장
① 헌법 제48조: 의장 1명, 부의장 2명 선출
② 국회법 제9조: 의장·부의장 임기 2년
③ 국회법 제15조: 무기명투표, 재적 과반수 득표로 당선

02 국회의 위원회
① 상임위원회 중심주의, 본회의 의결주의 채택
② 어느 상임위원회에도 속하지 않은 사항은 국회운영위원회와 협의하여 소관 상임위원회를 정함.
③ 위원회제도: 내각제 국가보다 대통령제 국가에서 필요성이 더욱 강함.
④ 상임위원회 위원 수는 국회규칙으로 정함. 정보위원회 위원은 12명으로 국회법이 정하고 있음.
⑤ 예산결산특별위원회 위원은 50명이고 임기는 1년

03 교섭단체
① 교섭단체 대표의원: 국회운영위원회 위원, 정보위원회 위원
② 어느 교섭단체에도 속하지 않는 상임위원 선임은 의장이 행함.
③ 기능: 의원의 정당 기속성 강화, 원내 행동통일로 정당의 정책을 의안·심의에서 최대한 반영

구분	의장	부의장
당적 보유	금지	가능
겸직	의원 외 겸직금지 cf. 국회의원은 국무총리, 국무위원을 겸직할 수 있음.	
상임위원	불가	가능
사임시 국회 동의	필요	

국회의장의 직무대리·대행자
- 의장의 사고시: 의장이 지정한 부의장
- 의장의 지정 X: 소속 의원 수가 많은 교섭단체 소속 부의장의 순으로
- 의장·부의장 모두 사고시: 임시의장 선출(임시의장 선거는 국회 재적 과반수의 출석과 출석 다수표를 얻은 자로 함)
- 의장단 선출 전 임시회 집회공고: 사무총장

정당과 교섭단체

구분	정당	교섭단체
성격	법인격 없는 사단	국회법상 국가기관
구성	정당원(국회의원 아닌 자도 가능)	국회의원으로만 구성
헌법 소원	기본권 주체 ➡ 헌법소원 가능	기본권 주체 X ➡ 헌법소원 불가
양자 관계	・20명 이상 정당 ➡ 하나의 교섭단체 ・하나의 정당을 두 개의 교섭단체로 나눌 수 없음.	20명 미만 정당, 2개 이상 정당 ➡ 하나의 교섭단체 구성

위원회 개최

개회요건	→	의사정족수	의결정족수
국회 임시회(본회의 임시회)와 상임위원회 둘 다 재적위원 1/4 이상 요구		매일 회의 시작을 위해서 1/5 이상의 출석	재적위원 과반수 출석, 출석위원 과반수 찬성

인사청문특별위원회와 상임위원회

인사청문특별위원회의 대상		상임위원회의 대상
국회의 동의를 요하는 기관	국회가 선출하는 기관	
· 국무총리 · 감사원장 · 대법원장 · 대법관 · 헌법재판소장 · 대통령 당선인이 지명한 국무총리 후보자	· 국회에서 선출하는 헌법재판소 재판관 3명 · 국회에서 선출하는 중앙선거관리위원회 위원 3명	· 대통령이 임명하는 헌법재판소 재판관 3명 · 대통령이 임명하는 중앙선거관리위원회 위원 3명 · 대법원장이 지명하는 헌법재판소 재판관 3명 · 대법원장이 지명하는 중앙선거관리위원회 위원 3명 · 고위공직자범죄수사처장 · 국무위원, 국정원장, 한국은행 총재, 국가인권위원장 등

인사청문의 대상이 아닌 자
· 감사위원
· 국가인권위원회 위원

위원회의 종류

비상설특별위원회와 필요시 본회의 의결로 설치하는 특별위원회의 위원장은 호선, 본회의에 보고함.

상임위원회	소위원회	전원위원회	특별위원회	
			국회법상 설치	필요시 본회의 의결로 설치
· 1개 이상 정부조직과 연계, 모든 국가기관은 하나의 상임위원회에 속함. · 상임위원: 의원은 2 이상의 상임위원이 될 수 있음. · 상임위원장: 국회의 본회의(상임위원회 X)에서 선거 · 축조심사 생략 가능(제정법률과 전부개정법률의 경우 생략 불가)	· 회의 공개원칙. 단, 소위원회 의결로 공개하지 않을 수 있음. · 폐회 중에도 활동 가능 · 축조심사 생략 불가	· 본회의의 형식화를 해결하기 위해 마련된 제도(본회의를 대신할 수 없음) · 국군부대의 이라크파견 동의안 심의과정에서 열린 바 있음. · 의원회가 심사·제안한 의안 중 주요의안의 본회의 상정 전 또는 상정 후에 재적 1/4 이상의 요구가 있는 때 ➡ 전원으로 구성된 전원위원회 개회 가능	· 상설특별위원회: 예산결산특별위원회(위원장 선거 = 상임위원장 선거) 임시의장 선거와 같음. · 비상설특별위원회: 인사청문특별위원회, 윤리특별위원회	수개의 상임위원회 소관 사항이나 특히 필요하다고 인정한 안건처리시 법률의 규정 또는 본회의 의결로 설치되는 한시적인 위원회

정기회와 임시회

구분	정기회	임시회
집회	· 법률이 정하는 바에 의하여 · 매년 1회: 9월 1일	· 대통령 국회의장 → 상임위원회의 개회요구는 가능 → 대통령 요구시 기간과 이유 명시 · 국회 재적 1/4 이상의 요구
회기	100일 이내(초과 X)	30일 이내(초과 X) 부정(우리나라는 인정)

국회의 의사절차

의사공개의 원칙
(헌법 제50조 제1항)
	• 원칙적 공개: 국회의 회의 공개
	  ┌ 공개: 본회의, 상임위원회, 소위원회
	  └ 비공개: 계수조정소위원회, 정보위원회
	• 예외적 비공개
	  ┌ 출석의원 과반수 찬성(비공개사유의 제한 ✕)
	  └ 의장이 국가안전보장을 위하여 필요하다고 인정하는 경우

회기계속의 원칙 (헌법 제51조)	• 회기 중에 의결되지 못한 의안 폐기 ✕ ➡ 다음 회기에서 계속 심의 • 매 회기마다 독립된 별개의 국회가 아닌 일체의 동일성 있는 국회
일사부재의원칙 (국회법 제92조)	• 부결된 의안은 동일 회기 중 재발의·심의 ✕(소수파에 의한 의사방해 배제) • 번안: 일사부재의 적용 ✕(의안이 정부에 이송된 후에는 번안 ✕)

국회 본회의 정족수와 표결방법

01 정족수

의사정족수	재적 1/5 이상 출석
회의 중 정족수에 미치지 못할 때	• **의장은 회의의 중지 또는 산회 선포** • 의장은 교섭단체 대표의원이 의사정족수의 충족을 요청하는 경우 외에는 효율적인 의사진행을 위하여 회의를 계속할 수 있음. (국회법 제73조 제3항)
의결정족수	출석의원 과반수 찬성

02 표결방법

① 원칙: 전자투표에 의한 기록표결로 가부결정(국회법 규정)
② 예외: 기기 고장 등 특별한 사정이 있는 때에는 기립표결로 가부결정

국회의 권한 1 (법률제정) ☆☆☆

 MEMO

단계	주체	내용
법률안 제출	정부	국무회의의 심의를 거쳐 제출
	의원	의원 10명 이상(법률안 수정동의는 30명 이상)
	위원회	재적 과반수 출석 ➡ 출석 과반수 의결, 위원장이 제출
↓		
본회의 보고	의장	휴회·폐회 중에는 생략 가능
↓		
소관 상임위원회 회부	의장	• 소관 상임위원회 불명확시 운영위원회와 협의 ➡ 협의가 안 되면 의장이 결정 • 회부된 법률안에 대하여 위원회 상정 ➡ 제안자 취지 설명 ➡ 전문위원 검토·보고 ➡ **대체토론(필수)** ➡ 상설 소위원회 심사·보고 ➡ 축조심사(생략 가능) ➡ 찬반토론 ➡ 의결(표결)
↓		
위원회 의결	위원회	• 의사정족수: 재적 1/5 출석 개회 • 의결정족수: 재적 과반수 출석 ➡ 출석 과반수 의결 • 위원회는 법안을 폐기할 수 있음. • 위원회의 해임: 30명 이상의 요구 ➡ 의안을 본회의에 부의 • 위원회에서 제출한 의안은 위원회 의결 생략
↓		
체계·자구 심사	법제사법 위원회	
↓		
전원위원회 심사(임의적)	전원 의원회	정부조직·조세·국민에게 부담을 주는 주요의안에 대하여 안건 상정 전 또는 후 ➡ 재적 1/4 이상의 요구로 전원위원회 심사
↓		

본회의 의결	본회의	• 의사정족수: 재적 1/5 이상 출석 개의
		• 의결정족수: 재적 과반수 출석 ➡ 출석 과반수 의결
		• 수정: 의원 30명 이상(예산 50명 이상)
		  - 의원: 정부안에 대한 수정안 제출 가능
		  - 정부: 의원안에 대한 수정안 제출 불가

↓		
정부 이송	정부	대통령이 서명 ➡ 국무총리·관계 국무위원이 부서 ➡ 성립·확정
↓		
대통령의 환부거부	15일 이내	• 이송일로부터 15일 내에 거부 없으면 법률로 성립·확정 • 일부거부·수정거부 불가, 폐회 중에도 환부거부해야 함.
↓		
국회의 재의결	국회	• 재적 과반수 출석, 출석 2/3 이상 찬성으로 의결(무기명) • 재의결된 법률안: 정부로 이송 후 5일 내 대통령이 공포하지 않는 경우 국회의장이 공포
↓		
대통령(국회 의장) 공포	15일 이내	• 공포의 방법: 관보에 게재 • 국회의장의 공포: 서울시 발행 2 이상의 일간신문에 게재 • 공포시점: 관보에 최초구독가능시(통설·판례)
↓		
효력 발생	20일 경과	• 법률의 규정이 없으면 공포 후 20일 경과 • 국민의 권리 제한·의무 부과 법률: 30일 경과 • 법률안 확정만으로 효력 발생 X, 효력은 공포가 필요함. "공포 없으면, 효력 없다."

DAY 10 국회

대통령의 거부권 행사, 국회의 재의, 공포·효력발생

헌법 제53조	제1항	국회에서 의결된 법률안은 정부에 이송되어 15일 이내에 대통령이 공포한다.	
	제2항	법률안에 이의가 있을 때에는 대통령은 제1항의 기간 내에 이의서를 붙여 국회로 환부하고, 그 재의를 요구할 수 있다. 국회의 폐회 중에도 또한 같다.	· 환부거부만 인정(미국은 보류거부도 인정) · 단순보류는 법률로 확정
	제3항	대통령은 법률안의 일부에 대하여 또는 법률안을 수정하여 재의를 요구할 수 없다.	· 대통령: 법률안에만 재의요구 가능 · 지방자치단체장: 의회의 모든 의결에 가능
	제4항	재의의 요구가 있을 때에는 국회는 재의에 붙이고, 재적의원 과반수의 출석과 출석의원 3분의 2 이상의 찬성으로 전과 같은 의결을 하면 그 법률안은 법률로서 확정된다.	· 국회의 재의결: 대통령은 다툴 수 없음. · 지방의회의 재의결: 지방자치단체장이 대법원에 기관소송 제기 가능
	제5항	대통령이 제1항의 기간 내에 공포나 재의의 요구를 하지 아니한 때에도 그 법률안은 법률로서 확정된다.	모든 법률안이 반드시 대통령의 공포가 있어야만 법률로서 확정되는 것은 아님.

국회의 권한 2(예산심의·확정)

헌법 제54조	제1항	국회는 국가의 예산안을 심의·확정한다.	예산안 편성은 정부의 권한
	제2항	정부는 회계연도마다 예산안을 편성하여 회계연도 개시 90일 전까지 국회에 제출하고, 국회는 회계연도 개시 30일 전까지 이를 의결하여야 한다.	국가재정법상 120일 전까지 제출
	제3항	새로운 회계연도가 개시될 때까지 예산안이 의결되지 못한 때에는 정부는 국회에서 예산안이 의결될 때까지 다음의 목적을 위한 경비는 전년도 예산에 준하여 집행할 수 있다. · 헌법이나 법률에 의하여 설치된 기관 또는 시설의 유지·운영 · 법률상 지출의무의 이행 · 이미 예산으로 승인된 사업의 계속	국정원의 예산·결산은 예산결산특별위원회를 거치지 않음. 정보위원회의 의결로 대신함.
제55조	제1항	한 회계연도를 넘어 계속하여 지출할 필요가 있을 때에는 정부는 연한을 정하여 계속비로서 국회의 의결을 얻어야 한다.	계속비: 5년 한도 내
	제2항	예비비는 총액으로 국회의 의결을 얻어야 한다. 예비비의 지출은 차기국회의 승인을 얻어야 한다.	예비비: 총액의 1% 내, 차기국회 승인 차년도국회 X
제56조		정부는 예산에 변경을 가할 필요가 있을 때에는 추가경정예산안을 편성하여 국회에 제출할 수 있다.	· 추경안 편성사유: 법정화되어 있음. · 법률은 있는데 예산이 없는 경우, 1차적으로 예비비로 충당(추경 X)
제57조		국회는 정부의 동의 없이 정부가 제출한 지출예산 각 항의 금액을 증가하거나 새 비목을 설치할 수 없다.	· 재정의 팽창·문란을 막기 위한 원칙은 단일회계원칙 · 삭감은 동의 없이 가능
제58조		국채를 모집하거나 예산 외에 국가의 부담이 될 계약을 체결하려 할 때에는 정부는 미리 국회의 의결을 얻어야 한다.	· 예산 외의 국가의 부담이 될 계약 · 2회계연도 이상에 걸쳐 채무를 부담하는 사법상 계약

예산안 심의절차
정부 제출 ➡ 소관 상임위원회 회부 ➡ 예산결산특별위원회 ➡ 계수조정소위원회 ➡ 본회의

수정동의
· 법률안 수정동의: 30명 이상
· 예산안 수정동의: 50명 이상

국회의 권한 3 (헌법기관 구성권한)

01 헌법기관 선출권
① 헌법재판소 재판관 9명 중 3명 선출(형식적인 임명은 9명 모두 대통령이 함)
② 중앙선거관리위원회 9명 중 3명 선출(형식적으로도 대통령이 임명 X)

02 헌법기관 구성에 대한 동의권
① 국무총리 임명에 대한 동의권
② 대법원장, 대법관 임명에 대한 동의권
③ 헌법재판소장의 임명에 대한 동의권
④ 감사원장 임명에 대한 동의권

예산과 법률의 관계

구분	예산	법률
존재형식	법률과 별개의 형식(예산비법률주의)	법률의 형식
제출시한	회계연도 개시 90일 전까지 (헌법 제54조 제2항)	제한 없음.
제안·편성	정부에서 편성	정부, 국회의원(10명), 위원회
심의절차	삭감 가능, 증액·신설은 원칙적으로 불가(소극적 수정권만 인정)	국회 단독으로 수정·증보 가능(수정시 30명 동의 필요)
대통령거부권	행사 불가	행사 가능
공포	효력요건 X(국회의결시 효력 발생)	공포시 효력 발생
시간적 효력	해당 회계연도만(1년)	폐지·수정될 때까지
인적 효력	국가기관의 재정행위만 구속	국가기관은 물론 국민에게도 효력 미침.
헌법소원	불가	가능

예산과 법률의 불일치 조정

예산과 법률의 불일치가 발생할 경우 다음의 방법으로 조정
- 예비비를 지출
- 법률의 시행기일을 연기
- 추가경정예산제도에 의함.
- 지체 없이 필요한 법률을 제정

국회의 권한 4(국정통제에 관한 권한)

01 탄핵소추권

헌법상 탄핵대상자	대통령, 국무총리, 국무위원, 행정각부의 장, 헌법재판소 재판관, 법관, 중앙선거관리위원회 위원, 감사원장, 감사위원
법률상 탄핵대상자	검사, 검찰총장, 경찰청장, 방송통신위원장, 원자력위원장, 각급 선거관리위원회 위원
탄핵사유	직무집행에 있어 헌법이나 법률을 위배한 때(대통령은 중대한 법 위반시)
탄핵발의·의결	• 대통령에 대한 탄핵소추: 국회 재적 과반수 발의, 재적 2/3 이상 찬성 필요 • 대통령 외 탄핵소추: 국회 재적 1/3 이상 발의, 재적 과반수 찬성 ➡ 의결
탄핵결정	헌법재판소 재판관 7명 이상 심리, 6명 이상 찬성
심리방식	구술심리
권한 행사 정지	헌법재판소 결정까지 권한 행사 정지 ➡ 가처분 필요 없음.
탄핵효력	• 공직으로부터 파면 • 민사상·형사상 책임이 면제되는 것은 아님.
파면된 때	결정선고 전 파면되면 심판청구를 기각하여야 함.

02 국무총리·국무위원의 해임건의권

헌법 제63조	제1항	국회는 국무총리 또는 국무위원의 해임을 대통령에게 건의할 수 있다.
	제2항	제1항의 해임건의는 국회 재적의원 3분의 1 이상의 발의에 의하여 국회 재적의원 과반수의 찬성이 있어야 한다.

• 해임건의사유: 제한 X(정치적 책임)
• 제3차·제7차·제8차 개정헌법: 해임의결권, 국회해산권이 있었음.
• 본회의 보고 후 24 ~ 72시간 내 표결(무기명투표)
  만약 기간 내 표결되지 않으면, 해임건의안 폐기된 것으로 봄.

국회의 권한 5(국정감사·국정조사권)

구분	국정감사	국정조사
개념	국회가 매년 기간을 정하여 국정 전반을 감사(우리 특유의 제도)	국회가 특정한 국정사안에 대하여 조사할 수 있는 권한
시기	• 정기회 이전에 감사 시작일부터 30일 이내의 기간을 정하여 실시 • 본회의 의결로 정기회 기간 중에도 감사 가능	부정기, 재적 1/4 이상 요구, 조사위원회 담당
대상	국정 전반	특정 사안
기능	포괄적 통제기능	한정적 통제기능
주체	상임위원회	특별위원회, 상임위원회
활동 연장	30일 범위 내에서 연장 결정	본회의 의결로써 연장 가능

우리나라의 국정감사·국정조사권의 연혁

구분	국정감사	국정조사
제1공화국 ~ 제3공화국	건국헌법의 국정감사 • 일반감사 ➡ 국정감사로 발전 • 특정감사 ➡ 국정조사로 발전	별도 규정 X
제4공화국	삭제	국회법에 규정
제5공화국	삭제	헌법에 최초 규정
현행헌법	부활	헌법에 규정

국정감사·국정조사의 제척·회피, 공개
기피제도 X

제척	직접 이해관계 또는 공정을 기할 수 없는 현저한 사유가 있는 경우 조사 참석 X
회피	해당 사안에 한하여 위원회의 허가를 받아 감사·조사 회피 가능
공개	• 감사 및 조사는 공개로 함. • 위원회의 의결로 달리 정할 수 있음.

국정감사·국정조사의 방법

01 공청회와 청문회(국회법)

구분	공청회 (제64조)	청문회 (제65조)
사유	위원회는 중요한 안건 또는 전문지식이 필요한 안건을 심사하기 위하여 그 의결 또는 재적위원 1/3 이상의 요구로 공청회를 열고 이해관계자 또는 학식·경험이 있는 사람 등으로부터 의견을 들을 수 있음.	위원회는 중요한 안건의 심사와 국정감사 및 국정조사에 필요한 경우 증인·감정인·참고인으로부터 증언·진술을 청취하고 증거를 채택하기 위하여 의원회 의결로 청문회를 열 수 있음.
동행명령	불가	가능

02 출석요구 및 동행명령(국회에서의 증언·감정 등에 관한 법률)

구분	출석요구(제5조)	동행명령(제6조)
개념	본회의 또는 위원회가 이 법에 따른 보고나 서류 등 제출요구 또는 증인·감정인·참고인의 출석요구를 할 때에는 본회의의 경우에는 의장이, 위원회의 경우에는 위원장이 해당자나 기관의 장에게 요구서를 발부함.	국정감사나 국정조사를 위한 위원회는 증인이 정당한 이유 없이 출석하지 아니하는 때에는 그 의결로 해당 증인에 대하여 지정한 장소까지 동행할 것을 명령할 수 있음.
대상	증인·감정인·참고인	증인
주체	· 본회의: 의장이 출석요구서 발부 · 위원회: 위원장이 출석요구서 발부	위원회의 위원장이 동행명령장 발부
강제구인	불가	불가 ➡ 불응시 국회모욕죄로 처벌 가능

국회의 권한 6(국무총리·국무위원 국회출석요구 및 질문권)

헌법 제62조	제1항	국무총리·국무위원 또는 정부위원은 국회나 그 위원회에 출석하여 국정처리상황을 보고하거나 의견을 진술하고 질문에 응답할 수 있다.	국무총리 등은 국회나 위원회에 출석·발언할 수 있고, 국회의 출석·발언요구에 따라야 할 의무도 있음.

	제2항	국회나 그 위원회의 요구가 있을 때에는 **국무총리**·국무위원 또는 정부위원은 출석·답변하여야 하며, 국무총리 또는 국무위원이 출석요구를 받은 때에는 국무위원 또는 정부위원으로 하여금 답변하게 할 수 있다.	· 국무총리에 대한 국회의 출석·질문권: 의원내각제적 요소
			· 대리출석의 요건
			  ┌ 국무총리: 국무위원이 대리 출석·답변
			  └ 국무위원: 정부위원이 대리 출석·답변

의원 자격의 발생과 소멸

01 의원 자격의 발생

총선거	보궐선거	비례대표 승계
전임의원의 임기 만료일 다음 날부터 개시	당선이 결정된 때부터 개시되며, 전임자의 잔임기간으로 함.	중앙선거관리위원회가 승계를 결정·통고한 때부터 발생

02 의원 자격의 소멸

사유	지역구국회의원	비례대표국회의원
국회에서 제명·자격상실	상실	
위헌정당해산	상실(규정 X, 판례에 의함)	
정당에서 제명·정당해산	유지	
자진탈당	유지	상실

국회의원의 특권

01 불체포특권

의원의 특권인 동시에 의회의 특권 ➡ 포기할 수 없음.

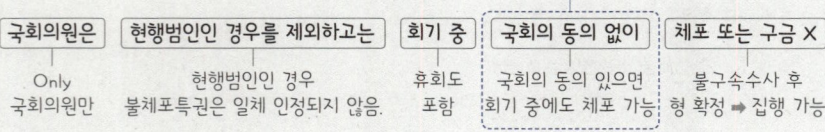

① 회기 전 체포·구금 + 현행범 X + 국회의 석방요구(재적 1/4 이상 연서 ➡ 국회의장): 회기 중 석방
② 회기 전 체포·구금 + 현행범 X + 국회의 석방 요구 X: 불체포특권 인정 X

02 면책특권

의원의 특권인 동시에 의회의 특권 ➡ 포기할 수 없음.

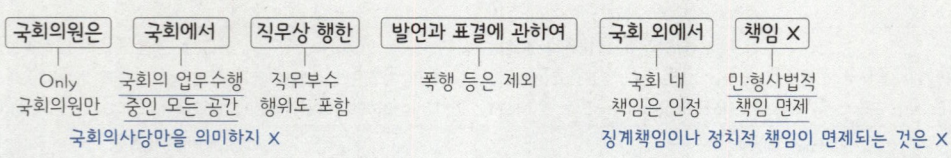

① 인적 처벌조각사유: 범죄성립요건은 충족되지만, 형벌권의 발생을 저지
② 절대적 권리: 국회의 의결로도 효력 제한 X, 재임 중으로 국한 X, 임기만료 이후에도 면책 가능

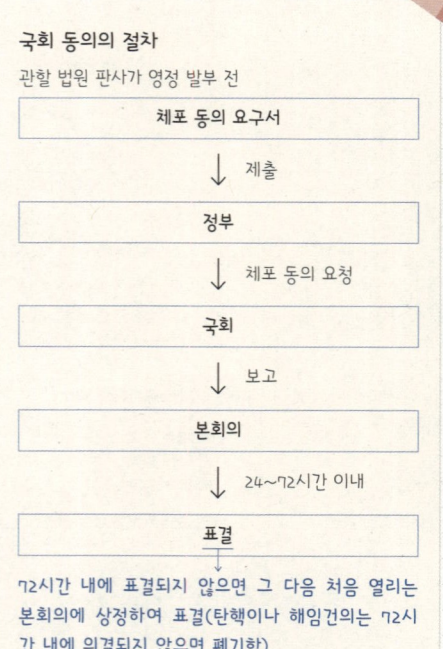

정족수 정리

구분	의결 내용	구분	의결 내용
10명 이상	• 회의의 비공개 발의 • 일반 의안의 발의	재적 과반수	• 대통령에 대한 탄핵소추 발의 • 계엄해제요구 • 헌법의 개정안 발의 • 의장·부의장 선출 • 대통령을 제외한 일반 탄핵소추에 대한 국회 의결
20명 이상	• 교섭단체의 성립 • 의사 일정의 변경 발의 • 국무총리·국무위원·정부위원에 대한 출석요구 발의 • 긴급 현안 질문 • 윤리심사·징계요구	재적 3/5 이상	본회의 부의요구
30명 이상	• 위원회에서 폐기된 법률안 본회의 부의 • 일반 의안 수정동의 • 의원의 자격심사의 청구	재적 2/3 이상	• 국회의원 제명 • 대통령에 대한 탄핵소추 의결 • 헌법개정안 의결
50명 이상	예산안에 대한 수정동의	재적 1/4 이상, 출석 과반수	전원위원회 의결정족수
재적 1/5 이상	• 위원회·본회의 의사정족수 • 전원위원회 의사정족수	재적 과반수, 출석 다수	대통령 선거에서 최고득표자가 2명 이상일 때 국회에서의 대통령 당선자 결정
재적 1/4 이상	• 임시회 소집요구 • 휴회 중의 본회의 재개요구 • 국정조사 발의 • 의원의 석방요구 발의	재적 과반수, 출석 과반수	일반의결 정족수
재적 1/3 이상	• 국무총리·국무위원에 대한 해임건의권 ┐ 의결정족수는 재적 과반수 • 대통령을 제외한 일반 탄핵소추 발의 ┘	재적 과반수, 출석 2/3 이상	• 법률안 재의결 • 의안의 번안 의결
출석 과반수	국회 회의 비공개		

판례분석

169 국회의원과 국회의장 등 간의 권한쟁의 (헌재 2009.10.29. 2009헌라8 등 [권한 침해, 기각, 각하])

[1] **방송법 표결과정에서 표결에 참석한 국회의원의 수가 재적 과반수에 미달하였는데, 국회부의장이 즉석에서 재투표를 실시하여 가결을 선포한 행위는 일사부재의원칙 위반이다.**

이 사건에서 방송법안에 대한 투표가 종료되어 재적의원 과반수의 출석에 미달되었음이 확인된 이상, 방송법안에 대한 국회의 의사는 부결로 확정되었다고 보아야 할 것이다. 그렇다면 피청구인이 이미 존재하는 국회의 방송법안에 대한 확정된 부결 의사를 무시하고 재표결을 실시하여 그 표결 결과에 따라 방송법안의 가결을 선포한 것은 일사부재의원칙에 위배하여 청구인들의 표결권을 침해하였다고 봄이 상당하다. 01

[Point] 방송법 표결과정에서 재투표를 실시하여 가결을 선포한 행위: 일사부재의원칙 위반

[Point] 의사불성립이 아니라 부결임. 시험에 나오면 좀 어려울 수 있음.
→ 실제 국회에 들어와 있던 사람이 과반수가 넘었으므로

[2] 위 통과된 법률이 무효라고 할 수는 없다.

[3] **이 사건의 피청구인은 국회부의장이 아니라 국회의장이다.** 02 03 04 05

[Point] 권한쟁의심판청구의 피청구인적격
- 본회의: 국회의장 O, 부의장 X
- 상임위원회: 상임위원장
- 법률의 제·개정: 국회

---

01 법안에 대한 투표가 종료된 결과 재적의원 과반수의 출석이라는 의결정족수에 미달된 경우에는 법안에 대한 국회의 의결이 유효하게 성립되었다고 할 수 없으므로, 국회의장이 법안에 대한 재결결을 실시하여 그 결과에 따라 법안의 가결을 선포한 것은 일사부재의의 원칙에 위배되지 않는다. 17 국가7급 (O / X)

02 국회부의장이 법률안들에 대한 표결절차 등을 진행하였다 하더라도 국회부의장은 국회의장의 위임에 따라 그 직무를 대리하여 법률안 가결선포행위를 할 수 있을 뿐, 법률안 가결선포행위에 따른 법적 책임을 지는 주체가 될 수 없다. 18 변호사 (O / X)

03 국회부의장이 국회의장의 직무를 대리하여 법률안 가결선포행위를 한 경우, 국회의원은 심의·표결권이 침해되었다는 이유로 국회부의장을 상대로 권한쟁의심판을 청구할 수 있다. 16·14 지방7급, 12 국회8급 (O / X)

04 입법절차의 하자를 둘러싼 분쟁은 본질적으로 국회의장이 국회의원의 권한을 침해한 것인가 그렇지 않은가에 관한 다툼으로서 그 법률에 대한 심의·표결권을 침해받은 국회의원이 국회의장을 상대로 권한쟁의심판을 청구하여 해결하여야 할 사항이다. 12 국가7급 (O / X)

05 입법절차상의 위헌 내지 위법을 이유로 하는 권한쟁의심판에서, 국회부의장은 국회의장의 위임에 따라 그 직무를 대리하여 법률안 가결선포행위를 할 수 있을 뿐, 법률안 가결선포행위에 따른 법적 책임을 지는 주체가 될 수 없으므로, 권한쟁의심판청구의 피청구인적격이 인정되지 아니한다. 10 국회8급 (O / X)

정답 01 X 02 O 03 X 04 O 05 O

170 국회의원과 국회의장 간의 권한쟁의 (헌재 2003.10.30. 2002헌라1 [기각])

의원의 정당기속과 자유위임관계의 조화

[1] 국회의원의 원내활동을 기본적으로 각자에 맡기는 자유위임은 자유로운 토론과 의사형성을 가능하게 함으로써 당내 민주주의를 구현하고 정당의 독재화 또는 과두화를 막아주는 순기능을 갖는다. 그러나 자유위임은 의회 내에서의 정치의사형성에 정당의 협력을 배척하는 것이 아니며, 의원이 정당과 교섭단체의 지시에 기속되는 것을 배제하는 근거가 되는 것도 아니다. 01 국회의원의 국민대표성을 중시하는 입장에서도 특정 정당에 소속된 국회의원이 정당기속 내지는 교섭단체의 결정(소위 '당론')에 위반하는 정치활동을 한 이유로 제재를 받는 경우, 국회의원 신분을 상실하게 할 수는 없으나 '정당 내부의 사실상의 강제' 또는 소속 '정당으로부터의 제명'은 가능하다고 보고 있다. 02 03 04 그렇다면 당론과 다른 견해를 가진 소속 국회의원을 당해 교섭단체의 필요에 따라 다른 상임위원회로 전임(사·보임)하는 조치는 특별한 사정이 없는 한 헌법상 용인될 수 있는 '정당 내부의 사실상 강제'의 범위 내에 해당한다고 할 것이다. 05

Point 헌법재판소는 자유위임을 인정하면서도 정당의 의원에 대한 사실상 기속을 허용함.

Point 당론에 반대하는 정치활동을 한 국회의원에 대한 제재로
- 국회의원 신분을 상실케 할 수 없음.
- '정당 내부의 사실상 강제' 또는 '소속 정당으로부터의 제명' 가능

[2] 국회의장인 피청구인이 국회의원인 청구인을 그 의사에 반하여 국회 보건복지위원회에서 사임시키고 환경노동위원회로 보임한 행위는 권한쟁의심판의 대상이 된다. 06

[3] 당론에 반대하는 상임위원을 원내대표의 요청에 따라 국회의장이 강제로 사임시키고 다른 위원을 보임시킨 행위는 국회의원의 상임위원회에서 심의·표결권을 침해하는 것이 아니다.

교섭단체의 역할에 비추어 볼 때, 국회의장이 국회의 의사를 원활히 운영하기 위하여 상임위원회의 구성원인 위원의 선임 및 개선에 있어 교섭단체 대표의원과 협의하고 그의 '요청'에 응하는 것은 국회 운영에 있어 본질적인 요소라고 아니할 수 없다. 따라서 교섭단체 대표의원의 '요청'이 헌법 또는 법률에 명백히 위반되는 것이 아닌 한, 교섭단체 대표의원이 상임위원의 개선에 있어 청구인의 주장대로 '당해 위원이 위원회의 구성원으로서의 지위를 계속 유지하기에 적합하지 않다고 판단될 만한 불법 또는 부당한 사유를 가지고 있는 경우에' 한하여 그의 개선을 요청할 수 있다고 볼 것은 아니다. 교섭단체 대표의원의 상임위원 개선 '요청'이 헌법 또는 법률에 위반되는 것이 아닌 한 국회의장이 이에 따르는 것은 정당국가에서 차지하는 교섭단체의 의의와 기능을 고려할 때 입법취지에도 부합하는 것이다. … 권한을 침해한 것으로 볼 수 없다. 07 08

Point 당론에 반대하는 상임위원을 원내대표의 요청에 따라 국회의장이 강제로 사임시키고 다른 위원을 보임시킨 행위
- 국회의 자율권에 속하는 행위로서 사법심사의 대상에서 제외되지 않음.
- 국회의원의 상임위원회에서의 심의·표결권을 침해하지 않음.

---

01 국회의원의 원내활동을 기본적으로 각자에 맡기는 자유위임은 의회 내에서의 정치의사형성에 정당의 협력을 배척하는 것이 아니나, 의원이 정당과 교섭단체의 지시에 기속되는 것을 배제하는 근거가 된다. 22 5급행시, 19 지방7급 (O / X)

02 국회의원의 국민대표성을 중시하는 입장에서도 특정 정당에 소속된 국회의원에 대하여 정당 내부의 사실상의 강제 또는 소속 정당으로부터의 제명은 가능하다. 15 지방7급 (O / X)

03 국회의원은 국민의 대표자로서 소속 정당의 의사에 기속되지 않고 양심에 따라 자유로이 투표할 수 있으므로 당론을 위반하는 정치활동에 대한 정당 내부의 사실상 강제도 허용되지 않는다. 12 변호사 (O / X)

04 국회의원에게 적용되는 자유위임의 원칙이 국회의원의 정당기속성보다 우위에 있으므로, 특정 정당에 소속된 국회의원이 정당기속 내지는 교섭단체의 결정에 위반하는 정치활동을 한 이유로 제재를 받는 경우 국회의원 신분을 상실하게 할 수 없을 뿐만 아니라, '정당 내부의 사실상의 강제' 또는 '소속 정당으로부터의 제명'도 불가능하다. 10 국회8급 (O / X)

05 당론과 다른 견해를 가진 소속 국회의원을 해당 교섭단체의 필요에 따라 다른 상임위원회로 전임하는 조치는 특별한 사정이 없는 한 헌법상 용인될 수 있는 강제에 속한다. 14 국가7급, 13 지방7급 (O / X)

06 국회의장이 교섭단체 대표의원의 요청에 따라 그 소속 국회의원을 국회 보건복지위원회에서 강제사임시킨 행위는 국회의 자율권에 속하는 행위로서 사법심사의 대상에서 제외되어야 한다. 12 국가7급 (O / X)

07 국회의장은 교섭단체 대표의원의 요청이 있으면 법률에 위반되는 것이 아닌 한 상임위원을 강제사임시키고 다른 의원을 보임할 수 있다. 11 국회8급 (O / X)

08 국회의장이 교섭단체의 필요에 따라 국회의원을 다른 상임위원회로 강제전임하는 조치는 헌법을 위반하여 해당 국회의원의 원소속 상임위원회에서의 법률안 심의·표결권을 침해하는 것이 아니다. 21 입시 (O / X)

정답 01 X 02 O 03 X 04 X 05 O 06 X 07 O 08 O

171 재정조달 부담금의 헌법적 정당화요건 (헌재 2008.11.27. 2007헌마860【기각, 각하】) 부담금 자주 출제되지는 않지만 조심해야 함!

[1] 재정조달목적 부담금은 특정한 반대급부 없이 부과될 수 있다는 점에서 조세와 매우 유사하므로 헌법 제38조가 정한 조세법률주의, 헌법 제11조 제1항이 정한 법 앞의 평등원칙에서 파생되는 공과금 부담의 형평성, 헌법 제54조 제1항이 정한 국회의 예산심의·확정권에 의한 재정감독권과의 관계에서 오는 한계를 고려하여 그 부과가 헌법적으로 정당화되기 위하여는 ① 조세에 대한 관계에서 예외적으로만 인정되어야 하며 국가의 일반적 과제를 수행하는 데에 부담금형식을 남용하여서는 아니 되고, ② 부담금 납부의무자는 일반 국민에 비해 부담금을 통해 추구하고자 하는 공적 과제에 대하여 특별히 밀접한 관련성을 가져야 하며, ③ 부담금이 장기적으로 유지되는 경우 그 징수의 타당성이나 적정성이 입법자에 의해 지속적으로 심사되어야 한다. 01 02 03

Point 헌법적 정당화요건
- 조세에 대한 관계에서 예외적으로만 인정될 것
- 국가의 일반적 과제 수행시 부담금형식을 남용하지 않을 것
- 부담금 납부의무자가 추구하려는 공적 과제에 대하여 특별히 밀접한 관련성을 가질 것
- 부담금 징수의 타당성·적정성이 입법자에 의해 지속적으로 심사될 것

[2] 특히 부담금 납부의무자는 그 부과를 통해 추구하는 공적 과제에 대하여 '특별히 밀접한 관련성'이 있어야 한다는 점에 있어서 ① 일반인과 구별되는 동질성을 지녀 특정 집단이라고 이해할 수 있는 사람들이어야 하고(집단적 동질성), ② 부담금의 부과를 통하여 수행하고자 하는 특정한 경제적·사회적 과제와 특별히 객관적으로 밀접한 관련성이 있어야 하며(객관적 근접성), ③ 그러한 과제의 수행에 관하여 조세 외적 부담을 져야 할 책임이 인정될 만한 집단이어야 하고(집단적 책임성), ④ 만약 부담금의 수입이 부담금 납부의무자의 집단적 이익을 위하여 사용될 경우에는 그 부과의 정당성이 더욱 제고된다(집단적 효용성). 또한 부담금은 국민의 재산권을 제한하는 성격을 가지고 있으므로 부담금을 부과함에 있어서도 평등원칙이나 비례성원칙과 같은 기본권 제한입법의 한계는 준수되어야 하며, 위와 같은 부담금의 헌법적 정당화요건은 기본권 제한의 한계를 심사함으로써 자연히 고려될 수 있다.

Point 특별히 밀접한 관련성
- 집단적 동질성
- 객관적 근접성
- 집단적 책임성
- 집단적 효용성

01 어떤 공적 과제에 관한 재정조달을 조세로 할 것인지 아니면 부담금으로 할 것인지에 관하여 입법자의 자유로운 선택권이 허용된다. 15 변호사 (O / X)

02 부담금 납부의무자는 재정조달대상인 공적 과제에 대하여 일반 국민에 비해 '특별히 밀접한 관련성'을 가져야 하며, 부담금이 장기적으로 유지되는 경우에 그 징수의 타당성이나 적정성이 입법자에 의해 지속적으로 심사될 것이 요구된다. 12 변호사 (O / X)

03 재정조달목적 부담금은 특정한 반대급부 없이 부과될 수 있다는 점에서 조세와 매우 유사하므로 헌법 제38조가 정한 조세법률주의, 헌법 제11조 제1항이 정한 법 앞의 평등원칙에서 파생되는 공과금 부담의 형평성, 헌법 제54조 제1항이 정한 국회의 예산심의·확정권에 의한 재정감독권과의 관계에서 오는 한계를 고려하여, 그 부과가 헌법적으로 정당화되기 위하여는 (가) 조세에 대한 관계에서 예외적으로만 인정되어야 하며 국가의 일반적 과제를 수행하는 데에 부담금형식을 남용하여서는 아니 되고, (나) 부담금 납부의무자는 일반 국민에 비해 부담금을 통해 추구하고자 하는 공적 과제에 대하여 특별히 밀접한 관련성을 가져야 하며, (다) 부담금이 장기적으로 유지되는 경우 그 징수의 타당성이나 적정성이 입법자에 의해 지속적으로 심사되어야 한다. 20 법무사 (O / X)

정답 01 X 02 O 03 O

172 국민체육진흥법상 '회원제로 운영하는 골프장 시설의 입장료에 대한 부가금' 조항에 관한 위헌제청 사건 (헌재 2019.12.27. 2017헌가21 [위헌])

회원제로 운영하는 골프장 시설의 입장료에 대한 부가금을 국민체육진흥기금의 재원으로 규정한 구 국민체육진흥법 제20조 제1항 제3호 및 위 부가금을 국민체육진흥계정의 재원으로 규정한 국민체육진흥법 제20조 제1항 제3호는 모두 헌법에 위반된다.

[1] 골프장 부가금은 국민체육진흥계정의 재원을 마련하는 데에 그 목적이 있을 뿐, 그 부과 자체로써 골프장 부가금 납부의무자의 행위를 특정한 방향으로 유도하거나 골프장 부가금 납부의무자 이외의 다른 집단과의 형평성 문제를 조정하고자 하는 등의 목적이 있다고 보기 어렵다는 점 등을 고려할 때, 재정조달목적 부담금에 해당한다.

[2] '국민체육의 진흥'은 국민체육진흥법이 담고 있는 체육정책 전반에 관한 여러 규율사항을 상당히 폭넓게 아우르는 것으로서 이를 특별한 공적 과제로 보기에는 무리가 있다. … 하지만 골프 이외에도 많은 비용이 필요한 체육활동이 적지 않을뿐더러, 체육시설 이용 비용의 다과(多寡)에 따라 '국민체육의 진흥'이라는 공적 과제에 대한 객관적 근접성의 정도가 달라진다고 단정할 수도 없다. 골프장 부가금 납부의무자와 '국민체육의 진흥'이라는 골프장 부가금의 부과목적 사이에는 특별히 객관적으로 밀접한 관련성이 인정되지 않는다.

[3] 심판대상조항이 규정하고 있는 골프장 부가금은 일반 국민에 비해 특별히 객관적으로 밀접한 관련성을 가진다고 볼 수 없는 골프장 부가금 징수대상 시설 이용자들을 대상으로 하는 것으로서 합리적 이유가 없는 차별을 초래하므로 헌법상 평등원칙에 위배된다. 01

> 01 회원제로 운영하는 골프장 시설의 입장료에 대한 부가금을 규정한 「국민체육진흥법」 조항은 평등권을 침해한다.
> 21 국회8급
> (O/×)
> 정답 01 ○

173 먹는물관리법 제28조 제1항 위헌소원 (헌재 2004.7.15. 2002헌바42 [합헌])

[1] 정책실현목적 부담금의 헌법적 정당화요건 아직 출제 X

재정조달목적 부담금의 정당화 여부를 논함에 있어서 고려되었던 사정들 중 일부는 정책실현목적 부담금의 경우에 똑같이 적용될 수 없다. 그런데 정책실현목적 부담금의 경우에는 특별한 사정이 없는 한, 부담금의 부과가 정당한 사회적·경제적 정책목적을 실현하는 데 적절한 수단이라는 사실이 곧 합리적 이유를 구성할 여지가 많다. 그러므로 이 경우에는 '재정조달대상인 공적 과제와 납부의무자 집단 사이에 존재하는 관련성' 자체보다는 오히려 <mark>'재정조달 이전 단계에서 추구되는 특정 사회적·경제적 정책목적과 부담금의 부과 사이에 존재하는 상관관계'</mark>에 더 주목하게 된다. 따라서 재정조달목적 부담금의 헌법적 정당화에 있어서는 중요하게 고려되는 <mark>'재정조달대상 공적 과제에 대한 납부의무자 집단의 특별한 재정책임 여부'</mark> 내지 '납부의무자 집단에 대한 부담금의 유용한 사용 여부' 등은 정책실현목적 부담금의 헌법적 정당화에 있어서는 그다지 결정적인 의미를 가지지 않는다고 할 것이다. → 효과가 있냐 없냐가 중요

[2] 먹는 샘물 수입판매업자에 대한 수질개선부담금 부과는 평등원칙에 위배되는 것이라 볼 수 없다. 01

[3] 먹는 샘물 평균판매가액의 100분의 20의 범위 안에서 수질개선부담금 부과

부담금관리 기본법 제7조에 의하면 기획예산처장관(현 기획재정부장관)은 매년 부담금의 부과 실적 및 사용명세 등이 포함된 부담금운용 종합보고서를 작성하여 국회에 제출하도록 되어 있어, 수질개선부담금 징수의 타당성이나 적정성은 매년 입법자의 지속적인 심사하에 놓여 있어 과잉제한으로 헌법에 위배되는 것으로 볼 수 없다. 02

Point 비례성원칙 위배 X

> 01 먹는 샘물 수입판매업자에게 수질개선부담금을 부과하는 것은 수돗물 우선정책에 반하는 수입된 '먹는 샘물'의 보급 및 소비를 억제하도록 간접적으로 유도하기 위한 합리적인 이유가 있으므로 평등원칙에 위배되지 않는다.
> 16 국가7급, 12 변호사
> (O/×)
>
> 02 먹는 샘물 수입판매업자에게 평균판매가액의 100분의 20의 범위 안에서 대통령령이 정하는 바에 따라 부과하는 수질개선부담금은 헌법상 용인된다. 13 법원행시
> (O/×)
>
> 정답 01 ○ 02 ○

174 박근혜 대통령 탄핵심판 (헌재 2017.3.10. 2016헌나1 [인용, 파면])

피청구인 대통령 박근혜를 파면한다.

[1] 적법요건에 관한 판단

가. 소추의결서에 기재된 소추사실은 구체적으로 특정되었다.

이 사건 소추의결서의 헌법 위배행위 부분이 분명하게 유형별로 구분되지 않은 측면이 없지 않지만, 법률 위배행위 부분과 종합하여 보면 소추사유를 특정할 수 있다.

Point 탄핵 사건에는 민사소송법과 형사소송법이 준용되고, 충돌이 있으면 형사소송법이 먼저 준용됨.

나. 국회의 탄핵소추절차는 헌법이나 법률을 위반하지 않았다.

이 사건 탄핵소추안을 의결할 당시 국회 법제사법위원회의 조사도 없이 공소장과 신문기사 정도만 증거로 제시되었다는 점에 대하여 국회의 의사절차의 자율권은 권력분립의 원칙상 존중되어야 하고 국회법에 의하더라도 탄핵소추 발의시 사유조사 여부는 국회의 재량으로 규정하고 있으므로 그 의결이 헌법이나 법률을 위배한 것이라고 볼 수 없다. 01 → 미국은 하원이 소추하고, 상원에서 결정함.

다. 이 사건 소추의결이 아무런 토론 없이 진행되었다는 점에 관하여

의결 당시 상황을 살펴보면, 토론 없이 표결이 이루어진 것은 사실이나, 국회법상 반드시 토론을 거쳐야 한다는 규정은 없고 미리 찬성 또는 반대의 뜻을 국회의장에게 통지하고 토론할 수 있다. 그런데 당시 토론을 희망한 의원은 한 사람도 없었으며, 국회의장이 토론을 희망하는데 못하게 한 사실도 없었다.

라. 탄핵사유는 개별 사유별로 의결절차를 거쳐야 함에도 여러 개 탄핵사유 전체에 대하여 일괄하여 의결한 것은 위법하다는 점에 관하여

소추사유가 여러 개 있을 경우 사유별로 표결할 것인지, 여러 사유를 하나의 소추안으로 표결할 것인지는 소추안을 발의하는 국회의원의 자유로운 의사에 달린 것이고, 표결방법에 관한 어떠한 명문규정도 없다. 02

마. 8명 재판관에 의한 선고가 9명으로 구성된 재판부로부터 공정한 재판을 받을 권리를 침해하였다는 점에 관하여

8명의 재판관으로 이 사건을 심리하여 결정하는 데 헌법과 법률상 아무런 문제가 없는 이상 헌법재판소로서는 헌정위기상황을 계속해서 방치할 수는 없다. 그렇다면 국회의 탄핵소추 가결절차에 헌법이나 법률을 위배한 위법이 없으며, 다른 적법요건에 어떠한 흠결도 없다.

[2] 본안에 관한 판단(탄핵사유에 관하여)

가. 공무원 임면권을 남용하여 직업공무원제도의 본질을 침해하였다는 점에 관하여

피청구인이 노 국장과 진 과장이 최서원의 사익 추구에 방해가 되었기 때문에 인사를 하였다고 인정하기에는 부족하고, 유진룡이 면직된 이유나 김기춘이 6명의 1급 공무원으로부터 사직서를 제출받도록 한 이유 역시 분명하지 아니하다.

나. 언론의 자유를 침해하였다는 점에 관하여

세계일보에 구체적으로 누가 압력을 행사하였는지 분명하지 않고 피청구인이 관여하였다고 인정할 만한 증거는 없다.

다. 세월호 사건에 관한 생명권 보호의무와 직책성실의무 위반의 점에 관하여

피청구인은 국가가 국민의 생명과 신체의 안전보호의무를 충실하게 이행할 수 있도록 권한을 행사하고 직책을 수행하여야 하는 의무를 부담한다. 그러나 국민의 생명이 위협받는 재난상황이 발생하였다고 하여 피청구인이 직접 구조활동에 참여하여야 하는 등 구체적이고 특정한 행위의무까지 바로 발생한다고 보기는 어렵다.

라. 피청구인은 헌법상 대통령으로서의 직책을 성실히 수행할 의무를 부담하고 있다.

성실의 개념은 상대적이고 추상적이어서 성실한 직책수행의무와 같은 추상적 의무규정의 위반을 이유로 탄핵소추를 하는 것은 어려운 점이 있다. 헌법재판소는 이미 대통령의 성실한 직책수행의무는 규범적으로 그 이행이 관철될 수 없으므로 원칙적으로 사법적 판단의 대상이 될 수 없어, 정치적 무능력이나 정책결정상의 잘못 등 직책수행의 성실성 여부는 그 자체로는 소추사유가 될 수 없다고 판시하였다. 03 그러므로 세월호 사고는 참혹하기 그지없으나, 세월호 참사 당일 피청구인이 직책을 성실히

---

01 「국회법」 제130조 제1항이 탄핵소추의 발의가 있을 때 그 사유 등에 대한 조사 여부를 국회의 재량으로 규정하고 있더라도, 국회가 탄핵소추사유에 대하여 별도의 조사를 하지 않았다거나 국정조사 결과나 특별검사의 수사 결과를 기다리지 않고 탄핵소추안을 의결하였다면 헌법이나 법률을 위반한 것이다. 20 국가7급 (O / X)

02 탄핵소추안을 각 소추사유별로 나누어 발의할 것인지 아니면 여러 소추사유를 포함하여 하나의 안으로 발의할 것인지는 소추안을 발의하는 의원들의 자유로운 의사에 달린 것이므로, 대통령이 헌법이나 법률을 위배한 사실이 여러 가지일 때 그중 한 가지 사실만으로도 충분히 파면결정을 받을 수 있다고 판단되면 그 한 가지 사유만으로 탄핵소추안을 발의할 수 있다. 18 변호사 (O / X)

03 헌법 제65조 제1항은 탄핵사유를 '헌법이나 법률을 위배한 때'로 제한하고 있고, 헌법재판소의 탄핵심판절차는 법적인 관점에서 단지 탄핵사유의 존부만을 판단하는 것이므로 정치적 무능력이나 정책결정상의 잘못 등 직책수행의 성실 여부는 그 자체로서 소추사유가 될 수 없다. 16 국회8급, 14 국회9급 (O / X)

04 대통령 탄핵심판에 있어서 대통령에 대한 파면의 효과는 대통령에게 부여한 '민주적 정당성'을 임기 중 다시 박탈하는 효과를 가지는 등 중대하기 때문에 파면결정을 정당화하는 사유도 이에 상응하는 중대성을 가져야 한다. 17 국가7급 (O / X)

05 헌법 제65조 제1항이 정하고 있는 탄핵소추사유는 '공무원이 그 직무집행에 있어서 헌법이나 법률을 위배한 사실'이고, 여기에서 법률은 형사법에 한정된다. 17 서울7급 (O / X)

06 헌법은 탄핵사유를 '헌법이나 법률을 위배한 때'로 규정하고 있는데, '헌법'에는 명문의 헌법규정만이 포함되고 헌법재판소의 결정에 의하여 형성되어 확립된 불문헌법은 포함되지 않는다. 16 국회8급, 10 법원직 (O / X)

정답 01 X 02 O 03 X 04 O 05 X 06 X

수행하였는지 여부는 탄핵심판절차의 판단대상이 되지 아니한다.

마. 피청구인의 최서원에 대한 국정개입 허용과 권한 남용에 관하여
  ㉠ 피청구인의 행위는 최서원의 이익을 위해 대통령의 지위와 권한을 남용한 것으로서 공정한 직무수행이라고 할 수 없으며, 헌법, 국가공무원법, 공직자윤리법 등을 위배한다.
  ㉡ 재단법인 미르와 케이스포츠의 설립, 최성원의 이권 개입에 직·간접적으로 도움을 준 피청구인의 행위는 기업의 재산권을 침해하였을 뿐만 아니라 기업경영의 자유를 침해한다.
  ㉢ 피청구인의 지시 또는 방치에 따라 직무상 비밀에 해당하는 많은 문건이 최서원에게 유출된 점은 국가공무원법의 비밀엄수의무를 위배한다.
  ㉣ 피청구인의 법 위반행위는 피청구인을 파면할 만큼 중대한 것에 해당한다.

175 법관에 대한 탄핵심판 사건 (헌재 2021.10.28. 2021헌나1 【각하】) ★★★

국회의 탄핵소추 의결 이후 헌법재판소의 탄핵심판 중 임기만료로 피청구인이 법관의 직에서 퇴직한 사안에서, 헌법재판소는 2021.10.28. 재판관 5명의 각하의견으로, 이미 임기만료로 퇴직한 피청구인에 대해서는 본안판단에 나아가도 파면결정을 선고할 수 없으므로 결국 이 사건 탄핵심판청구는 부적법하다.

[1] 탄핵심판절차의 탄핵사유 판단 구조

헌법재판소법 제53조 제1항이 규정한 탄핵사유인 '탄핵심판청구가 이유 있는 경우'는 피청구인이 '그 직무집행에 있어서 헌법이나 법률을 위배한 때'로서 '파면을 정당화할 정도로 중대한 헌법이나 법률 위배가 있는 때'이다. 탄핵사유에 대하여 위와 같이 판단하는 것은 '탄핵심판절차의 헌법수호기능'을 법치주의와 민주주의의 구현이라는 관점에서 파악하였기 때문이다. 이러한 헌법수호기능은 대통령에 대한 탄핵심판절차뿐만 아니라 법관에 대한 탄핵심판절차의 경우에도 동일하게 작용한다.

[2] 헌법과 헌법재판소법 등 규정에서 본 탄핵심판의 이익

헌법 제65조 제4항 전문과 헌법재판소법 제53조 제1항은 헌법재판소가 탄핵결정을 선고할 때 피청구인이 '해당 공직에 있음'을 전제로 하고 있다.

[Point] 헌법 제65조 제1항과 헌법재판소법 제48조는 탄핵심판의 대상인 공직의 범위를 한정적으로 나열하고 있는데, 이는 전직이 아닌 '현직'을 의미함.

176 금융산업의 구조개선에 관한 법률 제2조 제3호 가목 등 위헌소원 (헌재 2004.10.28. 99헌바91 【합헌】)

위임입법의 형식은 예시적이다.

오늘날 의회의 입법독점주의에서 입법중심주의로 전환하여 일정한 범위 내에서 행정입법을 허용하게 된 동기가 사회적 변화에 대응한 입법수요의 급증과 종래의 형식적 권력분립주의로는 현대사회에 대응할 수 없다는 기능적 권력분립론에 있다는 점 등을 감안하여 헌법 제40조와 헌법 제75조, 제95조의 의미를 살펴보면, 국회입법에 의한 수권이 입법기관이 아닌 행정기관에게 법률 등으로 구체적인 범위를 정하여 위임한 사항에 관하여는 당해 행정기관에게 법 정립의 권한을 갖게 되고, 입법자가 규율의 형식도 선택할 수도 있다 할 것이므로 헌법이 인정하고 있는 위임입법의 형식은 예시적인 것으로 보아야 할 것이고, 그것은 법률이 행정규칙에 위임하더라도 그 행정규칙은 위임된 사항만을 규율할 수 있으므로 국회입법의 원칙과 상치되지도 않는다. 01 02 다만, 형식의 선택에 있어서 규율의 밀도와 규율영역의 특성이 개별적으로 고찰되어야 할 것이고, 그에 따라 입법자에게 상세한 규율이 불가능한 것으로 보이는 영역이라면 행정부에게 필요한 보충을 할 책임이 인정되고 극히 전문적인 식견에 좌우되는 영역에서는 행정기관에 의한 구체화의 우위가 불가피하게 있을 수 있다. 그러한 영역에서 행정규칙에 대한 위임입법이 제한적으로 인정될 수 있다.

[Point] 기능적 권력분립론을 근거로 헌법재판소는 위임입법의 형식을 예시적인 것으로 봄.

01 헌법이 인정하고 있는 위임입법의 형식은 예시적인 것으로 보아야 하고, 법률이 일정한 사항을 행정규칙에 위임하더라도 그 행정규칙은 위임된 사항만을 규율할 수 있으므로 국회입법의 원칙과 상치된다고 할 수 없다. 17 변호사
(O / X)

02 헌법이 인정하고 있는 위임입법의 형식은 열거적인 것으로 보아야 하므로 법률이 행정규칙에 위임하는 것은 비록 그 행정규칙이 위임된 사항만을 규율할 수 있다고 하더라도 국회입법의 원칙에 위배되는 것이다. 12 국가급
(O / X)

정답 01 O 02 X

DAY 11 대통령과 행정부

미니노트

대통령 선거방법

헌법 제67조	제1항	대통령은 국민의 보통·평등·직접·비밀선거에 의하여 선출한다.	
	제2항	제1항의 선거에 있어서 최고득표자가 2인 이상인 때에는 국회의 재적의원 과반수가 출석한 공개회의에서 다수표를 얻은 자를 당선자로 한다.	· 과반수 득표 X · 대통령 이외의 선거에서 2인 최고득표자 ➡ 연장자가 당선
	제3항	대통령후보자가 1인일 때에는 그 득표수가 **선거권자 총수**의 3분의 1 이상이 아니면 대통령으로 당선될 수 없다. ↳ 18세 이상의 국민	대통령 이외의 선거에서 후보자가 1인일 때 ➡ 무투표당선 가능
	제4항	대통령으로 선거될 수 있는 자는 국회의원의 피선거권이 있고 선거일 현재 40세에 달하여야 한다.	대통령 이외의 선거에서 피선거권은 18세(공직선거법 규정)
제68조	제1항	대통령의 임기가 만료되는 때에는 임기만료 70일 내지 40일 전에 후임자를 선거한다.	· 임기만료 선거: 선거일 법정주의 · 대통령 보궐선거·재선거: 선거일 공고주의 · 국회의원 등의 보궐선거: 선거일 법정주의
	제2항	대통령이 궐위된 때 또는 대통령 당선자가 사망하거나 판결 기타의 사유로 그 자격을 상실한 때에는 60일 이내에 후임자를 선거한다.	

대통령의 신분과 직무

헌법 제66조	제1항	대통령은 국가의 원수이며, 외국에 대하여 국가를 대표한다.	성실한 직무수행의 의무 ➡ 헌법적 의무이기는 하지만, 헌법을 수호해야 할 의무와 달리 규범적으로 그 이행이 관철될 수 있는 성격의 의무가 아니므로 원칙적으로 사법적 판단의 대상 X
	제2항	대통령은 국가의 독립·영토의 보전·국가의 계속성과 헌법을 수호할 책무를 진다.	
	제3항	대통령은 조국의 평화적 통일을 위한 성실한 의무를 진다.	
	제4항	행정권은 대통령을 수반으로 하는 정부에 속한다.	
제70조		대통령의 임기는 5년으로 하며, 중임할 수 없다.	· 임기 5년: 제9차 개정헌법 · 중임 금지: 제8차 개정헌법

사고와 궐위
↳ 대통령이 돌아올 가능성이 있으면 '사고', 없으면 '궐위'

구분	사고	궐위
개념	· 재직 중 신병, 해외 순방 등으로 직무를 수행할 수 없는 경우 · **국회의 탄핵소추 의결**로 탄핵결정 전까지 권한 행사가 정지된 경우	· 사망 · **탄핵결정으로 파면** · 판결, 기타 사유로 자격상실 · 사임 등 재직하고 있지 않은 경우
대행 기간	· 명문규정 X ➡ 60일 초과 가능 · 국무회의 심의를 거쳐 기간을 결정	현직 대통령이 궐위되면 60일 내에 후임자를 선출 ➡ 대행기간은 60일 이내

· 우리 헌법에는 사고와 궐위를 판단하는 기관에 관한 규정 없음.
· 프랑스는 헌법평의회가 결정함.
↳ 시험에 나온 적은 없지만 기억해 둘 것

형사상 불소추특권

대통령은	내란·외환의 죄를 범한 경우를 제외하고는	재직 중	형사상 소추를 받지 않음.
Only 대통령만	내란·외환의 죄라면 재직 중에도 소추 가능	퇴직 후에는 일반범죄도 소추 가능	공소제기를 당하지 않는다는 의미 → 수사까지는 가능

권한대행 순서

대통령	국무총리 ➡ 기획재정부장관(부총리) ➡ 교육부장관(부총리) ➡ 과학기술정보통신부장관 ➡ 외교부장관 ➡ 통일부장관 ➡ 법무부장관
국무총리	기획재정부장관(부총리) ➡ 교육부장관(부총리) ➡ 대통령의 지명을 받은 국무위원 / 대통령의 지명을 받은 국무위원이 없는 경우 ➡ 과학기술정보통신부장관 ➡ 외교부장관 ➡ 통일부장관 ➡ 법무부장관
감사원장	감사위원으로 최장기간 재직한 감사위원
선거관리위원회 위원장	위원장이 사고가 있을 때에는 상임위원 또는 부위원장이 그 직무를 대행하며 위원장·상임위원·부위원장이 모두 사고가 있을 때에는 위원 중에서 임시 위원장을 호선하여 위원장의 직무를 대행하게 함.
대법원장	선임대법관
헌법재판소장	헌법재판소장이 궐위되거나 부득이한 사유로 직무를 수행할 수 없을 때에는 다른 재판관이 헌법재판소규칙(헌법재판소장의 권한대행에 관한 규칙)으로 정하는 순서에 따라 그 권한을 대행함.

법규명령에 대한 사법적 통제

구분	대상	재판전제성	심판기관	효력
법원의 통제	· 법규명령 · 재량준칙 · 법령보충적 행정규칙 · (명령의 효력) 조약 · 행정규칙은 심사 불가	· 재판의 전제성 O: 법원만 판단 가능 · 재판의 전제성 X: 집행행위의 매개 없이 적용되면 항고소송 가능	모든 법원이 심사 가능 (최종판단은 대법원이 함)	· 개별적 효력 · 대법원이 행정안전부장관에 통보 ➡ 관보 게재
헌법재판소의 통제	· 상동 · 조약 　└→ 명령·법률적 효력 모두	· 재판의 전제성 O: 헌법재판소는 판단 불가 · 재판의 전제성 X: 집행행위의 매개 없이 적용되면 헌법소원 가능	헌법재판소	일반적 효력

대통령의 권한 1 [사법에 관한 권한(사면권)]

구분	일반사면	특별사면
개념	범죄의 종류를 지정하여 이에 해당하는 모든 범죄인에 대하여 사면	이미 형의 선고를 받은 특정인에 대하여 집행을 면제
대상	죄를 범한 자	형의 선고를 받은 자 ← 선고 전에는 특별사면 X
효과	• 형의 선고를 받기 전: 공소권 소멸 • 형의 선고를 받은 자: 형 선고의 효력 상실	• 일반적인 경우: 형 집행 면제 • 특별한 경우: 형 선고의 효력 상실
범위	죄의 종류를 정하여 행함.	사면대상자를 정하여 행함.
방식	대통령령으로	대통령의 명으로

- 사면, 감형, 복권: 국무회의 심의
- **일반사면**, 예산안, 선전, 강화: 국무회의 심의 + 국회 동의

대통령의 권한 2 (헌법기관 구성에 관한 권한)

헌법 제104조	제1항	대법원장은 국회의 동의를 얻어 대통령이 임명한다.
	제2항	대법관은 대법원장의 제청으로 국회의 동의를 얻어 대통령이 임명한다.
	제3항	대법원장과 대법관이 아닌 법관은 대법관회의의 동의를 얻어 대법원장이 임명한다.

- 대법관 임명에 국회의 동의: 현행헌법에서 처음 규정
- 대법관 수: 헌법사항 X → **법률로 증감 가능**
  헌법재판관 수: 헌법사항 → **법률로 증감 불가**
- 보직권: 대법원장이 단독 행사

대법원장은 국회의 동의를 얻어 <u>대법관 중에서</u> 대통령이 임명한다. (X)
➡ 대법원장은 국회의 동의를 얻어 대통령이 임명한다. (O)

국무총리의 지위
→ 대통령 권한대행은 행정각부의 장의 지위가 아니라 국무위원의 지위에서 인정됨.

대통령 권한대행	대통령이 궐위·사고로 인해 직무를 수행할 수 없을 때의 제1순위 권한대행자
대통령 보좌기관	대통령의 첫째가는 보좌기관으로서 행정에 관하여 독자적인 권한을 갖지 못하고, 대통령의 명을 받아 행정각부를 통할하는 기관으로서의 지위
국무회의 부의장	국무위원 X, 국무회의의 구성원 O (부의장)
행정부 제2인자	• 대통령의 명을 받아 중앙행정기관의 장을 지휘·감독 • 중앙행정기관의 장의 명령·처분이 위법·부당하다고 인정될 때에는 대통령의 승인을 받아 이를 중지·취소 가능 • 국무위원과 행정각부의 장의 임명을 대통령에게 제청 • 국무위원의 해임을 대통령에게 건의

대통령의 자문기관

필수기관	임의기관	법률상 기관
국가안전보장회의	국가원로자문회의, 민주평화통일자문회의, 국민경제자문회의	국가과학기술자문회의

국무위원의 헌법상 지위

이중적 지위	• 국무위원은 대통령을 주로 보좌 • 특별한 경우를 제외하고 행정각부의 장으로서 특정한 행정업무를 담당
국무회의 구성원	직무에 한계 X
행정각부의 장	직무에 한계(소관 사무에 한정됨)
국무위원의 임면	• 15명 이상 30명 이하: 국무총리의 제청으로 대통령이 임명 • 행정각부의 장: 국무위원 중에서 국무총리의 제청으로 대통령이 임명

국무위원과 행정각부의 장

구분	국무위원	행정각부의 장
개념	국무회의의 구성원	집행기관인 중앙행정기관
지위	대통령 보좌기관	집행권의 담당자인 행정기관
권한	국무회의 심의·표결권, 대통령 권한대행권, 부서권 등	소관 사무의 집행권, 부령제정권 등

감사원

헌법 제97조		국가의 세입·세출의 결산, 국가 및 법률이 정한 단체의 회계검사와 행정기관 및 공무원의 직무에 관한 감찰을 하기 위하여 **대통령 소속**하에 감사원을 둔다. 건국헌법은 심계원과 감찰위원회로 분리되었으나, 제5차 개정헌법에서 감사원으로 통합	• 필수적 감사: 국가 또는 지방자치단체가 자본금의 1/2 이상 출자한 법인의 회계 • 임의적 감사: 자본을 일부 출자한 법인 • 선택적 감사사항: 감사원의 필요 인정, 국무총리의 요구시(대통령 요구 X) • 감사원의 변상판정처분: 소송제기 불가 • 감찰: 국회, 법원, 헌법재판소 직원에게 불가
제98조	제1항	감사원은 원장을 포함한 5인 이상 11인 이하의 감사위원으로 구성한다.	감사원법상 감사원장 포함하여 7명의 감사위원
	제2항	원장은 국회의 동의를 얻어 대통령이 임명하고, 그 임기는 4년으로 하며, 1차에 한하여 중임할 수 있다.	
	제3항	감사위원은 원장의 제청으로 대통령이 임명하고, 그 임기는 4년으로 하며, 1차에 한하여 중임할 수 있다.	• 감사위원 임명에는 국회 동의 불필요 • 탄핵의 대상
제99조		감사원은 세입·세출의 결산을 매년 검사하여 대통령과 차년도국회에 그 결과를 보고하여야 한다.	결산 순서: 중앙관서장 ➡ 기획재정부장관 ➡ 국무회의 심의, 대통령 승인 ➡ 감사원 ➡ 기획재정부장관 ➡ 5.31.까지 국회 제출
제100조		감사원의 조직·직무범위·감사위원의 자격·감사대상공무원의 범위 기타 필요한 사항은 법률로 정한다.	감사원규칙에 대한 헌법적 근거 X

감사원장은 국회의 동의를 얻어 감사위원 중에서 대통령이 임명한다. (X)
➡ 감사원장은 국회의 동의를 얻어 대통령이 임명한다. (O)

선거관리위원회
중앙선거관리위원회는 제3차 개정헌법, 각급 선거관리위원회는 제5차 개정헌법에서 규정

01 구성

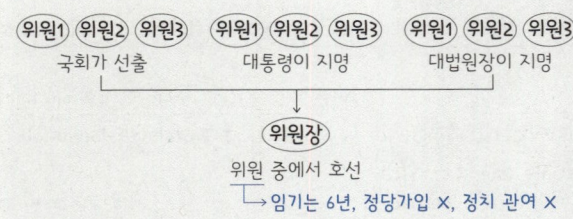

02 규칙 제정
① 법령의 범위 안에서 선거관리·국민투표관리, 정당사무에 관한 규칙 제정
② 법률에 저촉되지 않는 범위 안에서 내부 규율에 관한 규칙 제정
　　　　　　국회, 대법원, 헌법재판소와 동일

DAY 12 사법부(법원)

법관의 독립

	헌법 제103조	법관은 헌법과 법률에 의하여 그 양심에 따라 독립하여 심판한다.	· 물적 독립, 재판의 독립 · 양심: 개인적 양심 (직업적 양심)
제106조	제1항	법관은 탄핵 또는 금고 이상의 형의 선고에 의하지 아니하고는 파면되지 아니하며, 징계처분에 의하지 아니하고는 정직·감봉 기타 불리한 처분을 받지 아니한다.	· 인적 독립 ← 신분에 관한 것 · 법관징계위원회는 대법원에 둠. · 법관징계처분에 대한 불복: 전심절차 없이 대법원이 관할(단심제)
	제2항	법관이 중대한 심신상의 장해로 직무를 수행할 수 없을 때에는 법률이 정하는 바에 의하여 퇴직하게 할 수 있다.	· 대법관: 대법원장 제청으로 대통령이 퇴직을 명함. · 판사: 인사위원회의 심의를 거쳐 대법원장이 퇴직을 명함.

대법원의 구성과 조직

01 구성

대법관	대법관의 수는 대법원장을 포함하여 14명(헌법규정 X, 법률개정으로 증감 가능)
재판연구관	· 대법원에는 대법관이 아닌 법관(재판연구관)을 둘 수 있음. · 대법원장의 명을 받아 대법원 사건의 심리 및 재판에 관한 조사·연구업무를 행함. · 판사로 보하거나 3년의 기간 내 범위를 정하여 판사가 아닌 자를 임명 가능

02 임기와 정년(법원조직법 제45조)

구분	임기	정년
대법원장	6년, 중임 X	70세
대법관	6년, 연임 가능	
그 외 법관	10년, 연임 가능	65세

03 법원의 종류
① 대법원, 고등법원, 특허법원(고등법원급), 지방법원, 가정법원, 행정법원, 회생법원
② 군사법원: 법원조직법상의 법원이 아닌 군사법원법상 법원임.
③ 양형위원회: 대법원에 둠. 양형위원회의 양형기준은 법적 구속력 X

관련조문

법원조직법 제9조의2(판사회의) 아직 출제 X
① 고등법원·특허법원·지방법원·가정법원·행정법원 및 회생법원과 대법원규칙으로 정하는 지원에 사법행정에 관한 자문기관으로 판사회의를 둔다.

제16조(대법관회의의 구성과 의결방법)
① 대법관회의는 대법관으로 구성되며, 대법원장이 그 의장이 된다.
② 대법관회의는 대법관 전원의 3분의 2 이상의 출석과 출석인원 과반수의 찬성으로 의결한다.
③ 의장은 의결에서 표결권을 가지며, 가부동수일 때에는 결정권을 가진다.

· cf. 국무회의: 과반수 출석, 출석 2/3 이상 찬성
· 표결권 + 가부동수 결정권: 대법관회의 의장, 선거관리위원회 위원장
· 표결권 O but 가부동수 결정권 X: 국회의장

대법원 심판권

대법원 심판권의 원칙	대법관 전원 2/3 이상의 합의체에서 행하며, 재판장은 대법원장
반드시 전원합의체에서 심판하는 경우	• 명령 또는 규칙이 헌법에 위반함을 인정하는 경우 • 명령 또는 규칙이 법률에 위반함을 인정하는 경우 • 종전에 대법원에서 판시한 헌법·법률·명령·규칙의 해석적용에 관한 의견을 변경할 필요가 있음을 인정하는 경우(판례변경) • 부에서 재판함이 적당하지 않음을 인정하는 경우
부에서 재판하는 경우	대법관 3명 이상으로 구성된 부에서 먼저 사건을 심리하여 • 의견 일치할 경우: 부에서 재판 • 의견 불일치할 경우: 전원합의체하에서 심판

명령·규칙 심사권

구분	법원	헌법재판소
명령·규칙이 재판의 전제가 된 경우	심사 가능	심사 불가
명령·규칙이 재판의 전제가 아닌 경우	예외적으로 항고소송 가능	가능
법률이 재판의 전제가 된 경우	불가	가능(헌가, 헌바 사건)
법률이 재판의 전제가 아닌 경우	불가	가능(헌마 사건)

판례분석

177 금융기관의 연체대출금에 관한 특별조치법 제7조의3에 관한 위헌심판 (헌재 1990.6.25. 89헌가98 등 [위헌])

회사정리절차에 대한 금융기관의 담보권 실행(경매)은 헌법에 위반된다.

법원이 도산 위기에 있는 회사를 살리기 위해 회사정리계획 인가결정을 한 후에도 금융기관의 연체대출금에 관한 특별조치법상의 특례규정에 의하여 금융기관의 담보권 실행을 허용함으로써 금융기관의 자의적인 담보권 실행으로 금융기관에 사실상 회사정리권이 주어진 결과가 되는 것은 재판을 통해 회사정리절차를 주도할 권한을 가진 사법권이 완전히 형해화되어 버린다. 01

[Point] 회사정리절차를 결정한 법원의 결정이 있으면 채권·채무가 동결됨. 일반채권자는 채권 추심이 안 되는데 금융기관의 경우에는 담보권 실행을 하여 채권을 추심하면 법원의 결정이 사실상 형해화되는 문제가 있기 때문에 사법권을 침해하고 다른 채권자와의 관계에서 평등권 침해의 문제가 있음.

01 회사정리절차의 개시와 진행 여부에 관한 법관의 판단을 금융기관 내지 성업공사(현 한국자산관리공사) 등 이해당사자의 의사에 실질적으로 종속시키는 법 조항은 사법권을 형해화하는 것이고 사법권의 독립을 위협할 소지가 있다. 19 변호사 (O / X)

정답 01 O

---

178 공적자금관리 특별법 제20조 중 파산관재인 관련 부분 등 위헌제청 (헌재 2001.3.15. 2001헌가1 등 [합헌])

파산관재인의 선임에 법원의 관여를 배제한 것은 헌법에 위반되지 아니한다.

부보(附保) 금융기관 파산시 법원으로 하여금 예금보험공사나 그 임직원을 의무적으로 파산관재인으로 선임하도록 하고, 예금보험공사가 파산관재인으로 선임된 경우 파산법상의 파산관재인에 대한 법원의 해임권, 감사위원의 동의권, 법원의 허가권 적용을 배제하고, 부보금융기관의 파산절차가 진행 중인 경우 추가로 예금보험공사 또는 그 임직원을 파산관재인으로 선임하도록 한 공적자금관리 특별법 제20조 및 부칙 제3조는 … '파산관재인의 선임 및 직무감독에 관한 사항'은 대립당사자 간의 법적 분쟁을 사법적 절차를 통하여 해결하는 전형적인 사법권의 본질에 속하는 사항이 아니며, 따라서 입법자에 의한 개입 여지가 넓으므로 그러한 입법형성권 행사가 자의적이거나 비합리적이 아닌 한 사법권을 침해한다고 할 수 없다. 01

01 부보(附保) 금융기관 파산시 법원으로 하여금 예금보험공사나 그 임직원을 의무적으로 파산관재인으로 선임하도록 하고, 예금보험공사가 파산관재인으로 선임된 경우 파산법상의 파산관재인에 대한 법원의 해임권과 허가권 등 법원의 감독을 배제하는 법 조항은 법원의 사법권 내지 사법권 독립을 침해하는 것이다. 19 변호사 (O / X)

정답 01 X

179 판사의 근무성적평정과 연임 결격 사건 (헌재 2016.9.29. 2015헌바331 [합헌])

[1] 판사의 근무성적평정에 관한 사항을 대법원규칙으로 정하도록 위임한 구 법원조직법 제44조의2 제2항은 포괄위임금지원칙에 위배되지 않는다. 01 02

청구인은 이 사건 근무평정조항이 근무성적평정의 내용 및 절차를 하위 법규인 대법원규칙에 백지위임하고 있으므로 포괄위임금지원칙에 위반될 뿐만 아니라, 헌법상 재판의 독립과 법관의 신분보장규정에도 반한다고 주장한다. 그런데 이 사건 근무평정조항은 판사의 근무성적평정에 관한 사항을 대법원규칙에 위임하는 수권조항으로, 법률조항 자체에서 근무성적평정의 내용이나 법관의 신분변동에 영향을 주는 사항을 직접 규정하지 않고 있으므로 사법의 독립이나 법관의 신분보장을 직접 제한하는 조항이라고 볼 수 없다. 또한 백지위임에 해당하여 재판의 독립을 침해한다는 주장은 포괄위임금지원칙 위배 여부에서 함께 판단될 수 있다. 따라서 이 사건 근무평정조항이 포괄위임금지원칙에 위배되는지 여부를 중심으로 판단하기로 한다.

[2] 근무성적이 현저히 불량하여 판사로서 정상적인 직무를 수행할 수 없는 경우에 연임발령을 하지 않도록 규정한 구 법원조직법 제45조의2 제2항 제2호는 명확성원칙에 위배되지 않는다.

[3] 이 사건 연임결격조항은 사법의 독립을 침해하지 않는다. 03

Point 법원조직법 제44조의2 제2항 ─ 포괄위임금지원칙, 명확성원칙 위배 X
                                                └ 사법의 독립성 침해 X

---

01 사법부 스스로 판사의 근무성적평정에 관한 사항을 정하도록 대법원규칙에 위임할 필요성이 인정되고, 근무성적평정에 관한 사항이 직무능력, 자질 등과 같은 평가사항 등에 관한 사항임을 충분히 예측할 수 있으므로 판사의 근무성적평정에 관한 사항을 대법원규칙으로 정하도록 위임한 구 「법원조직법」 조항은 포괄위임금지원칙에 위배되지 않는다. 17 변호사 (O / X)

02 법원의 근무성적평정에 관한 사항을 대법원규칙으로 위임한 것은 포괄위임입법금지의 원칙에 위반된다. 21 국회8급 (O / X)

03 근무성적이 현저히 불량하여 판사로서 정상적인 직무를 수행할 수 없는 경우에 연임발령을 하지 않도록 규정한 구 「법원조직법」은 사법의 독립을 침해한다고 볼 수 없다. 22 국가7급, 20 변호사, 19 5급행시 (O / X)

정답 01 O 02 X 03 O

DAY 13 헌법재판소와 헌법소송

미니노트

역대 헌법재판기관의 구성과 관할 가끔! 아주 드물게 출제됨!

건국헌법	헌법위원회	• 헌법위원회: 위헌법률심사, 구체적 규범통제에 한정 • 탄핵재판소: 탄핵 사건
1960년 헌법	헌법재판소(5·16 반발로 실제 설치 X)	법률의 위헌 여부·심사, 헌법에 관한 최종적 해석, 국가기관 간의 권한쟁의, 정당해산, 탄핵재판, 대통령·대법원장·대법관의 선거에 관한 소송 관할, ~~헌법소원~~ └→ 헌법소원은 현행헌법에서 처음 규정함.
1962년 헌법	법원(일반법원형)과 탄핵심판위원회	• 대법원: 위헌정당해산심판과 위헌법률심사 • 탄핵심판위원회: 탄핵심판에 관한 권한
1972년 헌법	헌법위원회	위헌법률심사, 탄핵심판, 위헌정당해산심판 그러나 헌법위원회에 의한 위헌법률심사는 한 건도 없음.
1980년 헌법	헌법위원회	• 헌법위원회: 위헌법률심사, 탄핵심판, 위헌정당해산심판 └→ 법률이 헌법에 위반되는 것으로 인정될 때에만 제청 가능. 그러나 위헌법률심사는 한 건도 없음. └→ 위원: 법관 X, 대법관 5명 + 국회의원 5명 • 법원: 명령·규칙심사권, 선거소송에 관한 심판권만을 부여

헌법재판소의 구성

헌법 제111조	제2항	헌법재판소는 법관의 자격을 가진 9인의 재판관으로 구성하며, 재판관은 대통령이 임명한다. └→ 자격만 있으면 되므로 현직 법관일 필요 없음.	• 9명: 헌법사항, 형식적 임명은 대통령이 함. • 헌법재판소 재판관의 임기: 6년, 연임 가능 • 관습법: 헌법재판의 대상 • 한정위헌청구: 원칙적으로 허용 • 국회 선출 3명: 인사청문특별위원회의 대상, 나머지 6명: 상임위원회의 인사청문대상
	제3항	제2항의 재판관 중 3인은 국회에서 선출하는 자를, 3인은 대법원장이 지명하는 자를 임명한다.	
	제4항	헌법재판소의 장은 국회의 동의를 얻어 재판관 중에서 대통령이 임명한다.	

└→ cf. 대법원장과 감사원장 임명시에도 국회의 동의는 필요하지만, 각각 '대법관 중에서', '감사위원 중에서' 임명 X

헌법재판의 재판부

01 전원재판부
① 헌법재판소의 심판: 원칙적으로 재판관 전원으로 구성되는 재판부에서 관장
② 재판부의 재판장: 헌법재판소장

02 지정재판부
① 사전심사: 헌법재판소장은 지정재판부를 두어 헌법소원심판 사전심사를 담당하도록 <u>할 수 있음</u>.
　　　　　　　　　　　　　　　　　　　　　　　　　　　　　　　　　해야 함. (X)
② 구성: 재판관 3명
③ 헌법소원심판청구 각하: <u>지정재판부 재판관 전원의 일치된 의견에 의한 결정으로 함</u>.
　· If 전원 일치의견으로 각하결정 X ➡ 결정으로 헌법소원을 재판부 심판에 회부
　· If 헌법소원심판청구 후 30일 내 각하결정 X ➡ 심판에 회부하는 결정으로 봄.

헌법재판의 심판절차

심판의 청구	심리	결정
청구서 제출 · 위헌법률심판: 법원의 제청서 · 탄핵심판: 국회의 소추의결서 정본	재판관 7명 이상의 출석으로 사건 심리 · 구두변론: 탄핵·정당해산·권한쟁의심판 · 서면심리: 위헌법률심판, 헌법소원 · 공개: 심판의 변론, 결정의 선고 · 비공개: 서면심리, 평의	· 원칙: 과반수 찬성으로 의결 · 예외: 재판관 6명의 찬성 필요: 위헌법률·탄핵·정당해산결정, 헌법소원 인용결정, 종전의 헌법·법률의 해석 적용에 관한 의견 변경

개별 의견의 표시
심판에 관여한 재판관은 심판의 종류를 불문하고 결정서에 의견을 표시해야 함.

다른 법령의 준용

헌법소원심판, 권한쟁의심판	· 민사소송법 + 행정소송법 준용 · 충돌시 행정소송법 준용
위헌법률심판, 정당해산심판	민사소송법 준용
탄핵심판	· 민사소송법 + 형사소송법 준용 · 충돌시 형사소송법 준용
형벌조항의 위헌결정에 대한 재심	형사소송법 준용
위헌소원의 인용결정에 대한 재심	· 일반사건: 민사소송법 · 형사사건: 형사소송법

위헌결정의 효력발생시기

헌법재판소법 제47조	제2항	위헌으로 결정된 법률 또는 법률의 조항은 그 결정이 있는 날부터 효력을 상실한다.	원칙적 장래효
	제3항	제2항에도 불구하고 형벌에 관한 법률 또는 법률의 조항은 소급하여 그 효력을 상실한다. 다만, 해당 법률 또는 법률의 조항에 대하여 종전에 합헌으로 결정한 사건이 있는 경우에는 그 결정이 있는 날의 **다음 날**로 소급하여 효력을 상실한다.	형벌조항에 대하여는 소급효

01 형벌조항에 대한 소급효의 제한

실체형벌조항	소급효는 실체적인 형벌조항에만 적용 예 혼인빙자간음죄, 간통죄
절차조항	형사소송절차에 관한 절차법에는 원칙적으로 소급효 적용 ✕ 예 보석허가에 대해 검사 항고시 계속 구속되도록 하는 것은 위헌이지만, 소급적용 불가
불처벌조항	소급효가 인정되지 않음. 판례 헌법에 위반으로 선고되더라도 형사처벌을 받지 않았던 자를 소급하여 처벌 ✕

02 비형벌조항에 대한 예외적 소급효의 인정범위 문제 풀면서 확인하는 게 좋음!

사건의 종류	소급효
헌법재판소에 법률의 위헌결정을 위한 계기를 부여한 해당 사건	인정
위헌결정이 있기 전에, 이와 동종의 위헌 여부에 관하여 헌법재판소에 위헌제청을 하였거나 위헌제청신청을 한 경우의 해당 사건	인정
따로 위헌제청신청을 하지 않았지만, 해당 법률 또는 법률의 조항이 재판의 전제가 되어 법원에 계속 중인 병행사건	인정
위헌결정 이후 제소한 일반사건 중에서 당사자의 권리구제를 위한 구체적 타당성의 요청이 현저한 반면에, 소급효를 인정하여도 법적 안정성을 침해할 우려가 없는 사건	인정

확정력이 발생하거나 기판력이 발생하면 위헌결정의 소급효가 미치지 않음!

헌법재판소의 권한

위헌법률심판		국회가 제정한 법률의 위헌 여부가 일반법원에서 재판의 전제가 되는 경우, 법원이 헌법재판소에 위헌심판을 제청하고, 헌법재판소가 그 위헌 여부를 심사·판단하는 사후·구체적 규범통제
헌법소원	위헌심사형	헌법재판소법 제68조 제2항에 따라 법원이 당사자의 위헌법률심판의 제청신청을 기각한 경우, 그 제청신청을 한 당사자가 헌법재판소에 위헌법률심판을 청구하는 헌법소원
	권리구제형	공권력의 행사·불행사로 헌법상 보장된 기본권이 직접, 현실적으로 침해당한 자가 헌법재판소에 당해 공권력의 위헌 여부 심사를 청구하여 기본권을 구제받는 제도
탄핵심판		국회의 탄핵소추에 의하여 주요 공무원의 파면 여부 심판
정당해산심판		정당의 목적·활동이 민주적 기본질서에 위배될 때 정부 제소에 따라 해산결정 심판
권한쟁의심판		국가기관 상호 간, 국가기관과 지방자치단체 간, 지방자치단체 상호 간의 권한다툼 심판

위헌법률심판의 절차

제청의 주체	해당 사건을 담당하는 법원(직권) ➡ 당사자는 헌법재판소에 제청 X, 법원에 제청신청
법원의 기각 또는 각하	당사자의 위헌제청신청에 대한 법원의 기각 또는 각하에 대해 법원에 항고 불가 ➡ 기각결정일로부터 30일 내 변호사를 선임하여 헌법재판소에 위헌심사형 헌법소원 제기 가능
대법원 경유	• 법원의 제청은 대법원을 경유해야 함. ➡ 형식적 절차, 법원은 불송부결정 불가 • 제4공화국, 제5공화국 때에는 대법원 불송부결정이 있었음.
변호사 강제	변호사 강제주의 적용 X
법원의 철회	법원은 위헌제청 철회 가능 ➡ 철회하면 헌법재판소는 절차종료선언

위헌법률심판의 대상

원칙적으로 법률(법률과 동등한 효력이 있는 긴급명령, 조약, 관습법 등도 대상)

대상이 되는 것	대상이 아닌 것
• 현행법률 • 의결 후 공포 전 법률, 공포 후 시행 전 법률 • 폐지된 법률, 개정 전의 법률: 국민의 권익 침해가 있었고, 그로 인한 법률상태가 재판시까지 계속되는 경우 심판대상이 됨. → 대상이 안 되는 것이 원칙 • 관습법: 관습법에 의한 분재청구권도 헌법소원심판의 대상 • 긴급명령과 긴급재정·경제명령 • 국회의 동의를 받아 법률의 효력을 가지는 조약 • 한정위헌을 청구하는 것	• 헌법조문 • 공포되었으나 시행되기 전 폐지된 법률 • 입법부작위 ┐ • 법규명령(대통령령, 총리령, 부령, 조례) ┘→ 헌마 사건의 대상이 됨. • 국회의 동의를 받지 않아 명령의 효력을 가지는 조약 • 헌법재판소가 이미 위헌으로 결정한 조항

위헌법률심판의 결정

01 합의제의 방식
① 주문별 합의제(우리나라): 각하의견을 낸 재판관은 본안판단에 참여하지 않는 것
② 쟁점별 합의제(독일): 각하의견을 낸 재판관도 사건이 본안에 회부되면 다시 본안결정에 참여 가능

예) 각하 : 본안
    4 : 5

본안 참여
• 주문별 합의제: 5명
• 쟁점별 합의제: 9명

02 합의 불일치인 경우의 주문결정방식
당사자에게 가장 유리한 견해를 가진 수에 순차로 그 다음으로 유리한 견해를 가진 수를 더하여 **6명**(권한쟁의는 과반수)에 이르게 된 때의 견해를 법정의견으로 함.

재판관의 의견	주문형식
각하 2명, 위헌 2명, 합헌 5명	합헌
각하 2명, 위헌 5명, 합헌 2명	합헌
각하 3명, 위헌 1명, 한정합헌 5명	한정합헌
각하 3명, **위헌 5명, 한정합헌 1명**	**한정합헌** ← 틀리기 쉬움.
각하 3명, 위헌 5명, 한정위헌 1명	한정위헌
각하 3명, 위헌 5명, 헌법불합치 2명	헌법불합치
각하 4명, 인용 3명, 기각 2명	기각
각하 4명, 인용 5명	기각
단순위헌 1명, 일부위헌 1명, 헌법불합치(적용중지) 2명, 헌법불합치(잠정적용) 5명	헌법불합치(잠정적용)
단순위헌 5명, 헌법불합치 2명	헌법불합치

위헌법률심판의 주문(위헌심사형 헌법소원)
• 합헌, 위헌, 헌법불합치
• 한정위헌, 한정합헌

권리구제형 헌법소원의 주문
• 기각: 합헌의 의미
• 인용: 위헌의 의미

재판의 전제성

01 구체적인 사건이 법원에 적법하게 계속 중일 것

개념	일반법원에 민사사건, 형사사건, 행정사건이 진행 중이어야 함.
판단시점	법률의 위헌 여부 심판제청시, 헌법재판소의 위헌법률심판시
심리 중 전제성 소멸	• 원칙: 각하결정 • 예외: 객관적인 헌법질서 수호·유지를 위하여 심판의 필요성이 인정되는 경우에는 적극적으로 그 위헌 여부에 대한 판단 가능(보석허가결정에 대한 검사의 즉시항고)
정족수	재판의 전제성, 헌법소원 적법 여부 판단은 종국심리에 관여한 재판관 과반수의 찬성
판단기관	• 원칙: 전제성에 관한 판단은 제청법원의 견해를 존중 • 직권조사: 재판의 전제성에 관한 법원의 법률적 견해가 명백히 유지될 수 없는 때 가능 • 부적법 각하: 헌법재판소의 조사 결과 전제성에 대한 법원의 견해가 명백히 유지될 수 없는 때

02 해당 조문이 직접 적용될 것
① 원칙: 위헌 여부가 문제되는 법률이 해당 소송사건의 재판과 관련하여 직접 적용되는 것
② 예외: 간접 적용되는 조문도 양 규범 사이에 내적 관련이 있는 경우 재판의 전제성 인정

03 법률의 위헌 여부에 따라 해당 사건을 담당한 법원이 다른 내용을 재판할 것
① 재판의 결론이나 주문에 영향을 주는 경우
② 재판의 결론을 이끌어 내는 이유를 달리하게 되는 경우
③ 재판의 내용과 효력에 관한 법률적 의미가 전혀 달라지는 경우

> 헌법재판소는 심판청구된 조항만을 심판하는 것이 원칙이지만, 직권으로 심판대상을 확장·축소·변경할 수 있음.

권리구제형 헌법소원의 청구인능력

인정	부정
• 자연인, 외국인, 태아(생명권의 범위 내) • 사법인, 한국영화인협회, 사립학교 법인 등 • 한국신문편집인협회, 정당, 노동조합 • 단체(단체 자신의 기본권을 직접 침해당한 경우에만)	• 태아, 감독위원회 • 공법인(예외: 국·공립대학, 공영방송국 헌법소원 제기 가능) • 국가기관, 지방자치단체, 지방자치단체장, 국회의원 • 상임위원회, 지방의회, 교육위원회

공법인의 공권력 행사주체성

인정	부정
• 대통령 선거방송위원회 • 법학전문대학원협의회 • 국립대학교(서울대학교), 공영방송공사	• 외국 • 정당 • 한국감정평가사협회, 한국증권거래소

검사의 불기소처분에 대한 헌법소원가능성

구분	형사피해자가 헌법소원을 제기하는 경우	형사피의자가 헌법소원을 제기하는 경우
대상	종국처분에 대해서만 가능	중간처분에 대해서만 가능
헌법소원	• 원칙적 불가: 형사피해자인 고소인은 검찰청에 항고를 거친 후 고등법원에 재정신청을 할 수 있을 뿐 헌법소원 제기 불가 • 예외적 가능: 고소하지 않은 피해자는 재정신청을 할 수 없으므로 헌법소원 제기 가능	• 피의자는 자신에 대한 검사의 자의적인 기소유예 또는 기소중지처분에 대해 헌법소원 제기 가능(평등권, 재판청구권, 행복추구권 침해) • 피의자는 종국결정에 대하여는 헌법소원 제기 불가

사법권에 대한 헌법소원 최근에 유사사건 연속으로 나옴.

원칙	법원의 재판에 대해서는 헌법소원 인정 ✕ 종국판결, 중간판결, 본안 전 소송판결, 공권적 판단, 군사법원의 재판
예외	헌법소원의 대상이 되는 재판(기본권 침해 필요) 헌법재판소가 위헌으로 결정한 법령을 적용함으로써 국민의 기본권을 침해한 재판

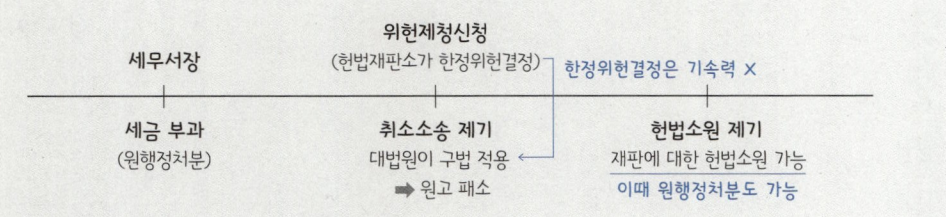

기본권 침해의 직접성

다른 집행행위의 매개 없이 공권력 작용으로 인하여 청구인의 기본권이 직접적으로 침해되어야 함.
➡ 문제되는 공권력 외에 다른 공권력이 매개되어야만, 기본권 침해가 발생한다면 직접성 인정 X
➡ 직접성요건은 사후에 치유될 수 없음.

법령헌법소원에서의 직접성	법률 자체에 의해서 기본권 침해가 발생해야 함.
직접성의 예외(헌법소원대상)	법령의 집행행위를 기다렸다가 그 집행행위에 대한 권리구제절차를 밟을 것을 국민에게 요구할 수 없는 경우 ➡ 예외적 직접성 인정

권한쟁의심판 1문제씩은 꼭 나옴.

01 청구인이 주장하는 권한
피청구인의 처분 또는 부작위가 청구인의 헌법 또는 법률에 의해 부여된 권한을 침해하거나 침해할 현저한 위험이 있는 경우 청구 가능

02 권한쟁의심판의 범위

헌법(제111조 제1항 제4호)	헌법재판소법(제62조 제1항)
국가기관 vs 국가기관	국회, 정부, 법원, 중앙선거관리위원회 상호 간 - 예시적
국가기관 vs 지방자치단체	· 정부 vs 시·도 ┐ 정부는 예시적 · 정부 vs 시·군·구 ┘
지방자치단체 vs 지방자치단체	· 시·도 vs 시·도 ┐ 지방자치단체 간의 권한쟁의에 있어서 당사자에 · 시·도 vs 시·군·구 ├ 관한 규정은 예시적 규정이 아니라 열거적 규정임. · 시·군·구 vs 시·군·구 ┘ 이외의 권한쟁의는 인정 X

03 권한쟁의심판 사례: 국회의원 vs 국회의장

① 국회의원이 국회의장의 날치기 통과에 대해 심의·표결권(국회의원 개인의 권한)의 침해를 주장하며 국회의장을 상대로 권한쟁의 가능한가?
➡ 당사자능력 확대의 문제(헌법재판소 인정)

② 국회의원의 동의권 침해를 주장한 권한쟁의 불가
　　동의권은 국회의원의 권한이 아니라 국회 자체의 권한
➡ 당사자자격으로 제3자 소송담당의 문제(헌법재판소 부정, 각하)

③ 지방자치단체 vs 정부 ┐
　 지방자치단체 vs 국회 ├ 가능
　 지방자치단체 vs 선거관리위원회 ┘

· 헌법재판소 1차 결정: 열거조항(권한쟁의 불가)
· 헌법재판소 2차 결정: 예시조항(권한쟁의 가능)
· 부분기관이 권한쟁의할 수 있는 요건
　┌ 헌법에 의해 설치된 기관
　├ 독자적 권한을 가질 것
　└ 분쟁시 해결방법이 없을 것

판례에 의할 때 기속력에 의한 재처분의무

권한 침해결정	헌법재판소는 재처분의무를 부과하는 결정을 할 수 없음.
부작위 인용결정	피청구인에게 결정의 취지에 따른 재처분의무가 있음. (헌법재판소법 제66조 제2항)
권한 침해 + 취소결정	판례에 의하면 원상회복의무 있음.
권한 침해 + 무효결정	

· 국회 내부 문제에서는 '권한 침해'까지만 결정하고, 취소·무효결정 X
· 지방자치단체 간의 문제에서는 취소·무효결정한 사례 있음.

판례분석

180 국선변호인 조력 불성실 등 위헌확인 (헌재 2021.1.26. 2021헌마85 [각하])

청구인은 자신에 대한 형사재판에서 국선변호인으로 선정된 변호사가 불성실하게 조력한 행위에 대하여 이 사건 헌법소원심판을 청구하였으나, 청구인이 심판을 구하는 국선변호인의 행위는 공권력의 행사 또는 불행사가 아닌 사인으로서의 행위에 불과하여 헌법소원심판의 대상이 되지 아니한다.

181 기본권 침해 위헌확인 (헌재 2021.1.19. 2020헌마1732 [각하])

cf. 출정비용 미납시 법정에 못 나가게 한 사건
➡ 재판청구권 침해

수용관리 및 계호업무 등에 관한 지침 제462조 제3항은 교정기관에 수용 중인 수용자가 민사재판 등의 소송수행을 목적으로 출정하는 경우에 소요되는 비용의 납부절차 등에 필요한 사항을 정한 법무부훈령으로서, 법령의 위임근거가 없는 행정기관 내부의 업무처리지침 내지 사무처리준칙으로서의 행정규칙에 불과할 뿐 법규적 효력을 가지는 것은 아니라 할 것이므로, 헌법소원심판청구대상이 되는 공권력 행사에 해당하지 않는다.
피청구인은 위 수용관리 및 계호업무 등에 관한 지침에 따라 청구인으로부터 출정비용 중 일부를 영치금에서 공제하였는데, 이러한 행위는 일종의 상계행위로 수용자로 인해 소요되는 비용을 반환받는 것이므로, 사경제의 주체로서 행하는 사법상의 법률행위에 불과하여 헌법소원심판의 대상이 되는 공권력의 행사에 해당한다고 할 수 없다.

182 재난지원금 집행 취소 등 (헌재 2021.2.9. 2021헌마20 [각하])

정부가 2020.12.29. 코로나19 재확산으로 피해를 입은 사람들을 지원하기 위하여 2021년에 집행할 예정인 피해지원대책을 발표한 것으로서, 위 피해지원대책의 실제 집행을 위하여는 국무회의의 예비비 지출 의결 등의 절차를 거쳐야 하고 그 과정에서 당초의 계획 내용이 그대로 실현되지 아니하고 변경될 가능성도 있다. 따라서 이 사건 대책은 비구속적 행정계획안에 불과하여 그 자체로 청구인의 기본권에 직접적으로 영향을 미친다고 볼 수 없고 장차 법령의 뒷받침에 의하여 그대로 실시될 것이 틀림없을 것으로 예상된다고 보기도 어려우므로, 이 부분에 대한 심판청구는 헌법소원의 대상이 되는 공권력의 행사에 대한 것으로 볼 수 없다.

183 한·일 청구권협정 제3조에 따른 분쟁해결 부작위 위헌확인 사건 (헌재 2021.8.31. 2014헌마888 [각하])

한국인 BC급 전범들이 일본에 대하여 가지는 청구권이 '대한민국과 일본국 간의 재산 및 청구권에 관한 문제의 해결과 경제협력에 관한 협정' 제2조 제1항에 의하여 소멸되었는지 여부에 관한 한·일 양국 간 해석상 분쟁을 위 협정 제3조가 정한 절차에 따라 해결하지 아니하고 있는 피청구인의 부작위가 청구인들의 기본권을 침해하는지 여부에 대하여 재판관 5인의 의견으로 각하결정한다.
국제사법재판소의 결정을 존중해야 한다는 취지

184 가상통화 거래를 위한 가상계좌 신규 제공을 중단하도록 하고, 가상통화 거래 실명제를 2018.1.30.부터 시행하도록 한 금융위원회의 각 조치에 관한 위헌소원 사건 (헌재 2021.11.25. 2017헌마1384 등 【각하】)

'금융위원회가 시중 은행들을 상대로 가상통화 거래를 위한 가상계좌의 신규 제공을 중단하도록 한 조치' 및 '금융위원회가 가상통화 거래 실명제를 2018.1.30.부터 시행하도록 한 조치'는 헌법소원의 대상이 되는 공권력의 행사에 해당하지 아니하여 그에 관한 심판청구는 부적법하므로 이를 모두 각하한다.
이 사건 조치는 금융기관에 방향을 제시하고 자발적 호응을 유도하려는 일종의 '단계적 가이드라인'일 따름이다.

185 고위공직자범죄수사처 설치 및 운영에 관한 법률 위헌확인 사건 (헌재 2021.1.28. 2020헌마264 등 【각하, 기각】) ★★★

고위공직자범죄수사처 설치 및 운영에 관한 법률 제24조 제1항은 고위공직자범죄수사처와 다른 수사기관 사이의 권한 배분에 관한 사항을 규정한 것으로 청구인들의 법적 지위에 영향을 미친다고 볼 수 없어 기본권 침해가능성이 인정되지 않으므로, 위 조항에 대한 심판청구는 부적법하다.

[1] 국무총리에 관한 헌법규정의 해석상 국무총리의 통할을 받는 '행정부'에 모든 행정기관이 포함된다고 볼 수 없다. 즉 정부의 구성단위로서 그 권한에 속하는 사항을 집행하는 중앙행정기관을 반드시 국무총리의 통할을 받는 '행정각부'의 형태로 설치하거나 '행정각부'에 속하는 기관으로 두어야 하는 것이 헌법상 강제되는 것은 아니므로, 법률로써 '행정각부'에 속하지 않는 독립된 형태의 행정기관을 설치하는 것이 헌법상 금지된다고 할 수 없다.[01]

[2] 수사처는 직제상 대통령 또는 국무총리 직속기관 내지 국무총리의 통할을 받는 행정각부에 속하지 않는다고 하더라도 대통령을 수반으로 하는 행정부에 소속되고 그 관할권의 범위가 전국에 미치는 중앙행정기관으로 보는 것이 타당하다.

[3] 수사처의 권한 행사에 대해서는 여러 기관으로부터의 통제가 이루어질 수 있으므로, 단순히 수사처가 독립된 형태로 설치되었다는 이유만으로 권력분립원칙에 위반된다고 볼 수 없다.

[4] 법률에 근거하여 수사처라는 행정기관을 설치하는 것이 헌법상 금지되지 않는바, … 그 판단에는 본질적으로 국회의 폭넓은 재량이 인정된다. 또한 수사처의 설치로 말미암아 수사처와 기존의 다른 수사기관과의 관계가 문제된다 하더라도 동일하게 행정부 소속인 수사처와 다른 수사기관 사이의 권한 배분의 문제는 헌법상 권력분립원칙의 문제라고 볼 수 없다.[02]

[5] 구 고위공직자범죄수사처 설치 및 운영에 관한 법률 제2조 및 고위공직자범죄수사처 설치 및 운영에 관한 법률 제3조 제1항은 권력분립원칙에 반하여 청구인들의 평등권, 신체의 자유 등을 침해하지 않는다.

[6] 헌법에 규정된 영장신청권자로서의 검사는 검찰권을 행사하는 국가기관인 검사로서 공익의 대표자이자 수사단계에서의 인권옹호기관으로서의 지위에서 그에 부합하는 직무를 수행하는 자를 의미하는 것이지, 검찰청법상 검사만을 지칭하는 것으로 보기 어렵다.
공수처법상 검사도 법원에 영장을 신청할 수 있음.

---

[01] 대통령 직속의 헌법기관이 별도로 규정되어 있다는 이유만을 들어 법률에 의하더라도 헌법에 열거된 헌법기관 이외에는 대통령 직속의 행정기관을 설치할 수 없다든가 또는 모든 행정기관은 헌법상 예외적으로 열거된 경우 등 이외에는 반드시 국무총리의 통할을 받아야 한다고는 말할 수 없다. 22 국가7급 (O / X)

[02] 전통적으로 권력분립원칙은 입법권·행정권·사법권의 분할과 이들 간의 견제와 균형의 원리이므로, 고위공직자범죄수사처의 설치로 말미암아 고위공직자범죄수사처와 기존의 다른 수사기관과의 관계가 문제된다 하더라도 동일하게 행정부 소속인 고위공직자범죄수사처와 다른 수사기관 사이의 권한 배분의 문제는 헌법상 권력분립원칙의 문제라고 볼 수 없다. 22 입시 (O / X)

정답 01 O 02 O

186 일본군 위안부 문제 합의 발표 사건 (헌재 2019.12.27. 2016헌마253 【각하】)

'대한민국 외교부장관과 일본국 외무대신이 2015.12.28. 공동발표한 일본군 위안부 피해자 문제 관련 합의'는 절차와 형식 및 실질에 있어서 구체적 권리·의무의 창설이 인정되지 않고, 이를 통해 일본군 위안부 피해자들의 권리가 처분되었다거나 대한민국 정부의 외교적 보호권한이 소멸하였다고 볼 수 없으므로 헌법소원심판청구의 대상이 되지 않는다고 보고, 이 사건 심판청구 이후 사망한 청구인들을 제외한 청구인들의 심판청구를 각하한다.

[1] 조약과 비구속적 합의의 구분

조약과 비구속적 합의를 구분함에 있어서는 합의의 명칭, 합의가 서면으로 이루어졌는지 여부, 국내법상 요구되는 절차를 거쳤는지 여부와 같은 형식적 측면 외에도 합의의 과정과 내용·표현에 비추어 법적 구속력을 부여하려는 당사자의 의도가 인정되는지 여부, 법적 효과를 부여할 수 있는 구체적인 권리·의무를 창설하는지 여부 등 실체적 측면을 종합적으로 고려하여야 한다. 비구속적 합의의 경우, 그로 인하여 국민의 법적 지위가 영향을 받지 않는다고 할 것이므로, 이를 대상으로 한 헌법소원심판청구는 허용되지 않는다.

[2] 이 사건 합의가 헌법소원심판의 대상이 되는지 여부

일반적인 조약이 서면의 형식으로 체결되는 것과 달리 이 사건 합의는 구두형식의 합의이고, 표제로 대한민국은 '기자회견', 일본은 '기자발표'라는 용어를 사용하여 일반적 조약의 표제와는 다른 명칭을 붙였으며, 구두발표의 표현과 홈페이지에 게재된 발표문의 표현조차 일치하지 않는 부분이 존재하였다. 또한 이 사건 합의는 국무회의 심의나 국회의 동의 등 헌법상의 조약체결절차를 거치지 않았다. … 이를 종합하면, 이 사건 합의의 절차와 형식에 있어서나 실질에 있어서 구체적 권리·의무의 창설이 인정되지 않고, 이 사건 합의를 통해 일본군 위안부 피해자들의 권리가 처분되었다거나 대한민국 정부의 외교적 보호권한이 소멸하였다고 볼 수 없는 이상 이 사건 합의가 일본군 위안부 피해자들의 법적 지위에 영향을 미친다고 볼 수 없으므로 일본군 위안부 피해자들의 배상청구권 등 기본권을 침해할 가능성이 있다고 보기 어렵다. 따라서 이 사건 합의를 대상으로 한 헌법소원심판청구는 허용되지 않는다.[01]

---

[01] 대한민국 외교부장관과 일본국 외무대신이 2015.12.28. 공동발표한 일본군 위안부 피해자 문제 관련 합의는 일본군 위안부 피해자들의 배상청구권 등 기본권을 침해할 가능성이 있으므로 이 사건 합의를 대상으로한 헌법소원심판청구는 적법하다. 예상 (O/X)

정답 01 X

187 사할린 한인의 대일청구권 사건 (헌재 2019.12.27. 2012헌마939 【각하】)

청구인들의 대일청구권이 이른바 한일청구권협정 제2조 제1항에 의하여 소멸하였는지 여부에 관한 한일 양국 간 해석상 분쟁을 위 협정 제3조가 정한 절차에 의하여 해결하지 않고 있는 피청구인의 부작위에 대한 헌법소원심판청구는 피청구인이 부작위상태에 있다고 보기 어려워 부적법하다.

[1] 행정권력의 부작위에 대한 헌법소원은 공권력의 주체에게 헌법에서 유래하는 작위의무가 특별히 구체적으로 규정되어 이에 의거하여 기본권의 주체가 행정행위 내지 공권력의 행사를 청구할 수 있음에도 공권력의 주체가 그 의무를 해태하는 경우에만 허용된다. [01] '공권력의 주체에게 헌법에서 유래하는 작위의무가 특별히 구체적으로 규정되어'가 의미하는 바는, 첫째, 헌법상 명문으로 공권력주체의 작위의무가 규정되어 있는 경우, 둘째, 헌법의 해석상 공권력주체의 작위의무가 도출되는 경우, 셋째, 공권력주체의 작위의무가 법령에 구체적으로 규정되어 있는 경우 등을 포괄하고 있는 것으로 볼 수 있다. 특히 우리 정부가 직접 청구인들의 기본권을 침해하는 행위를 한 것은 아니지만, 일본에 대한 청구권의 실현 및 인간으로서의 존엄과 가치의 회복에 대한 장애상태가 초래된 것은 우리 정부가 청구권의 내용을 명확히 하지 않고 '모든 청구권'이라는 포괄적인 개념을 사용하여 이 사건 협정을 체결한 것에도 책임이 있다는 점에 주목한다면, 그 장애상태를 제거하는 행위로 나아가야 할 구체적 의무가 있음을 부인하기 어렵다.

[2] 피청구인이 청구인들이 원하는 수준의 적극적인 노력을 펼치지 않았다 해도, 이 사건 협정 제3조상 분쟁해결절차를 언제, 어떻게 이행할 것인가에 관해서는 국가마다 가치와 법률을 서로 달리하는 국제환경에서 국가와 국가 간의 관계를 다루는 외교행위의 특성과 이 사건 협정 제3조 제1항·제2항이 모두 외교행위를 필요로 한다는 점을 고려할 때, 피청구인에게 상당한 재량이 인정된다. 이러한 사실을 종합하면, 설사 그에 따른 가시적인 성과가 충분하지 않다고 하더라도 피청구인이 자신에게 부여된 작위의무를 이행하지 않고 있다고 볼 수는 없다. 이 사건 협정 제3조상 분쟁해결절차와 관련하여 피청구인이 작위의무를 이행하지 않았다고 할 수 없으므로, 작위의무 불이행을 전제로 그것이 위헌임을 주장하는 이 사건 심판청구는 부적법하다. [02]

[01] 행정권력의 부작위에 대한 헌법소원은 공권력의 주체에게 헌법에서 유래하는 작위의무가 특별히 구체적으로 규정되어 이에 의거하여 기본권의 주체가 행정행위 내지 공권력의 행사를 청구할 수 있음에도 공권력의 주체가 그 의무를 해태하는 경우에 허용된다. 22 법원직 (O / X)

[02] 피청구인의 작위의무 이행은 이행행위 그 자체만을 가리키는 것이지 이를 통해 청구인들이 원하는 결과까지 보장해 주는 이행을 의미하지는 않으므로, 피청구인에게 헌법에서 유래하는 작위의무가 있더라도 피청구인이 이를 이행하고 있는 상태라면 부작위에 대한 헌법소원심판청구는 부적법하다. 22 법원직 (O / X)

정답 01 O 02 O

188 무거래 세금계산서 수수행위 등 가중처벌 사건 (헌재 2018.3.29. 2016헌바202 등 【합헌, 각하】)

형법 부칙조항은 헌법재판소법 제47조 제3항에서 규정한 '형벌에 관한 법률조항'에 해당한다. [01]

형벌조항 위헌결정에 대한 소급효

[1] 헌법재판소는 2017.10.26. 2015헌바239 등 사건에서 형법 부칙조항이 형벌불소급원칙에 위반된다는 이유로 위헌결정을 하였다. 형법 부칙조항은 헌법재판소법 제47조 제3항에서 규정한 '형벌에 관한 법률조항'에 해당하므로, [01] 2016헌바202 사건의 청구인은 헌법재판소법 제75조 제6항, 제47조 제4항에 따라 형법 부칙조항을 적용하여 벌금형에 대한 노역장유치를 선고한 확정판결에 대하여 재심을 청구할 수 있다. 따라서 2016헌바202 사건의 청구인의 형법 부칙조항에 대한 심판청구는 심판의 이익이 없어 부적법하다.

[2] 이 사건 처벌조항 중 '영리의 목적'이란 '널리 경제적인 이익을 취득할 목적'을 의미한다고 해석할 수 있으므로, 이 사건 처벌조항은 죄형법정주의 명확성원칙에 위배되지 않는다.

[01] 「형법」 부칙조항은 「헌법재판소법」 제47조 제3항에서 규정한 '형벌에 관한 법률조항'에 해당하지 않는다. 예상 (O / X)

정답 01 X

189. 방송통신심의위원회가 방송사업자에 대하여 한 의견제시 및 그 근거가 된 법률조항에 대한 위헌확인 사건 (헌재 2018.4.26. 2016헌마46 【각하】)

방송통신심의위원회가 방송법 제100조 제1항 단서에 따라 한 의견제시는 헌법소원의 대상이 되는 공권력의 행사에 해당하지 않고, 위 조항은 기본권 침해의 직접성이 인정되지 않는다.

이 사건 의견제시의 근거법률인 이 사건 법률조항은 방송사업자의 방송 내용이 방송법 제33조의 심의규정에 위반되나 그 위반 정도가 경미하여 구 방송법 제100조 제1항 각 호에 정한 제재조치를 명할 정도에 이르지 아니한 경우에는 방송통신위원회가 아닌 피청구인이 해당 방송사업자에 대하여 의견제시를 할 수 있다고 규정하고 있을 뿐, 의견제시를 받은 방송사업자에 대하여 취할 수 있는 후속조치나 그 이행을 확보하기 위한 강제수단에 관하여 전혀 규정하고 있지 않다. 결국 이 사건 의견제시는 청구인의 권리와 의무에 영향을 미치는 것이라고 보기는 어려우므로, 헌법소원의 대상이 되는 '공권력 행사'에 해당한다고 볼 수 없어 이 부분 심판청구는 부적법하다. 01

01 방송통신심의위원회가 방송법 제100조 제1항 단서에 따라 한 의견제시는 헌법소원의 대상이 되는 공권력의 행사이다. 예상 (O / X)

정답 01 X

190. 사법시험령 제4조 제3항(사법시험 1차 응시를 4회로 제한하는 규정)에 대한 가처분 신청 (헌재 2002.12.8. 2000헌사471 【인용】)

[1] 헌법재판소법은 명문규정을 두고 있지는 않으나, 같은 법 제68조 제1항 헌법소원심판절차에서도 가처분의 필요성이 있을 수 있고 또 이를 허용하지 아니할 상당한 이유를 찾아볼 수 없으므로 가처분이 허용된다. 01 02

Point
- 가처분에 대한 명문규정 ➡ 권한쟁의심판 O, 정당해산심판 O 이 자체로 시험에 출제됨.
- 헌법소원에 대한 가처분은 사안에 따라 판단
- 탄핵심판에서는 가처분이 필요 없음. 탄핵소추가 되면 자동으로 권한 행사가 정지되기 때문

[2] 사법시험령 제4조 제3항이 효력을 유지하면, 신청인들은 곧 실시될 차회 사법시험에 응시할 수 없어 합격기회를 봉쇄당하는 돌이킬 수 없는 손해를 입게 되어 이를 ==정지시켜야 할 긴급한 필요가 인정되는 반면, 효력정지로 인한 불이익은 별다른 것이 없으므로 이 사건 가처분신청은 허용함이 상당하다.==

Point 가처분 정리 ─ 군행형법상 주2회 면회: 가처분 인용(본안 위헌)
└ 사법시험 폐지, 변호사시험 5년 이내 5회 제한: 가처분 기각(본안 기각)

01 「헌법재판소법」은 정당해산심판과 권한쟁의심판에 관해서만 가처분에 관한 규정을 두고 있으므로, 甲은 「사법시험령」 제4조에 대하여 헌법소원심판청구를 할 수 있을 뿐, 이를 본안으로 하여 「사법시험령」 제4조의 효력정지를 구하는 가처분을 헌법재판소에 신청할 수 없다. 15 변호사 (O / X)

02 「헌법재판소법」에서는 정당해산심판과 권한쟁의심판 사건에만 가처분제도를 두고 있으므로 헌법소원심판 사건에 있어서는 가처분이 허용되지 않는다. 10 법무사 (O / X)

정답 01 X 02 X

191 소제기신청시 소제기 시점을 지급명령신청 시점으로 소급하는 규정에 관한 위헌소원 (헌재 2017.9.28. 2017헌바22 [각하])

채권자가 지급명령을 신청하였으나 법원으로부터 채무자의 주소를 보정하라는 명령을 받아 소제기신청을 한 경우, 지급명령을 신청한 때 소가 제기된 것으로 본다고 규정한 민사소송법 제472조 제1항 중 '채권자가 제466조 제1항의 규정에 따라 소제기신청을 한 경우'에 관한 부분은 재판의 전제성이 인정되지 않는다.

Point 지급명령신청을 한 때 ➡ 소멸시효 중단

지급명령의 신청은 재판상 청구에 포함되어 소멸시효 중단의 효력이 있고, 지급명령신청이 각하되더라도 6개월 이내 다시 소를 제기한 경우 시효는 당초 지급명령의 신청이 있었던 때 중단된 것으로 본다는 것이 확립된 판례의 태도이므로, 지급명령신청이 본안소송으로 이행되었는지 여부와 무관하게 채권자가 지급명령을 신청한 때 소멸시효가 중단된다. 한편, 청구인들이 소제기신청에 따른 소송 이행 효과 자체를 다투는 것으로 본다면 심판대상조항이 위헌으로 선언될 경우 당해 사건 채권자의 지급명령신청은 채무자의 주소불명을 이유로 각하될 것이나, 이 경우에도 채권자가 6개월 이내 소를 제기한 이상 지급명령을 신청한 때 시효가 중단된다 할 것이므로, 심판대상조항의 위헌 여부에 따라 당해 사건의 주문이 달라지거나 재판의 내용과 효력에 관한 법률적 의미가 달라진다 할 수 없어 재판의 전제성이 인정되지 아니한다.

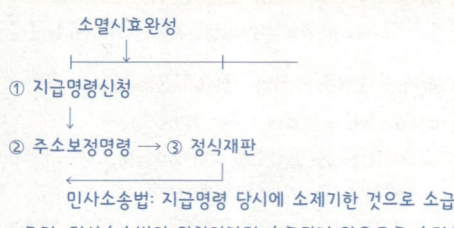

- 주장: 민사소송법이 위헌이라면 소급되지 않으므로 소멸시효가 완성되어 승소 가능
- 헌법재판소: 지급명령신청시 시효가 중단되므로 민사소송법이 위헌이더라도 승소 불가. 따라서 다른 내용으로 하는 재판이 아니기 때문에 재판의 전제성이 인정되지 않음.

192 헌법재판소법 제68조 제2항 후문의 해석 (헌재 2013.6.27. 2011헌바247 [각하])

[1] 헌법재판소법 제68조 제2항 후문의 당해 사건의 소송절차에 파기환송되기 전후의 소송절차가 포함된다.

헌법재판소법 제68조 제2항 후문은 당사자가 당해 사건의 소송절차에서 동일한 사유를 이유로 다시 위헌법률심판을 제청신청할 수 없다고 규정하고 있다. 여기서 당해 사건의 소송절차란 당해 사건의 상소심 소송절차는 물론 대법원에 의해 파기환송되기 전후의 소송절차를 모두 포함한다. 01 02

[Point] 위헌법률심판제청신청은 전 심급을 통하여 한 번만 할 수 있음.

[Point] '당해 사건의 소송절차' 의미: 동일 심급 + 상소심의 소송절차까지 포함하는 개념

[2] 당해 사건 재판에서 승소판결을 받았으나 그 판결이 확정되지 아니한 경우 재판의 전제성이 인정된다.

당해 사건 재판에서 청구인이 승소판결을 받아 그 판결이 확정된 경우 청구인은 재심을 청구할 법률상 이익이 없고, 심판대상조항에 대하여 위헌결정이 선고되더라도 당해 사건 재판의 결론이나 주문에 영향을 미칠 수 없으므로 그 심판청구는 재판의 전제성이 인정되지 아니하나, 파기환송 전 항소심에서 승소판결을 받았다고 하더라도 그 판결이 확정되지 아니한 이상 상소절차에서 그 주문이 달라질 수 있으므로 심판대상조항의 위헌 여부에 관한 재판의 전제성이 인정된다. 03

---

01 「헌법재판소법」 제68조 제2항 후문은 당사자가 당해 사건의 소송절차에서 동일한 사유를 이유로 다시 위헌법률심판을 제청신청할 수 없다고 규정하고 있는데, 여기서 당해 사건의 소송절차란 당해 사건의 상소심소송절차는 물론 대법원에 의해 파기환송되기 전후의 소송절차를 모두 포함한다. 16 법무사 (O / X)

02 위헌법률심판의 제청신청이 기각된 때에 그 신청을 한 당사자는 당해 사건의 같은 심급뿐만 아니라 상소심의 소송절차에서도 동일한 사유로 다시 위헌법률심판의 제청신청을 할 수 없다. 14 변호사 (O / X)

03 당해 사건 재판에서 승소판결을 받았다고 하더라도 그 판결이 확정되지 아니한 이상 상소절차에서 그 주문이 달라질 수 있다면, 당해 사건에 적용되는 법률조항은 재판의 전제성이 인정된다. 18 변호사 (O / X)

[정답] 01 O 02 O 03 O

193 입법부작위 위헌확인 (헌재 2005.12.12. 2004헌마66 【각하】)

행정입법의 제정 없이 상위 법령의 규정만으로 집행이 이루어질 수 있는 경우에는 헌법적 작위의무는 인정되지 않는다.

[1] 삼권분립의 원칙, 법치행정의 원칙을 당연한 전제로 하고 있는 우리 헌법하에서 행정권의 행정입법 등 법집행의무는 헌법적 의무라고 보아야 할 것이다. 그런데 이는 행정입법의 제정이 법률의 집행에 필수불가결한 경우로서 행정입법을 제정하지 아니하는 것이 곧 행정권에 의한 입법권 침해의 결과를 초래하는 경우를 말하는 것이므로, 만일 하위 행정입법의 제정 없이 상위 법령의 규정만으로도 집행이 이루어질 수 있는 경우라면 하위 행정입법을 하여야 할 헌법적 작위의무는 인정되지 아니한다. 01 02 03

[2] 사법시험법과 같은 법 시행령이 '성적의 세부 산출방법 그 밖에 합격결정에 필요한 사항'에 대하여 법무부령에 의한 규율을 예정하고 있지만, 사법시험법과 같은 법 시행령이 사법시험의 성적을 산출하여 합격자를 결정하는 데 지장이 없을 정도로 충분한 규정을 두고 있기 때문에, '성적의 세부 산출방법 그 밖에 합격결정에 필요한 사항'에 관한 법무부령의 제정이 사법시험법의 집행에 필수불가결한 것이라고 보기 어렵다. 따라서 법무부장관이 사법시험의 '성적의 세부 산출방법'에 관한 법무부령을 제정하여야 할 헌법적 작위의무가 있다고 보기 어렵다.

01 삼권분립의 원칙, 법치행정의 원칙을 당연한 전제로 하고 있는 우리 헌법하에서 행정권의 행정입법 등 법집행의무는 헌법적 의무라고 보아야 할 것이므로, 하위 행정입법의 제정 없이 상위 법령의 규정만으로 집행이 이루어질 수 있는 경우라도 하위 행정입법을 하여야 할 헌법적 작위의무는 인정된다. 17 변호사 (O / X)

02 하위 행정입법의 제정 없이 상위 법령의 규정만으로도 집행이 이루어질 수 있는 경우라 하더라도 그러한 점을 이유로 하위 행정입법을 하여야 할 헌법적 작위의무가 부정되지 않는다. 22 법원직 (O / X)

03 상위 법령에서 하위 행정입법의 제정을 예정하고 있더라도 하위 행정입법의 제정 없이 상위 법령의 규정만으로도 집행이 이루어질 수 있는 경우에는 하위 행정입법을 하여야 할 헌법적 작위의무는 인정되지 아니한다. 22 변호사 (O / X)

정답 01 X 02 X 03 O

194 제2차 세계대전 직후 남한 내 일본화폐 등의 강제예입에 관한 미군정법령 제57호 위헌소원 사건 (헌재 2017.5.25. 2016헌바388 【각하】)

미군정청이 1946.2.23. 재조선 미국육군사령부 군정청 법령 제57호를 제정하여, 자연인이나 법인이 소유 또는 점유하고 있는 일본은행권과 대만은행권을 금융기관에 예치할 것을 명하고 예입 후 인출 및 거래를 금지한다는 내용의 조항에 대한 헌법소원은 부적법하다.

미합중국 소속 미군정청이 이 사건 법령을 제정한 행위는 제2차 세계대전 직후 일본은행권을 기초로 한 구 화폐질서를 폐지하고 북위 38도선 이남의 한반도 일대에서 새로운 화폐질서를 형성한다는 목적으로 행한 고도의 공권적 행위로서 국제관습법상 재판권이 면제되는 주권적 행위에 해당한다. 따라서 이 사건 법령이 위헌임을 근거로 한 미합중국에 대한 손해배상 또는 부당이득반환청구는 그 자체로 부적법하여 이 사건 법령의 위헌 여부를 따져 볼 필요 없이 각하를 면할 수 없다. 결국, 청구인의 이 사건 심판청구는 재판의 전제성이 없어 부적법하다.

[Point] 외국 정부의 주권적 행위는 헌법소원의 대상이 아님.
[Point] 외국 정부의 사법적 행위에 대해서는 우리나라에서 소송 가능 01

01 외국 정부의 행위라도 사법적 행위는 국내법원의 심판대상이 된다. 예상 (O / X)

정답 01 O

195 어린이통학버스 동승보호자 사건 (헌재 2020.4.23. 2017헌마479 [기각, 각하])

[1] 도로교통법 제53조 제3항 전단 중 '학원의 설립·운영 및 과외교습에 관한 법률'에 따라 설립된 학원 및 '체육시설의 설치·이용에 관한 법률'에 따라 설립된 체육시설에서 어린이통학버스를 운영하는 자에 관한 부분(이하 '이 사건 보호자동승조항'이라 함)은 청구인들의 직업수행의 자유를 침해하지 않는다. 01

[2] **유예기간을 두고 있는 법령의 경우, 헌법소원심판의 청구기간 기산점을 그 법령의 시행일이 아니라 유예기간 경과일이라고 본 사례** ❌❌❌
유예기간을 경과하기 전까지 청구인들은 이 사건 보호자동승조항에 의한 보호자동승의무를 부담하지 않는다. 이 사건 보호자동승조항이 구체적이고 현실적으로 청구인들에게 적용된 것은 유예기간을 경과한 때부터라 할 것이므로, 이때부터 청구기간을 기산함이 상당하다. 02 종래 이와 견해를 달리하여, 법령의 시행일 이후 일정한 유예기간을 둔 경우 이에 대한 헌법소원심판 청구기간의 기산점을 법령의 시행일이라고 판시한 우리 재판소 결정들은 이 결정의 취지와 저촉되는 범위 안에서 변경한다.

01 「학원의 설립·운영 및 과외교습에 관한 법률」에 따라 설립된 학원 및 「체육시설의 설치·이용에 관한 법률」에 따라 설립된 체육시설에서 어린이통학버스를 운영함에 있어서 어린이 등과 함께 보호자를 의무적으로 동승하여 운행하도록 하는 「도로교통법」 조항은 학원 및 체육시설 운영자의 직업수행의 자유를 침해한다. 22 5급행시
(O / X)

02 유예기간을 두고 있는 법령의 경우, 헌법소원심판의 청구기간의 기산점은 그 법령의 시행일이다. 22 국회8급
(O / X)

정답 01 X 02 X

196 국회의장의 무제한토론 거부행위와 공직선거법 본회의 수정안의 가결선포행위에 관한 권한쟁의 사건 (헌재 2020.5.27. 2019헌라6 등 [각하])

정당은 현대의 대의제 민주주의에 없어서는 안 될 중요한 공적 기능을 수행하고 있으나, 정당은 국민의 자발적 조직으로 그 법적 성격은 일반적으로 사적·정치적 결사 내지는 법인격 없는 사단인바, 공권력의 행사주체로서 국가기관의 지위를 갖는 것은 아니다. 따라서 정당은 특별한 사정이 없는 한 권한쟁의심판절차의 당사자가 될 수는 없다. 01
국회법 제33조 제1항 본문은 정당이 교섭단체가 될 수 있다고 규정하고 있다. 그러나 헌법은 권한쟁의심판청구의 당사자로 국회의원들의 모임인 교섭단체에 대해서 규정하고 있지 않다. 또한 교섭단체의 권한 침해는 교섭단체에 속한 국회의원 개개인의 심의·표결권 등 권한 침해로 이어질 가능성이 높은바, 교섭단체와 국회의장 등 사이에 쟁의가 발생하더라도 국회의원과 국회의장 등 사이의 권한쟁의심판으로 해결할 수 있어, 위와 같은 쟁의를 해결할 적당한 기관이나 방법이 없다고 할 수 없다. 이러한 점을 종합하면, 교섭단체는 그 권한 침해를 이유로 권한쟁의심판을 청구할 수 없다. 02 그렇다면 정당은 헌법 제111조 제1항 제4호 및 헌법재판소법 제62조 제1항 제1호의 '국가기관'에 해당한다고 볼 수 없으므로, 권한쟁의심판의 당사자능력이 인정되지 아니한다. 결국 청구인 자유한국당의 승계인 미래통합당의 심판청구는 청구인능력이 없는 자가 제기한 것으로서 모두 부적법하다.

[Point]
- 정당 ─ 법인격 없는 사단으로서 헌법소원 가능
       └ 권한쟁의 당사자능력 X
- 교섭단체: 권한쟁의 당사자능력 X

01 정당은 국민의 자발적 조직으로, 그 법적 성격은 일반적으로 사적·정치적 결사 내지는 법인격 없는 사단으로서 공권력의 행사주체로서 국가기관의 지위를 갖는다고 볼 수 없으므로, 정당이 국회 내에서 교섭단체를 구성하고 있다고 하더라도 권한쟁의심판의 당사자능력이 인정되지 않는다. 21 국가7급
(O / X)

02 정당은 권한쟁의심판절차의 당사자가 될 수 없으나, 정당이 교섭단체가 될 경우 교섭단체는 권한쟁의심판의 당사자능력이 인정된다. 21 변호사
(O / X)

정답 01 O 02 X

197 국회 행정안전위원회 제천화재관련평가소위원회 위원장과 국회 행정안전위원회 위원장 간의 권한쟁의 (헌재 2020.5.27. 2019헌라4 【각하】)

청구인 국회 행정안전위원회 제천화재관련평가소위원회 위원장이 국회 행정안전위원회 위원장을 상대로 제기한 권한쟁의심판청구에 대하여 국회 소위원회 위원장에게 권한쟁의심판의 청구인능력이 인정되지 않는다는 이유로 부적법 각하한다.

[1] 헌법 제62조는 '국회의 위원회'를 명시하고 있으나 '국회의 소위원회'는 명시하지 않고 있는 점, 국회법 제57조는 위원회로 하여금 소위원회를 둘 수 있도록 하고, 소위원회의 활동을 위원회가 의결로 정하는 범위로 한정하고 있으므로, 소위원회는 위원회의 의결에 따라 그 설치·폐지 및 권한이 결정될 뿐인 위원회의 부분기관에 불과한 점 등을 종합하면, 소위원회 및 그 위원장은 헌법에 의하여 설치된 국가기관에 해당한다고 볼 수 없다.

[2] 소위원회 위원장이 그 소위원회를 설치한 위원회의 위원장과의 관계에서 어떠한 법률상 권한을 가진다고 보기도 어렵다. 또한 위원회와 그 부분기관인 소위원회 사이의 쟁의 또는 위원회 위원장과 소속 소위원회 위원장과의 쟁의가 발생하더라도 이는 위원회에서 해결될 수 있으므로, 이러한 쟁의를 해결할 적당한 기관이나 방법이 없다고 할 수 없다. 따라서 소위원회 위원장은 헌법 제111조 제1항 제4호 및 헌법재판소법 제62조 제1항 제1호의 '국가기관'에 해당한다고 볼 수 없고, 그렇다면 이 사건 소위원회 위원장으로서 청구인이 제기한 이 사건 심판청구는 청구인능력이 없는 자가 제기한 것으로서 부적법하다. 01

Point · 소위원회 위원장: 권한쟁의 당사자능력 ×
· 상임위원회 위원장: 권한쟁의 당사자능력 ○ 02

01 국회 소위원회 위원장은 권한쟁의심판의 당사자능력이 인정된다. 21 변호사 (O / X)

02 국회 상임위원회 위원장은 권한쟁의심판의 당사자능력이 인정된다. 21 변호사 (O / X)

정답 01 X 02 O

198 서울특별시와 정부 간의 권한쟁의 (헌재 2005.12.22. 2004헌라3 【기각, 각하】)

[1] 서울특별시와 정부의 권한쟁의 【각하】

정부가 법률안을 제출하는 행위는 입법을 위한 하나의 사전준비행위에 불과하고, 권한쟁의심판의 독자적 대상이 되기 위한 법적 중요성을 지닌 행위로 볼 수 없다. 01

Point 헌법재판소법 제61조 제2항의 '처분' ➡ 법적 중요성을 지닌 것에 한함.
Point 정부가 법률안을 제출하는 행위 ➡ 법적 중요성을 지닌 행위 ×

[2] 서울특별시와 국회의 권한쟁의 【기각】

이 사건 권한쟁의의 본질은 국가와 지방자치단체의 관계에서 교육·학예에 관한 재정 부담을 어떻게 분배하느냐 하는 데에 있고, 청구인의 심판청구취지도 피청구인들의 행위로 지방자치단체인 서울특별시 자신의 예산편성권이 침해되었다는 데에 있으므로 이 사건 권한쟁의는 헌법재판소법 제62조 제2항에 규정된 '권한쟁의가 지방교육자치에 관한 법률 제2조의 규정에 의한 교육·학예에 관한 지방자치단체의 사무에 관한 것인 때'에 해당한다고 할 수 없다.

[3] 의무교육 경비의 중앙정부 부담

헌법 제31조 제2항·제3항으로부터 직접 의무교육 경비를 중앙정부로서의 국가가 부담하여야 한다는 결론은 도출되지 않으며, 그렇다고 하여 의무교육의 성질상 중앙정부로서의 국가가 모든 비용을 부담하여야 하는 것도 아니므로, 지방교육자치에 관한 법률 제39조 제1항이 의무교육 경비에 대한 지방자치단체의 부담가능성을 예정하고 있다는 점만으로는 헌법에 위반되지 않는다. 02

Point 의무교육 경비의 중앙정부 부담원칙 ➡ 헌법상 도출 ×

01 정부의 법률안 제출행위는 권한쟁의심판의 대상이 될 수 있는 처분에 해당하지 않는다. 07 국회8급 (O / X)

02 「지방교육자치에 관한 법률」 등을 개정하여 의무교육 관련 경비를 국가뿐만 아니라 지방자치단체에도 부담케 하는 것은 지방자치단체의 자치재정권을 침해한다. 12 국회8급 (O / X)

정답 01 O 02 X

199 경상남도 교육감과 경상남도 간의 권한쟁의 사건 (헌재 2016.6.30. 2014헌라1 [각하])

경상남도 교육감이 경상남도를 상대로 학교급식에 관한 감사권한을 침해당하였다며 제기한 권한쟁의심판 사건에서, 교육감은 해당 지방자치단체의 교육·학예에 관한 집행기관일 뿐 독립한 권리주체로 볼 수 없으므로, 교육감이 해당 지방자치단체를 상대로 제기한 심판청구는 헌법재판소가 관장하는 지방자치단체 상호 간의 권한쟁의 심판청구로 볼 수 없어 부적법하다.

[1] 지방자치단체 상호 간의 권한쟁의심판청구로 볼 수 없다.

지방자치단체 '상호 간'의 권한쟁의심판에서 말하는 '상호 간'이란 '서로 상이한 권리주체 간'을 의미한다. 그런데 지방교육자치에 관한 법률은 교육감을 명시적으로 시·도의 교육·학예에 관한 사무의 '집행기관'으로 규정하여, 교육감을 지방자치단체 그 자체라거나 지방자치단체와 독립한 권리주체로 볼 수 없다. 따라서 이 사건 심판청구는 '서로 상이한 권리주체 간'의 권한쟁의심판청구로 볼 수 없다. 01 02

Point 교육감과 해당 지방자치단체의 내부적 분쟁 ➡ 권한쟁의심판청구 X

> **비교판례**
> 지방자치단체 기관 상호 간의 권한쟁의심판은 헌법재판소법에 의하여 헌법재판소가 관장하는 지방자치단체 상호 간의 권한쟁의심판에 해당하지 않고, 그 밖의 국가기관 상호 간의 권한쟁의심판이나 국가기관과 지방자치단체 간의 권한쟁의심판에 해당하지도 않으므로, 청구인의 권한쟁의심판청구는 부적법하다. (헌재 2018.7.26. 2018헌라1 [각하])

[2] 지방자치단체의 종류를 예시적으로 볼 수 없다.

헌법재판소는 96헌라2 결정에서 헌법재판소법 제62조 제1항 제1호의 국가기관 상호 간의 권한쟁의심판조항을 예시적 조항이라고 판단한 바 있다. 그러나 국가기관과는 달리 지방자치단체의 경우에는 헌법 제117조 제2항에서 그 종류를 법률로 정하도록 규정하고 있으며, 지방자치법은 헌법의 위임에 따라 지방자치단체의 종류를 특별시, 광역시, 특별자치시, 도, 특별자치도와 시, 군, 구로 정하고 있고, 헌법재판소법은 지방자치법이 규정하고 있는 지방자치단체의 종류를 감안하여 권한쟁의심판의 종류를 정하고 있다. 따라서 '국가기관'의 경우에는 헌법 자체에 의하여 그 종류나 범위를 확정할 수 없고 달리 헌법이 법률로 정하도록 위임하지도 않았기 때문에 예시적으로 해석할 필요가 있었던 것과는 달리, '지방자치단체'의 경우에는 지방자치단체 상호 간의 권한쟁의심판을 규정하고 있는 헌법재판소법 제62조 제1항 제3호를 예시적으로 해석할 필요성 및 법적 근거가 없다. 03 04

Point 헌법재판소법 제62조 제1항 제3호의 '예시적 해석'
- 국가기관: 법적 근거 있음.
- 지방자치단체: 법적 근거 없음.

> **관련조문**
> **헌법재판소법 제62조(권한쟁의심판의 종류)**
> ② 권한쟁의가 지방교육자치에 관한 법률 제2조에 따른 교육·학예에 관한 지방자치단체 사무에 관한 것인 경우에는 교육감이 제1항 제2호 및 제3호의 당사자가 된다.

---

01 교육감은 시·도의 교육·학예에 관한 사무의 집행기관이므로 교육감과 해당 지방자치단체 상호 간의 분쟁과 관련된 심판청구는 헌법재판소가 관장하는 권한쟁의심판의 행위에 속한다고 볼 수 없다. 18 서울7급 (O / X)

02 시·도의 교육·학예에 관한 집행기관인 교육감과 해당 지방자치단체 사이의 내부적 분쟁과 관련된 심판청구는 헌법재판소가 관장하는 권한쟁의심판에 속하지 아니한다. 17 변호사 (O / X)

03 지방자치단체 상호 간의 권한쟁의심판을 규정하는 「헌법재판소법」 제62조 제1항 제3호를 예시적으로 해석할 필요성은 없다. 18 국회8급 (O / X)

04 지방자치단체 상호 간의 권한쟁의심판을 규정하고 있는 「헌법재판소법」 제62조 제1항 제3호의 경우에는 이를 예시적으로 해석하여야 한다. 22 서울·지방7급 (O / X)

정답 01 O 02 O 03 O 04 X

200 해상경계확정 사건 (헌재 2015.7.30. 2010헌라2 【권한확인, 무효확인】)

[1] 청구인이 자신의 관할 구역이라고 주장하는 천수만 내 해역에 대하여 행한 태안군수의 어업면허처분은 청구인의 자치권한을 침해할 가능성이 있다.

[2] 공유수면에 대한 지방자치단체의 관할 구역과 자치권은 인정된다.

　　지방자치법 제4조(현 제5조) 제1항에 규정된 지방자치단체의 구역은 주민·자치권과 함께 자치단체의 구성요소이고, 자치권이 미치는 관할 구역의 범위에는 육지는 물론 바다도 포함되므로, 공유수면에 대해서도 지방자치단체의 자치권한이 미친다. 01 02 03

　　[Point] 지방자치단체의 관할 구역 범위: 육지+바다(공유수면)

[3] 공유수면에 대한 지방자치단체의 관할 구역 경계 및 그 기준

　　지금까지 우리 법체계에서는 공유수면의 행정구역 경계에 관한 명시적인 법령상의 규정이 존재한 바 없으므로, 공유수면에 대한 행정구역 경계가 불문법상으로 존재한다면 그에 따라야 한다. 그리고 만약 해상경계에 관한 불문법도 존재하지 않으면, 주민, 구역과 자치권을 구성요소로 하는 지방자치단체의 본질에 비추어 지방자치단체의 관할 구역에 경계가 없는 부분이 있다는 것을 상정할 수 없으므로, 헌법재판소가 지리상의 자연적 조건, 관련 법령의 현황, 연혁적인 상황, 행정권한 행사 내용, 사무처리의 실상, 주민의 사회·경제적 편익 등을 종합하여 형평의 원칙에 따라 합리적이고 공평하게 해상경계선을 획정할 수밖에 없다. 04

　　[Point] 공유수면의 행정구역 경계 ─ 법률상 규정
　　　　　　　　　　　　　　　　　　─ 불문법 존재
　　　　　　　　　　　　　　　　　　─ 헌법재판소의 해상경계선 획정

[4] 국가기본도상의 해상경계선을 공유수면에 대한 불문법상 해상경계선으로 보아온 선례를 변경한 사례

　　국가기본도상의 해상경계선은 국토지리정보원이 국가기본도 도서 등의 소속을 명시할 필요가 있는 경우 해당 행정구역과 관련하여 표시한 선으로서, 여러 도서 사이의 적당한 위치에 각 소속이 인지될 수 있도록 실지측량 없이 표시한 것에 불과하므로, 이 해상경계선을 공유수면에 대한 불문법상 행정구역에 경계로 인정해 온 종전의 결정은 이 결정의 견해와 저촉되는 범위 내에서 이를 변경하기로 한다. 05

　　→ 지방자치단체 간의 권한쟁의는 헌법재판소가 직접 무효·취소결정 가능

[5] 청구인의 관할 권한을 확정하면서 이를 침해한 태안군수의 어업면허처분이 무효임을 확인한 사례

　　태안군수가 행한 어업면허처분 중 청구인의 관할 권한에 속하는 구역에 대해 이루어진 부분은 지방자치권을 침해하여 권한이 없는 자에 의한 행위로서 그 효력이 없다. 06

---

01 「지방자치법」 제4조(현 제5조) 제1항에 규정된 지방자치단체의 구역은 주민, 자치권과 함께 자치단체의 구성요소이고, 자치권이 미치는 관할 구역의 범위에는 육지는 물론 바다도 포함되므로, 공유수면에 대해서도 지방자치단체의 자치권한이 미친다. 17 변호사　　(O / X)

02 지방자치단체의 자치권은 공유수면에 미치지 않으므로 지방자치단체의 권한쟁의심판청구는 부적법하다는 것이 판례의 태도이다. 16 국가7급　　(O / X)

03 실정법이 바다에 대한 지방자치단체의 구역을 규정하고 있지 않으므로 바다에 대한 권한은 국가가 보유하는바, 공유수면에 대한 지방자치단체의 관할 권한은 존재하지 않는다. 16 변호사　　(O / X)

04 지방자치단체의 관할 구역 경계를 결정함에 있어서 명시적 법령이 없는 경우에는 경계에 관한 불문법을 따라야 하며, 불문법도 존재하지 않으면 헌법재판소가 형평의 원칙에 입각하여 합리적이고 공평하게 관할 구역의 경계를 획정할 수밖에 없다. 16 서울7급　　(O / X)

05 국가기본도상의 해상경계선을 공유수면에 대한 불문법상 해상구역의 경계로 보는 것이 헌법재판소의 일관된 판례이다. 16 국가7급　　(O / X)

06 헌법재판소는 어업면허처분의 대상해역에 대한 관할 권한이 乙군에게 속함을 확인하는 결정을 할 수 있지만, 위 어업면허처분의 무효확인은 법원의 관할이므로 헌법재판소가 할 수 없다. 16 변호사　　(O / X)

정답 01 O　02 X　03 X　04 O　05 X　06 X

201 검사의 수사권을 제한하는 검찰청법 등 개정과 관련된 국회의원과 국회 법제사법위원회 위원장 및 국회의장 간의 권한쟁의 사건

(헌재 2023.3.23. 2022헌라2【인용(권한 침해)】)

피청구인 국회 법제사법위원회 위원장이 2022.4.27. 제395회 국회(임시회) 제4차 법제사법위원회 전체회의에서 검찰청법 일부개정법률안(대안)과 형사소송법 일부개정법률안(대안)을 법제사법위원회 법률안으로 각 가결선포한 행위는 국회의원인 청구인들의 법률안 심의·표결권을 침해한다.

[Point] 법률안 심의·표결권을 침해하지만, 무효는 아님.

[1] 피청구인 법제사법위원회 위원장은 위와 같이 회의의 주재자로서의 중립적인 지위에서 벗어나 그 위원회 활동의 일부인 조정위원회에 관하여 미리 가결의 조건을 만들어 두었고, 조정위원회에서 축조심사 및 질의·토론이 모두 생략되어 실질적인 조정심사 없이 의결된 조정안에 대하여, 법사위 전체회의에서도 심사보고나 실질적인 토론의 기회를 부여하지 않은 채 그 조정안의 내용 그대로 이 사건 개정법률안의 가결을 선포한 것이다. … 그뿐만 아니라 피청구인 법제사법위원회 위원장은 이를 통해 회의 주재자의 중립적인 지위에서 벗어나 법사위 법안심사에서의 실질적인 토론의 기회를 형해화하였다는 점에서 헌법 제49조도 위반하였다. 따라서 피청구인 법제사법위원회 위원장의 이 사건 가결선포행위는 청구인들의 법률안 심의·표결권을 침해한 것이다.

[2] 이 사건 본회의에서 의결되어 개정법률의 내용으로 확정된 법률안은, 법제사법위원회에서 대안으로 제안된 이 사건 개정법률안을 원안으로 하는 각 수정안이다. 이러한 본회의의 이 사건 수정안 의결은 그 원안이 헌법을 중대하게 위반하여 제안된 것으로서 그 부의 및 상정 자체가 헌법 위반에 해당하므로, 더 나아가 살펴볼 필요 없이 헌법에 위반된다. 그러나 본회의 의결절차에 국한해서 보더라도 피청구인 국회의장의 이 사건 가결선포행위는 회의 주재자의 중립적인 지위와 실질적 토론을 전제로 하는 다수결원칙을 규정한 헌법 제49조와 무제한토론 및 수정동의에 관한 국회법 규정을 위반하였다. 회기결정은 기본적으로 국회에서 자율적으로 결정할 수 있는 의사절차에 관한 것이나, 자율권이 보장된다고 하여 회기결정이 본래의 목적이나 취지에서 벗어나 헌법이나 국회법에서 보장된 국회의원의 심의·표결권을 침해하는 방법으로 이루어지는 것까지 헌법과 국회법에 의하여 허용된다고 볼 수는 없다. 무제한토론은 본회의에서 안건을 최종적으로 의결하기 전에 소수의견이 개진될 수 있는 마지막 기회로 국회법에서 최소 24시간을 보장하고 있다. 그런데 피청구인 국회의장은 무제한토론권한을 침해하기 위한 위법한 회기결정의 건이 다수당 소속 의원에 의하여 제안되었음에도 이를 상정하여 가결선포되도록 하였다. 이는 엄격한 무제한토론 종결 동의의 요건을 우회하여 무제한토론을 무력화하였다는 점에서 무제한토론권한을 보장하는 국회법 제106조의2에 위배될 뿐만 아니라, 소수의견이 개진될 수 있는 국회법상 마지막 기회를 무력화하였다는 점에서 회의 주재자의 중립적인 지위와 실질적 토론의 기회를 보장하는 다수결원칙을 규정한 헌법 제49조에도 위배된다.

202 검사의 수사권 축소 등에 관한 권한쟁의 사건 (헌재 2023.3.23. 2022헌라4 【각하】)

국회가 2022.5.9. 법률 제18861호로 검찰청법을 개정한 행위 및 같은 날 법률 제18862호로 형사소송법을 개정한 행위(이하 '이 사건 법률개정행위'라 한다)에 대하여 법무부장관과 검사 6명이 권한 침해 및 그 행위의 무효확인을 청구한 권한쟁의심판청구를 각하한다.

[1] 당사자적격

'검사'는 영장신청권을 행사하고 범죄수사와 공소유지를 담당하는데, 이 사건 법률개정행위는 이와 같은 검사의 수사권 및 소추권 중 일부를 조정·제한하는 내용이다. 따라서 검사는 이 사건 법률개정행위에 대해 권한쟁의심판을 청구할 적절한 관련성이 인정된다. 한편, '법무부장관'은 소관 사무에 관하여 부령을 발할 수 있고 정부조직법상 법무에 관한 사무를 관장하지만, 이 사건 법률개정행위는 이와 같은 법무부장관의 권한을 제한하지 아니한다. 물론 법무부장관은 일반적으로 검사를 지휘·감독하고 구체적 사건에 대하여는 검찰총장만을 지휘·감독할 권한이 있으나, 이 사건 법률개정행위가 이와 같은 법무부장관의 지휘·감독권한을 제한하는 것은 아니다. 따라서 법무부장관은 이 사건 법률개정행위에 대해 권한쟁의심판을 청구할 적절한 관련성이 인정되지 아니한다. 결국 청구인 법무부장관의 심판청구는 청구인적격이 없어 부적법하다.

[2] 권한침해가능성

가. 이 사건 법률개정행위는 검사의 수사권 및 소추권을 조정·배분하는 내용을 담고 있으므로, 문제된 수사권 및 소추권이 검사의 '헌법상 권한'인지 아니면 '법률상 권한'인지 문제된다.

나. 헌법 제66조 제4항은 "행정권은 대통령을 수반으로 하는 정부에 속한다."라고 규정하는데, 여기에서의 '정부'란 입법부와 사법부에 대응하는 개념으로서의 행정부를 의미한다. 수사 및 소추는 원칙적으로 입법권·사법권에 포함되지 않는 국가기능으로 우리 헌법상 본질적으로 행정에 속하는 사무이므로, 특별한 사정이 없는 한 입법부·사법부가 아닌 '대통령을 수반으로 하는 행정부'에 부여된 '헌법상 권한'이다. 그러나 수사권 및 소추권이 행정부 중 어느 '특정 국가기관'에 전속적으로 부여된 것으로 해석할 헌법상 근거는 없다.

다. 역사적으로 형사절차가 규문주의에서 탄핵주의로 이행되어 온 과정을 고려할 때, 직접 수사권을 행사하는 수사기관이 자신의 수사대상에 대한 영장신청 여부를 스스로 결정하도록 하는 것은 객관성을 담보하기 어려운 구조라는 점도 부인하기 어렵다. 이에 영장신청의 신속성·효율성 증진의 측면이 아니라, 법률전문가이자 인권옹호기관인 검사로 하여금 제3자의 입장에서 수사기관의 강제수사 남용가능성을 통제하도록 하는 취지에서 영장신청권이 헌법에 도입된 것으로 해석되므로, 헌법상 검사의 영장신청권 조항에서 '헌법상 검사의 수사권'까지 논리필연적으로 도출된다고 보기 어렵다.

라. 이 사건 법률개정행위는 검사의 '헌법상 권한'(영장신청권)을 제한하지 아니하고, 국회의 입법행위로 그 내용과 범위가 형성된 검사의 '법률상 권한'(수사권·소추권)이 법률개정행위로 침해될 가능성이 있다고 볼 수 없으므로, 청구인 검사의 심판청구는 권한 침해가능성이 없어 부적법하다.

203 국회의원과 법원 간의 권한쟁의 사건 (헌재 2010.7.29. 2010헌라1 [각하])

[1] 국회의원이 교원들의 교원단체 가입현황을 자신의 인터넷 홈페이지에 게시하여 공개하려 하였으나, 법원이 그 공개로 인한 기본권 침해를 주장하는 교원들의 신청을 받아들여 그 공개의 금지를 명하는 가처분 및 그 가처분에 따른 의무 이행을 위한 간접강제결정을 한 것에 대해 국회의원이 법원을 상대로 제기한 권한쟁의심판청구는 부적법하다. 01 02

[Point] 국회의원이 법원을 상대로 제기한 권한쟁의심판청구 ➡ 부적법

[2] 권한쟁의심판에서 다툼의 대상이 되는 '권한'이란 헌법 또는 법률이 특정한 국가기관에 대하여 부여한 독자적인 권능을 의미하므로 국가기관의 모든 행위가 권한쟁의심판에서 의미하는 권한의 행사가 될 수는 없으며, 국가기관의 행위라 할지라도 헌법과 법률에 의해 그 국가기관에게 부여된 독자적인 권능을 행사하는 경우가 아닌 때에는 비록 그 행위가 제한을 받더라도 권한쟁의심판에서 말하는 권한이 침해될 가능성은 없는바, 특정 정보를 인터넷 홈페이지에 게시하거나 언론에 알리는 것과 같은 행위는 헌법과 법률이 특별히 국회의원에게 부여한 국회의원의 독자적인 권능이라고 할 수 없고 03 국회의원 이외의 다른 국가기관은 물론 일반 개인들도 누구든지 할 수 있는 행위로서, 그러한 행위가 제한된다고 해서 국회의원의 권한이 침해될 가능성은 없다.

[Point] 권한쟁의의 대상이 되는 '권한' ➡ 헌법 또는 법률에 의하여 부여된 국가기관의 객관적 권한 내지 관할

[Point] 국회의원이 전교조 명단을 공개한 것은 민감정보 침해로 민사상 불법행위임.

01 국회의원이 교원들의 교원단체 가입현황을 자신의 인터넷 홈페이지에 게시하여 공개하려 하였으나, 법원이 그 공개로 인한 기본권 침해를 주장하는 교원들의 신청을 받아들여 그 공개의 금지를 명하는 가처분 및 그 가처분에 따른 의무 이행을 위한 간접강제결정을 한 것에 대해 국회의원이 법원을 상대로 한 권한쟁의심판청구는 부적법하다. 11 법원직 (O / X)

02 국회의원이 교원들의 교원단체 가입현황을 자신의 인터넷 홈페이지에 게시하여 공개하려 하였으나, 법원이 그 공개로 인한 기본권 침해를 주장하는 교원들의 신청을 받아들여 그 공개의 금지를 명하는 가처분 및 그 가처분에 따른 의무 이행을 위한 간접강제결정을 한 것에 대해, 국회의원이 헌법 제40조, 제46조 제2항, 제61조에 의하여 부여받은 국회의원으로서의 권한을 침해받았다고 주장하며 법원을 상대로 제기한 권한쟁의심판의 청구는 적법하다. 11 지방7급 (O / X)

03 권한쟁의심판에서 말하는 권한이란 헌법 또는 법률이 특정한 국가기관에 대하여 부여한 독자적인 권능을 의미하므로 특정 정보를 인터넷 홈페이지에 게시하거나 언론에 알리는 것도 국회의원의 독자적인 권능이라 할 수 있다. 16 국회8급 (O / X)

정답 01 O 02 X 03 X

204 두 개의 지방자치단체에 걸쳐 있는 군 공항의 예비이전후보지 선정에 대한 권한쟁의 사건 (헌재 2017.12.28. 2017헌라2 [각하])

국방부장관이 수원 군 공항 예비이전후보지를 화성시 ☆☆지구 일대로 선정한 행위가 화성시의 자치권 및 군 공항 이전건의권을 침해하여 무효라는 권한쟁의심판청구에 대하여, 화성시의 자치권 및 군 공항 이전건의권을 침해하였거나 침해할 현저한 위험이 있다고 볼 수 없어 부적법하다.

[1] 국가사무인 군 공항 이전사업이 청구인의 의사를 고려하지 않고 진행된다고 하더라도 이로써 지방자치단체인 청구인의 자치권한을 침해하였다거나 침해할 현저한 위험이 있다고 보기 어렵다. 01

[2] 군 공항 이전 및 지원에 관한 특별법상 이전건의권의 침해가능성 인정 여부

탄약고부지도 공항의 부분이므로 공항의 이전시 함께 이전되는 것이 합리적이고, 청구인과 수원시가 함께 이전건의권을 행사하는 것이 바람직하다. 그러나 청구인은 이 사건 처분으로 인하여 이전건의권을 행사하지 못한 것이 아니라, 수원시와 공동으로 또는 단독으로 이전건의권을 행사할 수 있었음에도 스스로 행사하지 않았다.

01 군 공항 이전사업은 국가사무에 해당하므로 지방자치단체의 자치권한을 침해할 위험이 없다. 19 서울7급 (O / X)

정답 01 O

205 국회의원의 제3자 소송담당 (헌재 2008.1.17. 2005헌라10 [각하])

[1] 권한쟁의심판의 청구인은 청구인의 권한 침해만을 주장할 수 있도록 하고 있을 뿐, 국가기관의 부분기관이 자신의 이름으로 소속 기관의 권한을 주장할 수 있는 '제3자 소송담당'의 가능성을 명시적으로 규정하고 있지 않은 현행법체계에서 국회의 구성원인 청구인들은 국회의 '예산 외에 국가의 부담이 될 계약'의 체결에 있어 동의권의 침해를 주장하는 권한쟁의심판을 청구할 수 없다. 01 02

Point 국회의원이 국회의 조약에 대한 체결·비준 동의권의 침해를 주장하는 권한쟁의심판을 청구할 수 없음.

Point 피청구인 정리 ─ 국회의원의 심의·표결권을 다투는 경우: 국회의장
　　　　　　　　　─ 상임위원회의 의결을 다투는 경우: 상임위원장
　　　　　　　　　─ 국회의 법률 제정·개정을 다투는 경우: 국회

[2] 국회의 동의권이 침해되었다고 하여 동시에 국회의원의 심의·표결권이 침해된다고 할 수 없고, 또 국회의원의 심의·표결권은 국회의 대내적인 관계에서 행사되고 침해될 수 있을 뿐 다른 국가기관과의 대외적인 관계에서는 침해될 수 없는 것이므로 03 국회의원들 상호 간 또는 국회의원과 국회의장 사이와 같이 국회 내부적으로만 직접적인 법적 연관성을 발생시킬 수 있을 뿐이고, 대통령 등 국회 이외의 국가기관과 사이에서는 권한 침해의 직접적인 법적 효과를 발생시키지 아니한다. 04 그렇다면 정부가 국회의 동의 없이 예산 외에 국가의 부담이 될 계약을 체결하였다 하더라도 국회의 동의권이 침해될 수는 있어도 국회의원인 청구인들 자신의 심의·표결권이 침해될 가능성은 없다. 05 06

---

01 소수파 의원들은 헌법상 권한 배분 질서를 유지하고 권력분립의 원리를 보장하기 위하여 국회를 대신하여 국회의 조약체결·비준 동의권 침해를 다툴 수 있는 청구인적격이 있다. 17 지방7급　　(O / X)

02 예산 외에 국가의 부담이 될 계약체결에 대한 동의권은 국회에 속하나, 국회의원에게도 국회의 예산 외에 국가의 부담이 될 계약의 체결에 있어 동의권의 침해를 주장하는 권한쟁의심판의 청구인적격이 인정된다. 15 변호사　　(O / X)

03 국회의원의 심의·표결권한은 국회의장이나 다른 국회의원이 아닌 국회 외부의 국가기관에 의하여는 침해될 수 없는 것이다. 15 서울7급　　(O / X)

04 국회의원의 심의·표결권은 국회의원들 상호 간 또는 국회의원과 국회의장 사이와 같이 국회 내부적으로 직접적인 법적 연관성을 발생시킬 수 있을 뿐만 아니라 대통령 등 국회 이외의 국가기관 사이에서도 권한 침해의 직접적인 법적 효과를 발생시킨다. 16 국회8급　　(O / X)

05 정부가 국회의 동의 없이 예산 외에 국가의 부담이 될 계약을 체결한 경우에는 국회의 동의권이 침해될 뿐만 아니라, 국회의원 자신의 심의·표결권이 침해된다. 17 입시　　(O / X)

06 국회의원의 심의·표결권은 국회의 대내적인 관계에서 행사되고 침해될 수 있을 뿐 다른 국가기관과의 대외적인 관계에서는 침해될 수 없는 것이므로, 대통령이 국회의 동의 없이 조약을 체결·비준하였다 하더라도 국회의원의 심의·표결권이 침해될 가능성은 없다. 14 법원직, 12 변호사　　(O / X)

정답 01 X 02 X 03 O 04 X 05 X 06 O

208 권한 침해 확인결정의 기속력 (헌재 2010.11.25. 2009헌라12 [기각])

→ • 위헌결정·헌법소원: 인용만 기속력이 있고, 합헌이나 기각은 기속력 ×
• 권한쟁의: 인용, 기각 모두 기속력 ○

[1] 권한쟁의심판절차 계속 중 청구인이 사망하여 심판절차가 종료된 사례

청구인이 법률안 심의·표결권의 주체인 국가기관으로서의 국회의원 자격으로 권한쟁의심판을 청구하였다가 심판절차 계속 중 사망한 경우, ==국회의원의 법률안 심의·표결권은 성질상 일신전속적인 것으로 당사자가 사망한 경우 승계되거나 상속될 수 없어 그에 관련된 권한쟁의심판절차 또한 수계될 수 없으므로, 권한쟁의심판청구는 청구인의 사망과 동시에 당연히 그 심판절차가 종료된다.==[01]

Point 국회의원의 법률안 심의·표결권 ➡ 일신전속적 권리(승계 ×, 상속 ×)

[2] 피청구인(국회의장)의 법률안 가결선포행위가 청구인들의 법률안 심의·표결권을 침해한 것임을 확인한 권한 침해 확인결정의 기속력으로 피청구인이 구체적인 특정한 조치를 취할 작위의무를 부담한다고는 볼 수 없다는 이유로, 권한 침해 확인결정 이후 피청구인의 부작위가 재차 청구인들의 법률안 심의·표결권을 침해한 것이라고 주장하여 제기된 권한쟁의심판청구를 기각한 사례

헌법재판소법은 헌법재판소가 피청구인이나 제3자에 대하여 적극적으로 의무를 부과하는 결정을 할 수 있는 권한을 부여하고 있지 않으며, ==부작위에 대한 심판청구를 인용하는 결정을 한 때에 피청구인에게 결정의 취지에 따른 처분의무가 있음을 규정할 뿐이다.==[02] 따라서 헌법재판소가 피청구인의 처분을 직접 취소하거나 무효확인함으로써 그 기속력의 내용으로서 피청구인에게 원상회복의무가 인정되는 것은 별론으로 하고, 헌법재판소가 권한의 존부 및 범위에 관한 판단을 하면서 피청구인이나 제3자인 국회에게 직접 어떠한 작위의무를 부과하는 결정을 할 수는 없으며, ==권한의 존부 및 범위에 관한 판단 자체의 효력으로 권한 침해행위에 내재하는 위헌·위법상태를 적극적으로 제거할 의무가 발생한다고 보기도 어렵다.==

---

[01] 국회의원이 법률안 심의·표결권의 주체인 국가기관으로서의 국회의원 자격으로 권한쟁의심판을 청구하였다가 심판절차 계속 중 사망한 경우, 국회의원의 법률안 심의·표결권은 성질상 주관적인 권리가 아니라 객관적인 권한의 침해 여부에 관한 다툼이므로 국회의원 개인의 사망으로 그 심판절차는 종료되지 않는다. 11 국가7급, 10 법무사
(O / ×)

[02] 입법절차상의 하자로 국회의원의 법률안 심의·표결권이 침해되었음이 권한쟁의심판에서 확인된 경우에는 국회의장에게 그 권한 침해행위에 내재하는 위헌·위법성을 제거할 적극적 조치를 취할 법적 의무가 발생한다. 13 국회8급
(O / ×)

[03] 국회의원의 법률안 심의·표결권은 포기할 수 있는 것이 아니다. 12 국회8급
(O / ×)

정답 01 × 02 × 03 ○

---

209 사회보장기본법상의 협의·조정과 관련하여 지방교부세법 시행령 개정행위에 대한 권한쟁의 사건 (헌재 2019.4.11. 2016헌라3 [각하])

지방자치단체가 사회보장기본법상의 협의·조정을 거치지 아니하거나 그 결과를 따르지 아니하고 사회보장제도를 신설 또는 변경하여 경비를 지출한 경우 행정안전부장관이 교부세를 감액하거나 반환을 명할 수 있도록 지방교부세법 시행령을 개정한 피청구인의 행위는 청구인의 자치권한을 침해하였거나 침해할 현저한 위험이 인정되지 않으므로 부적법하다.[01]

여기서 '권한의 침해'란 피청구인의 처분 또는 부작위로 인한 청구인의 권한 침해가 과거에 발생하였거나 현재까지 지속되는 경우를 의미하고, '권한을 침해할 현저한 위험'이란 아직 침해라고는 할 수 없으나 조만간 권한 침해에 이르게 될 개연성이 상당히 높은 상황, 즉 현재와 같은 상황의 발전이 중단되지 않는다면 ==조만간에 권한 침해가 발생할 것이 거의 확실하게 예상되며,== 이미 구체적인 법적 분쟁의 존재를 인정할 수 있을 정도로 권한 침해가 그 내용에 있어서나 시간적으로 충분히 구체화된 경우를 말한다.

---

[01] 지방자치단체가 「사회보장기본법」상의 협의·조정을 거치지 아니하거나 그 결과를 따르지 아니하고 사회보장제도를 신설 또는 변경하여 경비를 지출한 경우 행정안전부장관이 교부세를 감액하거나 반환을 명할 수 있도록 지방교부세법 시행령을 개정한 피청구인의 행위는 청구인의 자치권한을 침해하였거나 침해할 현저한 위험이 인정되지 않으므로 부적법하다. 예상
(O / ×)

정답 01 ○